쉽게 배우는  요즘

실무
엑셀

KB200171

내일의 내 일을 위한
모두에게 필요한 실무 엑셀

✦ 필요할 때마다 바로바로 찾는 그 책!

엑셀을 빠르게 배우는 가장 좋은 방법은 업무 중에 발생한 문제를 경험 많은 직장 선배나 사수에게 직접 물어보고 바로 해결하는 것입니다. 하지만 현실적으로 이런 조력자를 만나기는 쉽지 않으며, 설령 있다 하더라도 그들의 업무를 방해할까 봐 물어보기를 망설이고 혼자 해결하려는 경우가 많습니다. 이 때문에 많은 사람이 차선책으로 선택하는 것이 바로 책입니다. 우리 도서는 엑셀의 늪에 빠진 당신을 구해내고, 바른길로 안내하는 든든한 길잡이가 되어줄 것입니다. 당신의 손이 닿기 쉬운 곳에 이 책을 두고, 필요할 때마다 꺼내어 활용해 보세요.

✦ 현장에서 익힌 실무 예제를 아낌없이 반영한 책!

오프라인과 온라인 강의를 오랜 기간 진행하며 수강생들이 엑셀을 배우며 느끼는 어려움이 무엇인지 깊이 이해하게 되었습니다. 저 역시 실무에서 매일 엑셀을 다루며 좌절과 기쁨을 모두 경험했기에 단순히 엑셀의 기본 개념과 사용 방법만 설명하지 않고 다양한 실무 예제를 담으려 노력했습니다. 실력은 직접 해볼 때 가장 빠르게 향상됩니다. 본문을 따라 차근차근 학습하다 보면 "아, 이런 상황에서는 이렇게 하면 좋겠구나!" 하고 크게 공감할 수 있을 것입니다. 또한, 취업을 준비하는 분이라면 "회사에서는 이렇게 엑셀을 사용하는구나" 하고 미리 실무를 경험해볼 수 있는 좋은 가이드가 되어줄 것입니다.

✦ 마무리하며

엑셀은 대한민국 기업의 80% 이상이 사용하고 있는 필수 업무 툴입니다. 이 책으로 효율적인 엑셀 활용 방법을 습득해 즐겁게 일하는 멋진 일잘러가 되기를 소망합니다. 끝으로 이 책을 집필하는 동안 큰 힘이 되어준 가족들에게 감사함을 전합니다. 그리고 제가 책을 쓰고 있는 동안 우리 부부에게 새 생명이 찾아 왔습니다. 책이 출간되는 시점이면 아이가 태어나는데 저도 직장 생활과 병행하며 원고를 쓰느라 애를 썼지만 아내도 옆에서 고생을 많이 했습니다. 한 생명(튼튼이)을 품고 묵묵히 뒤에서 응원해 준 아내에게 사랑과 감사의 인사를 표합니다. 그리고 글쓰기 초보가 책을 쓸 수 있도록 많은 도움을 주신 시대인 출판사 담당자분들께도 진심으로 감사드립니다.

2025년 2월
정호준

이 책의 구성

이 책은 엑셀의 기본 개념은 물론 다양한 실무 예제를 담았으며 따라 하기 학습 과정으로 엑셀의 기능을 자연스럽게 익혀 바로 실무에 활용할 수 있도록 본문을 구성했습니다.

*우리 도서는 M365 버전으로 집필되었으나, 사용자의 엑셀 버전 및 학습 시점에 따라 도서의 내용과 다를 수 있습니다.

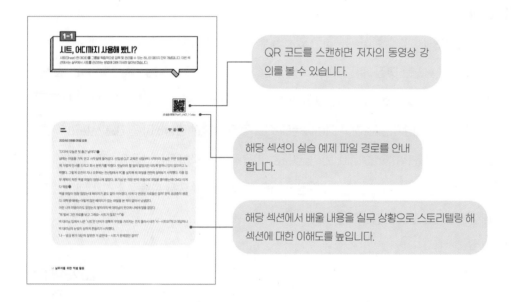

QR 코드를 스캔하면 저자의 동영상 강의를 볼 수 있습니다.

해당 섹션의 실습 예제 파일 경로를 안내합니다.

해당 섹션에서 배울 내용을 실무 상황으로 스토리텔링 해 섹션에 대한 이해도를 높입니다.

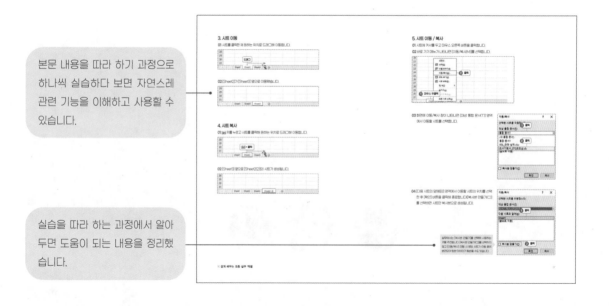

본문 내용을 따라 하기 과정으로 하나씩 실습하다 보면 자연스레 관련 기능을 이해하고 사용할 수 있습니다.

실습을 따라 하는 과정에서 알아 두면 도움이 되는 내용을 정리했습니다.

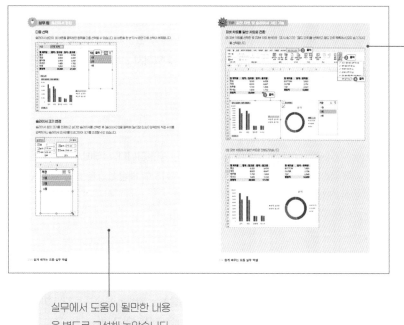

저자만 알고 있는 엑셀 노하우
와 유용한 정보를 제공합니다.

실무에서 도움이 될만한 내용
을 별도로 구성해 놓았습니다.

본문에서 학습한 내용을 바탕
으로 난이도 있는 실무 예제를
담았습니다.

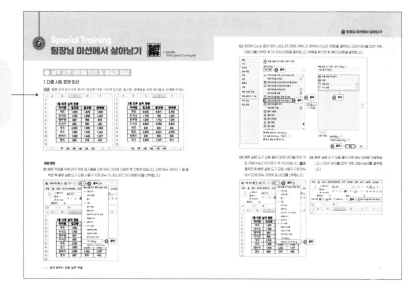

온라인클래스 수강생 후기

실무에서 VLOOKUP 및 COUNTIF 함수는 필요할 때만 검색해서 사용하다 보니 뒤돌아서면 까먹고 기억에 잘 남지 않았는데, 강의를 통해 체계적으로 배울 수 있어서 확실히 많은 도움이 됐습니다. 피벗 테이블을 포함하여 엑셀의 핵심만 빠르게 배울 수 있어서 초보자에게 강력히 추천합니다! - 황O진(탈잉, '현직 MD가 알려주는 실무 엑셀' 후기)

엑셀을 배우고 싶은데 어디서 어떻게 배워야 할지 모른다면 추천합니다. 실무에서 자주 사용하는 기능을 실습과 함께 학습할 수 있어서 좋았고, 짧은 시간 투자하여 배운 내용은 다음 날 회사에서 바로 활용할 수 있어 정말 좋았습니다!
- 매오(베어유, '현직 MD에게 배우는 직장인 실전 엑셀' 후기)

선생님 강의 덕분에 컴퓨터활용능력 1급 취득했습니다. 처음에는 엑셀과 친해져 보자는 가벼운 마음으로 수강했는데 실무뿐만 아니라 시험에 주로 나오는 내용도 많더라고요!
-감OO리(베어유, '현직 MD에게 배우는 직장인 실전 엑셀' 후기)

개념을 쉽게 설명해 주셔서 엑셀 입문자인 저도 어려움 없이 따라갈 수 있었고 또 실무에서 활용되는 팁도 틈틈이 잘 챙겨 주셔서 정말 큰 도움이 되었습니다. 수강 전에는 진도를 잘 따라갈 수 있을지 걱정이 더 컸지만 강사님의 섬세하고 열정적인 강의 덕분에 지금은 엑셀이 두렵지 않습니다. 복습도 꾸준히 하여 실무에서 엑셀 잘 활용하겠습니다!
- 최O영(탈잉, '현직 MD가 알려주는 실무 엑셀' 후기)

취업 준비할 때 컴퓨터활용능력 자격증을 취득해 엑셀을 사용해 봤지만 이후로 사용할 일이 없어 손을 놓고 있었다가 실무에서 급하게 사용하려니 너무 어려워, 급하게 강의를 수강했는데 이후 바로바로 사용할 수 있어서 큰 도움이 됐습니다.
- 깽O배(베어유, '현직 MD에게 배우는 직장인 실전 엑셀' 후기)

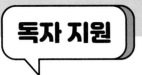

유튜브 무료 동영상 강의

저자가 직접 운영하는 유튜브 채널입니다. 우리 도서의 동영상 강의뿐만 아니라 엑셀과 관련한 다양한 콘텐츠를 볼 수 있습니다.

▶ https://www.youtube.com/@excel_jaytutor

예제 파일 다운로드 방법

1. 시대에듀 홈페이지(https://www.edusd.co.kr/book)에 접속한 후 로그인합니다.
* 시대에듀 회원이 아닌 경우 [회원가입]을 클릭하여 가입을 완료한 후 로그인합니다.

2. 홈페이지 메뉴에서 프로그램을 선택합니다.

*홈페이지의 리뉴얼에 따라 위치나 텍스트 표현이 변경될 수 있습니다.

3. 프로그램 자료실 화면이 나타나면 책 제목을 검색합니다. 검색된 결과 목록에서 해당 도서의 자료를 찾아 제목을 클릭합니다.

목차

PART 1

데이터 관리

"우리가 낯선 데이터 앞에서 당황하는 N가지 이유"

학교와 학원에서 열심히 배웠던 엑셀. 하지만 매번 낯선 데이터 앞에서 얼음이 되어버리고 어렵게 취득한 컴퓨터활용능력 자격증은 회사만 출근하면 무용지물이 되는데···. 시간이 지나면 점점 나아질 거라 믿지만 한편으론 엑셀 실력만큼은 제자리일 거 같아 겁이 납니다. 과연 이러한 상태로 먼훗날 나는 직장에서 인정받는 일·잘·러가 될 수 있을까요? 안타깝게도 절대 될 수 없습니다. 연차가 쌓이면서 일 제대로 못 한다고 소문이나 안 나면 다행입니다. 직장에서 다루는 엑셀은 기본을 바탕으로 응용이 매우 중요한데 그 방법을 회사에서 가르쳐 줄 사람이 몇이나 있을까요? 착한 동료를 만나서 배우게 된다면 그건 천운이고 독학으로 해결하려다가 결국 비효율적인 엑셀 습관만 갖게 됩니다.

[Part 1_데이터 관리]에서는 업무에 자주 사용되는 다양한 엑셀 기능에 대해 알아보겠습니다. 엑셀 사용법을 몰라 하나씩 직접 입력하고 구글링으로 문제를 해결했던 과거와 이별할 준비가 되셨나요? 데이터 관리만 잘 알아도 어느 상황에서든지 내가 원하는 대로 엑셀을 활용할 수 있어 당신의 작업 속도는 빨라질 겁니다.

Chapter 1

이건 알아야, 일할 수 있어요
: 실무 엑셀 필수 기능

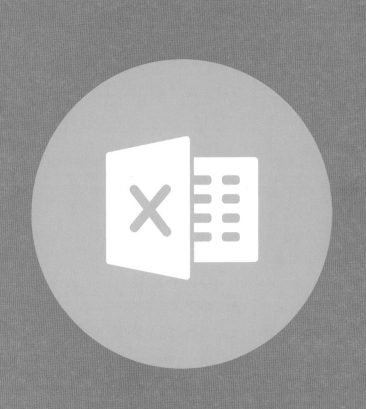

시트, 어디까지 사용해 봤니?

시트(Sheet)란 데이터를 그룹별 독립적으로 입력 및 관리할 수 있는 하나의 페이지 단위 개념입니다. 이번 섹션에서는 실무에서 시트를 관리하는 방법에 대해 자세히 알아보겠습니다.

📁 실습 예제: Part1_ch01_1-1.xlsx

2024년 08월 05일 오후

'드디어! 오늘은 첫 출근 날이다'😀

설레는 마음을 가득 안고 사무실에 들어섰다. 신입생 OJT 교육은 내일부터 시작이라 오늘은 주변 임원분들께 가볍게 인사를 드리고 회사 분위기를 익혔다. 첫날이라 할 일이 없었지만 되도록 멍하니 있지 않으려고 노력했다. 그렇게 오전이 지나 오후에는 전산팀에서 PC를 설치해 줘 파일을 천천히 살펴보기 시작했다. 각종 업무 제목이 적힌 엑셀 파일이 엄청나게 많았다. 호기심 반 걱정 반의 마음으로 파일을 열어봤는데! OMG! 이게 다 뭐람😵

엑셀 파일이 엄청 많았는데 페이지가 끝도 없이 이어졌다. 이게 다 연관된 자료들인 걸까? 문득 궁금증이 생겼다. 대학생 때에는 이렇게 많은 페이지가 있는 파일을 본 적이 없어서 낯설었다.

이런 나의 마음이라도 읽었는지 옆자리의 박 대리님이 웃으며 나에게 말을 걸었다.

"뭐 벌써 그런 자료를 보고 그래요~ 시트가 많죠? ^^"😊

박 대리님 입에서 나온 '시트'란 단어가 정확히 무엇을 가리키는 건지 몰라서 내가 '시…시트요?'하고 대답하니 박 대리님의 눈빛이 심하게 흔들리기 시작했다.

'나… 방금 뭔가 대단히 잘못한 거 같은데… 시트가 문제였던 걸까?'

✿ 시트의 모든 것

1. 시트 생성

01 엑셀 화면 하단의 ⊕ 버튼을 클릭합니다.

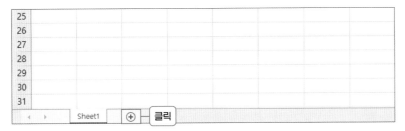

02 [Sheet 1] 옆으로 새로운 시트가 생성됩니다.

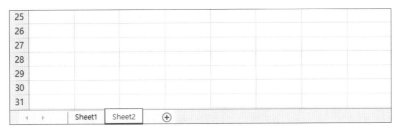

2. 시트 삭제

01 삭제하고 싶은 시트에 마우스 커서를 둔 후 마우스 오른쪽 버튼을 클릭합니다.

02 바로 가기 메뉴가 나타나면 [삭제(D)]를 선택합니다.

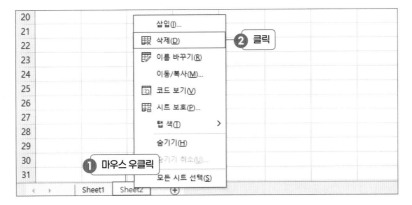

3. 시트 이동

01 시트를 클릭한 채 원하는 위치로 드래그해 이동합니다.

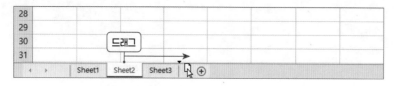

02 [Sheet2]가 [Sheet3] 옆으로 이동됐습니다.

4. 시트 복사

01 Ctrl 키를 누르고 시트를 클릭해 원하는 위치로 드래그해 이동합니다.

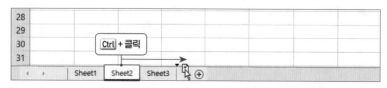

02 [Sheet3] 옆으로 [Sheet2(2)]의 시트가 생성됩니다.

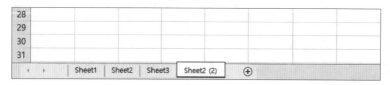

5. 시트 이동 / 복사

01 시트에 커서를 두고 마우스 오른쪽 버튼을 클릭합니다.

02 바로 가기 메뉴가 나타나면 [이동/복사(M)]를 선택합니다.

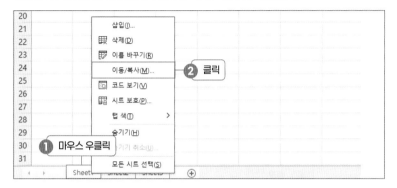

03 화면에 이동/복사 창이 나타나면 [대상 통합 문서(T)] 영역에서 이동할 시트를 선택합니다.

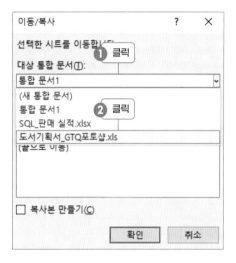

04 [다음 시트의 앞에(B)] 영역에서 이동할 시트의 위치를 선택한 후 [확인] 버튼을 클릭해 종료합니다([복사본 만들기(C)]를 선택하면 시트만 복사본으로 생성됩니다).

실무에서는 [복사본 만들기]를 선택해 사용하는 것을 추천합니다. [복사본 만들기(C)]를 선택하지 않고 [이동/복사] 진행 시 해당 시트가 이동 중에 분리되어 원본 데이터가 훼손될 수도 있습니다.

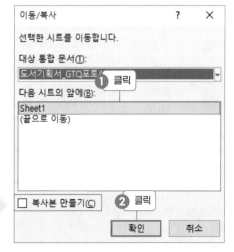

6. 시트 숨기기 및 숨기기 취소

1 시트 숨기기

01 [Sheet3]에 커서를 둔 후 마우스 오른쪽 버튼을 클릭합니다.

02 바로 가기 메뉴가 나타나면 [숨기기(H)]를 선택합니다.

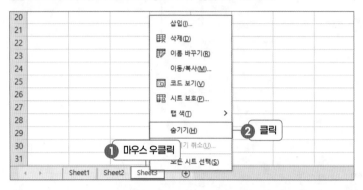

03 [Sheet3]이 엑셀 화면에서 엑셀 화면에서 사라졌습니다.

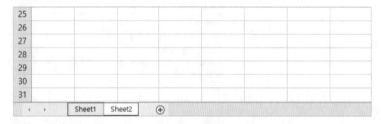

2 숨기기 취소

01 시트에 커서를 둔 후 마우스 오른쪽 버튼을 클릭합니다.

02 바로 가기 메뉴가 나타나면 [숨기기 취소(U)]를 선택합니다.

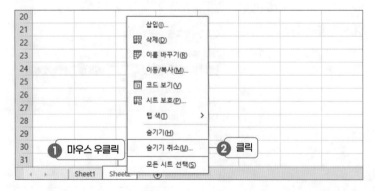

03 화면에 숨기기 취소 창이 나타나면 숨긴 시트를 선택한 후 [확인] 버튼을 클릭합니다.

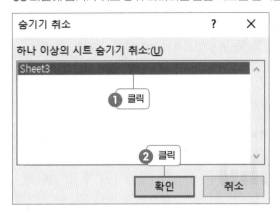

04 숨긴 시트가 화면에 다시 나타납니다.

7. 시트 이름 바꾸기

01 시트에 커서를 둔 후 마우스 오른쪽 버튼을 클릭합니다.

02 바로 가기 메뉴가 나타나면 [이름 바꾸기(R)]를 선택하고 변경을 원하는 이름을 입력합니다.

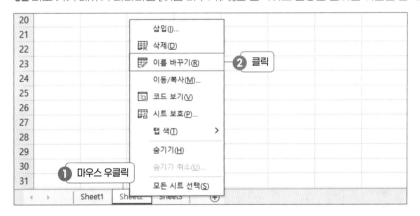

8. 시트 색상 변경하기

01 시트에 커서를 둔 후 마우스 오른쪽 버튼을 클릭합니다.

02 바로 가기 메뉴가 나타나면 [탭 색(T)]을 선택한 후 색상 팔레트에서 변경을 원하는 색을 선택합니다.

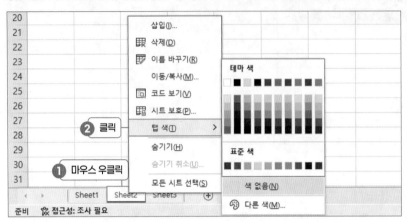

9. 시트 그룹화

Ctrl 키를 누른 채 그룹화를 원하는 시트를 각각 클릭하면 선택된 시트끼리 그룹화됩니다.

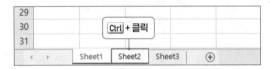

만약 Shift 키를 누른 채 시트를 클릭하면 현재 선택된 시트에서부터 마지막으로 선택한 시트까지 한 번에 그룹화가 진행됩니다(Ctrl 키로 그룹화를 진행할 경우 개별 시트 선택이 가능해 원하는 시트만 그룹화할 수 있고, Shift 키로 그룹화를 진행할 경우 연속으로 이어진 시트를 한꺼번에 그룹화할 수 있습니다).

시트 변환 단축키

• Ctrl + Page Down : 현재 선택한 시트에서 오른쪽 방향의 시트로 변경됩니다.

• Ctrl + Page Up : 현재 선택한 시트에서 왼쪽 방향의 시트로 변경됩니다.

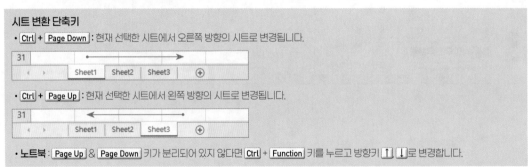

• **노트북** : Page Up & Page Down 키가 분리되어 있지 않다면 Ctrl + Function 키를 누르고 방향키 ↑ ↓ 로 변경합니다.

워크숍 참가 여부 명단을 1번 시트부터 5번 시트까지 똑같이 복사 붙여넣기해야 하는 상황입니다. 여러분은 어떻게 처리할 건가요? 간단합니다. 그룹화로 복사 붙여넣기를 하면 됩니다. 방법은 다음과 같습니다.

01 1번 시트에서 셀의 범위를 선택한 후 Ctrl + C 키를 눌러 복사합니다(선택된 영역은 테두리가 점선으로 표시됩니다).

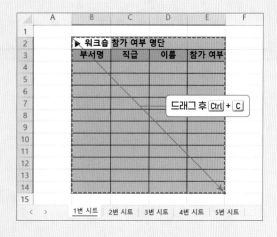

02 2번 시트를 클릭한 후 Shift 키를 누른 채 5번 시트를 클릭하여 한꺼번에 그룹화해줍니다.

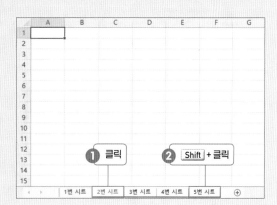

03 2번 시트의 B2 셀에 Ctrl + V 키를 눌러 붙여넣기하면 3번, 4번, 5번 시트에도 똑같이 데이터가 붙여넣기됩니다.

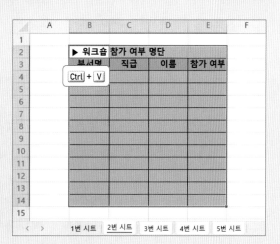

숫자 표시 형식 설정하기

매출 전표와 같이 숫자가 많은 데이터를 처리하다 보면 숫자 표시 형식 등 서식 편집에 혼란스러울 때가 있습니다. 이번 섹션에서는 숫자 표시 형식을 포함하여 엑셀의 다양한 셀 서식에 대해 자세히 알아보겠습니다.

📁 **실습 예제:** Part1_ch01_1-2.xlsx

2024년 08월 19일 오후

신입사원의 하루는 정말 짧다. 벌써 이 회사에 출근한 지 2주가 되었다니!

오늘은 정 과장님께서 전산의 매출 실적 자료를 조회해 엑셀 파일로 발송해 달라고 요청하셨다. 너무 간단한 업무라 정 과장님께 빠르게 자료를 발송한 후, 사내 메신저로 발송 완료 보고를 했는데 정 과장님의 다소 격양된 목소리가 들려왔다.

"하 사원! 이리 좀 와봐요!"😡

일순간 사무실은 고요해지고 나는 작게 한숨을 내뱉었다.

"이거 숫자들 보면 하 사원은 실적이 얼마인지 바로 이해할 수 있어? 456394.. 3040590.. 1213231.. 천 원단위 기호는 다 어디 갔어? 숫자들만 봐서는 무슨 데이터인지 하나도 모르겠다"

"그… 금방 다시 해서 재발송 드리겠습니다!"

간단한 업무라고 너무 방심했던 걸까 그나저나 천 원단위 기호는 하나씩 직접 찍으면 되는 걸까?😣 속으로 전전긍긍하고 있는데 뒤따라온 정 과장님의 목소리가 날카롭게 꽂혔다.

"회계 서식으로 반영해서 최대한 빨리 끝내주세요"

"네, 알겠습니다!"

일단 대답은 했는데 회계 서식? 이건 또 무슨 말일까. 진짜 오늘은 거짓말 하나도 안 보태고 SOS 요청만 10번은 넘게 한 거 같다. 팀에 민폐만 끼치는 존재인 거 같아서 쥐구멍으로 숨고 싶었다.

⚙️ 다양한 숫자 서식

1. 일반 서식

[일반] 서식 상태에서 셀에 숫자를 입력하면 특정 서식을 지정할 수 없어 천 단위 구분 기호가 생략된 채 입력한 숫자 그대로 나타납니다.

2. 숫자 서식

셀 서식을 [숫자]로 변경한 후 셀에 숫자를 입력하면 일반 서식과 똑같이 천 단위 구분 기호가 생략된 채 입력한 숫자 그대로 나타납니다. 차이가 있다면 [숫자] 서식은 셀 서식 메뉴를 통해 특정 서식을 지정할 수 있어 천 단위 구분 기호를 적용할 수 있습니다. 방법은 다음과 같습니다.

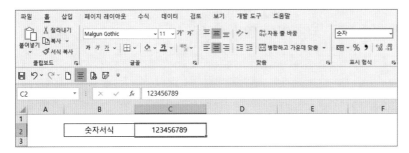

01 숫자가 입력된 셀에 커서를 둔 후 마우스 오른쪽 버튼을 클릭합니다.

02 바로 가기 메뉴가 나타나면 [셀 서식(F)]을 선택합니다.

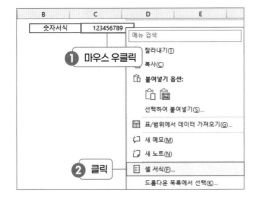

03 셀 서식 창이 나타나면 [표시 형식] 탭-[숫자]를 선택한 후 [1000 단위 구분 기호() 사용(U)]을 선택하고 [확인] 버튼을 클릭합니다.

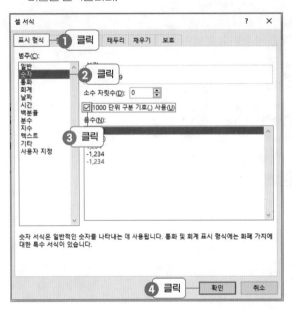

04 셀의 숫자 값에 천 단위 구분 기호가 적용되었습니다.

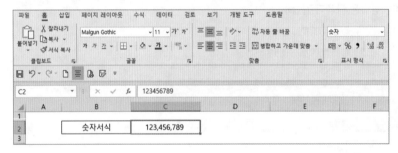

3. 통화 서식

셀 서식을 [통화]로 변경한 후 셀에 숫자를 입력하면 천 단위 구분 기호가 자동 적용되며 숫자의 맨 앞에 통화 기호 가 추가됩니다.

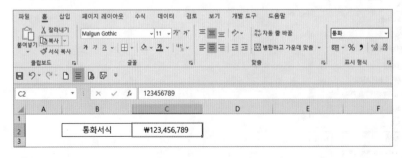

통화 서식이 적용된 셀을 선택한 후 [Ctrl]+[Shift]+[1] 키를 누르면 통화 기호가 사라집니다.

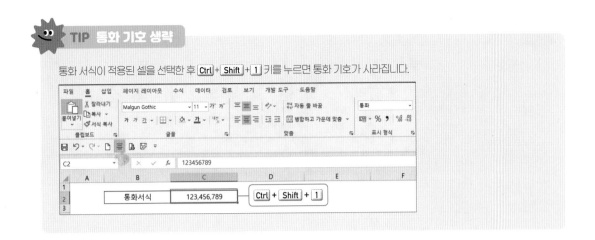

4. 회계 서식

회계 서식 상태에서 셀에 숫자가 입력되면 통화 서식과 똑같이 통화 기호와 천 단위 구분 기호가 함께 추가됩니다 ([일반], [숫자] 등이 적용된 서식에서 숫자가 입력된 셀을 선택한 후 [홈] 탭-[표시 형식]-[,]를 클릭하면 천 단위 구분 기호가 생략되어 표기됩니다).

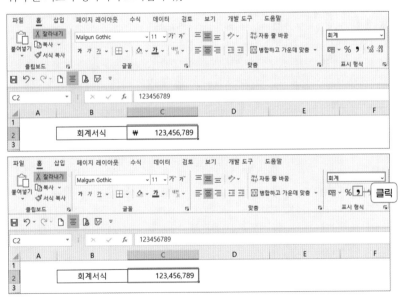

통화 서식

통화 서식은 왼쪽, 가운데, 오른쪽 맞춤이 가능하며 셀의 숫자 0은 0으로 표시됩니다.

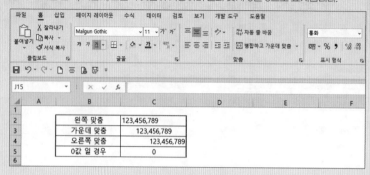

회계 서식

회계 서식은 통화 서식과 다르게 값이 오른쪽 맞춤으로 고정되어 변경이 불가하며 0의 값은 숫자로 표시하지 않습니다(하이픈(-)으로 대체)

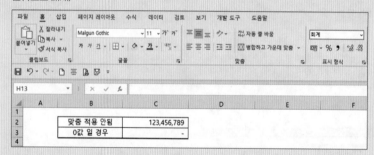

부장님이 좋아하는 회계 서식

매출 자료의 표에 숫자 값이 많을 때 0은 0으로 표기되는 것 보다 하이픈으로 처리해 주는 게 실적을 한눈에 파악할 수 있어 좋습니다.

여러 가지 방법으로 표 만들기

실무에서는 실적 집계를 나타내야 하는 경우 표 형태의 자료를 많이 만들어 흔하게 볼 수 있습니다. 이번 섹션에서는 표 형태의 자료를 만드는 방법에 대해 자세히 알아보겠습니다.

📖 실습 예제: Part1_ch01_1-3.xlsx

2024년 08월 26일 오후

입사 3주 차이지만 아직도 영업팀에서 배우는 모든 일은 새롭고 어렵기만 하다.😵

하루빨리 업무에 적응하여 일 잘하는 신입사원으로 인정받고 싶은데 마음만 너무 조급하다.

옆자리의 박 대리님은 무슨 실적 자료를 저렇게 많이 만드시는 것인지 엑셀의 모눈종이에 온통 표로 가득하다.

나는 실적 자료는커녕 표 하나도 아직 제대로 만들 줄 모르는 데 매번 대단하다고 생각한다. 그래서 나는 조심스레 박 대리님에게 다가가 표는 어떻게 다 만든 거냐고 물었다. 바보 같은 질문에 꾸중할까 싶어서 바닥만 보고 있는데😵 나의 질문을 예상이라도 한 걸까? 갑자기 호탕한 목소리로 표 만드는 것과 그리는 것 둘 다 알려주겠다고 하셨다. 나는 기쁜 마음을 감추지 못하고 우렁차게 '감사합니다!'라고 박 대리님에게 인사했다.

❊ 표 만들기의 두 얼굴

1. [삽입] 탭에서 표 만들기

01 표를 생성할 셀 범위를 선택하고 [삽입] 탭-[표]-[표]를 클릭합니다.

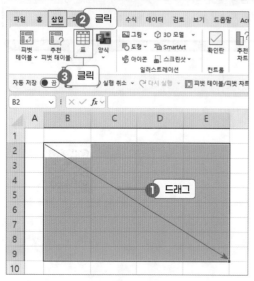

02 화면에 표 만들기 창이 나타나고 [데이터 범위] 입력란에 선택한 셀 범위를 확인한 후 [확인] 버튼을 클릭합니다.

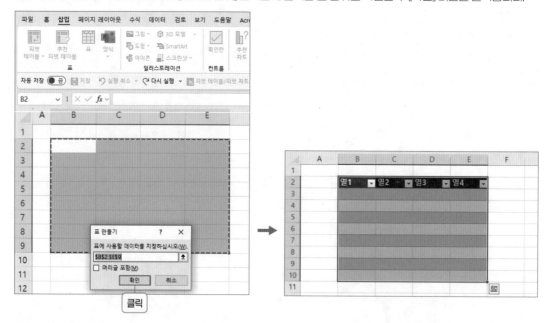

TIP

표 만들기 창에서 [머리글 포함(M)]을 선택하지 않으면 설정한 범위보다 행이 한 줄 더 추가되어 표가 생성됩니다.

1 테이블 디자인 적용

표에 스타일을 적용해 보겠습니다. 방법은 다음과 같습니다.

01 스타일 변경을 원하는 표를 선택한 후 [테이블 디자인]을 클릭합니다.

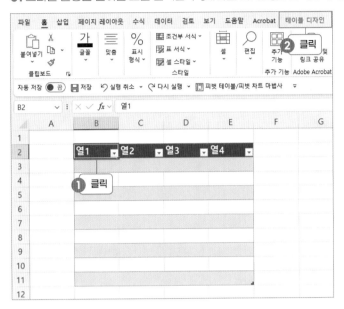

02 [표 스타일]-[빠른 스타일(▾)]을 클릭한 후 표 스타일 목록에서 마음에 드는 스타일을 선택합니다.

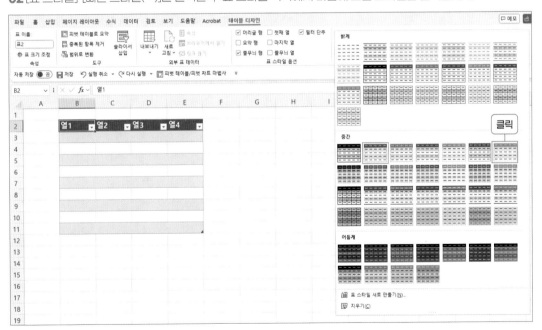

03 표 스타일 변경이 완료됐습니다.

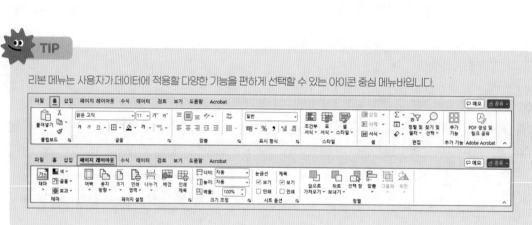

리본 메뉴는 사용자가 데이터에 적용할 다양한 기능을 편하게 선택할 수 있는 아이콘 중심 메뉴바입니다.

2 표 삭제

이번에는 표를 삭제해 보겠습니다. 방법은 다음과 같습니다.

01 삭제할 표의 범위를 선택한 후 [홈] 탭-[편집]-[지우기]를 클릭합니다.

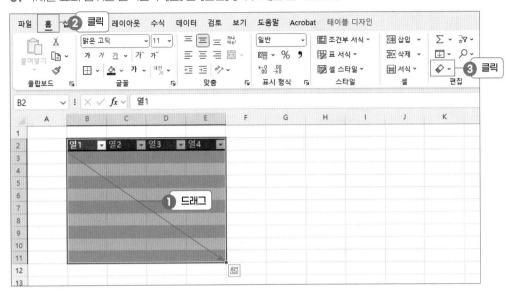

02 지우기 목록이 나타나면 [모두 지우기(A)]를 선택합니다.

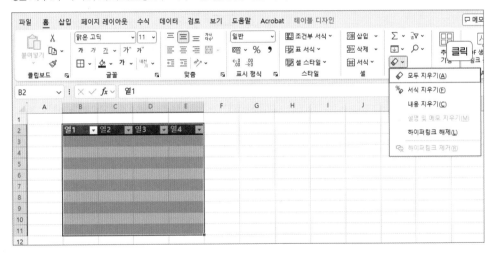

03 표가 삭제됩니다.

2. 셀 서식으로 표 만들기

01 표를 생성할 셀의 범위를 선택하고 마우스 오른쪽 버튼을 클릭합니다. 바로 가기 메뉴가 나타나면 [셀 서식(F)]을 선택합니다.

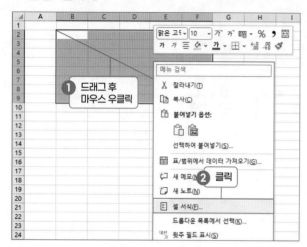

> 셀 서식은 단축키로도 실행할 수 있습니다. 키보드의 Ctrl + 1 키를 누르면 셀 서식 창이 화면에 나타납니다.

02 화면에 셀 서식 창이 나타나면 [테두리] 탭을 클릭합니다. 원하는 선 스타일과 테두리를 선택하면 [미리 보기] 영역에 선택한 스타일이 나타납니다.

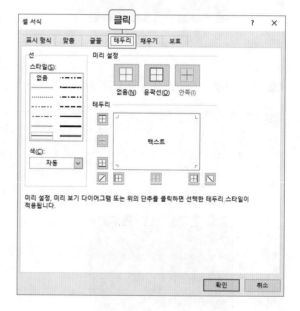

03 [채우기] 탭의 [배경색(C)]에서 원하는 배경색을
선택하고 [확인] 버튼을 클릭합니다.

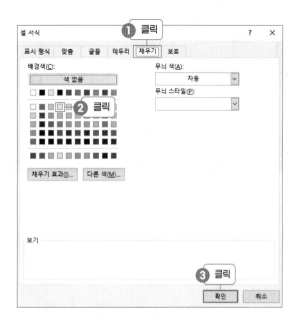

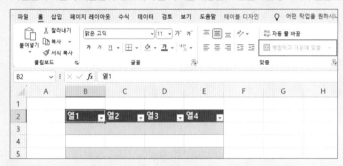

실무에서는 [표 만들기] 기능보다 셀 서식 기능을 이용해 표를 생성하는 경우가 훨씬 더 많습니다. 이유는 자료를 만들다 보면 표 상단 혹은 머리글을 셀 병합하는 경우가 종종 있는데 [표 만들기]로 생성한 경우 [병합하고 가운데 맞춤] 기능이 비활성화되어 편집이 어렵기 때문입니다. 그래서 셀 서식을 이용한 표 만들기를 강력히 추천합니다.

셀 병합은 말 그대로 두 칸, 세 칸 이상 사용자가 원하는 여러 개의 범위를 셀 한 칸으로 합칠 수 있는 기능으로 사용 방법은 병합하고 싶은 셀 범위를 드래그하여 선택한 후 [홈] 탭-[병합하여 가운데 맞춤]을 선택합니다. 단, 셀 값이 모두 입력된 여러 셀 범위를 선택해 병합하기를 적용할 경우 왼쪽 위의 값만 우선순위로 남고 나머지 값은 잃게 됩니다.

1-4

회사에서 Ctrl C + V 만 알면 큰일 난다!

복사·붙여넣기는 아마도 컴퓨터에서 가장 많이 사용하는 기능 중 하나일 겁니다. 만약 다른 오피스 툴처럼 엑셀의 복사붙여넣기 기능이 Ctrl , C + V 가 전부라고 알고 있다면 큰 오산입니다. 이번 섹션에서는 실무에서 자주 사용하는 엑셀의 붙여넣기 옵션별 기능에 대해 자세히 알아보겠습니다.

■ 실습 예제: Part1_ch01_1-4.xlsx

2024년 08월 30일 오후

오늘 엑셀로 보고서를 작성하다가 1번과 2번 시트의 표를 각각 복사해 하나의 시트에 붙여 넣은 후 요약본을 만들었다. 그런데 작성 중에 난감한 일이 생겼다. 1번과 2번 시트의 표는 데이터가 서로 다르다 보니 셀 너비도 제각각이었다. 😫 표들을 하나의 시트에 모아 붙여넣기하면 셀 너비가 동일하지 않아 분명 지저분해 보일 텐데…… 이걸 어떻게 해결해야 좋을까? 한참 고민에 빠져 한숨만 쉬는 나를 본 박 대리님께서 슬쩍 다가와 모니터를 바라보았다.

"연결하여 그림으로 붙이면 되겠네!"

"네? 무슨… 그림이요?" 😮

"하 사원 Ctrl C + V 만 알고 있구나! 그럼 일 못해~ 옵션 별로 복사 붙여넣기를 알고 있어야지~ 내 자리로 오세요! 알려 줄게!"

박 대리님 몸에서 아우라가 뿜어져 나오는 거 같았다. 😑

✿ 복사한 후 붙여넣기

다음 표를 이용해 엑셀에서 제공하는 다양한 붙여넣기 방법을 살펴보겠습니다.

구분	1월	2월	3월	4월	5월	6월	합계
신발	214	354	124	154	155	165	1,166
의류	155	165	154	175	85	302	1,036
용품	244	122	144	354	122	144	1,130
합계	613	641	422	683	362	611	3,332

1. 원본 붙여넣기

01 복사하고 싶은 데이터의 범위를 선택한 후 Ctrl + C 키를 누릅니다.

	A	B	C	D	E	F	G	H	I	J
1										
2		구분	1월	2월	드래그 후 Ctrl + C		5월	6월	합계	
3		신발	214	354	124	154	155	165	1,166	
4		의류	155	165	154	175	85	302	1,036	
5		용품	244	122	144	354	122	144	1,130	
6		합계	613	641	422	683	362	611	3,332	
7										
8										

02 붙여넣기를 원하는 셀에 커서를 둔 후 마우스 오른쪽 버튼을 클릭합니다. 바로 가기 메뉴가 나타나면 [선택하여 붙여넣기(S)]를 선택하고 붙여넣기 옵션이 나타나면 🗐을 선택합니다(🗐은 데이터 값만 셀 범위에 붙여넣기 되며 복사할 대상의 수식과 서식은 모두 제외됩니다).

03 원본 데이터가 그대로 붙여넣기 되었습니다.

	A	B	C	D	E	F	G	H	I	J
1										
2		구분	1월	2월	3월	4월	5월	6월	합계	
3		신발	214	354	124	154	155	165	1,166	
4		의류	155	165	154	175	85	302	1,036	
5		용품	244	122	144	354	122	144	1,130	
6		합계	613	641	422	683	362	611	3,332	
7										
8		구분	1월	2월	3월	4월	5월	6월	합계	
9		신발	214	354	124	154	155	165	1,166	
10		의류	155	165	154	175	85	302	1,036	
11		용품	244	122	144	354	122	144	1,130	
12		합계	613	641	422	683	362	611	3,332	
13										(Ctrl) ▾

😊 TIP 선택하여 붙여넣기 단축키

선택하여 붙여넣기는 단축키로도 이용할 수 있습니다.

01 복사를 원하는 데이터의 범위를 선택한 후 Ctrl + C 키를 눌러 복사합니다.

02 붙여넣기를 원하는 셀을 클릭한 후 Alt + E + S 키를 누릅니다. 선택하여 붙여넣기 창이 나타나면 원하는 붙여넣기 옵션을 선택하고 [확인] 버튼을 클릭합니다.

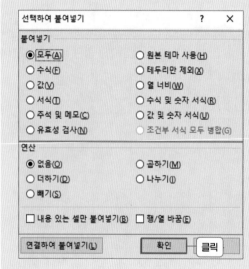

2. 값 붙여넣기

01 복사하고 싶은 데이터의 범위를 선택한 후 Ctrl + C 키를 누릅니다.

02 붙여넣기를 원하는 셀에 커서를 둔 후 마우스 오른쪽 버튼을 클릭합니다. 바로 가기 메뉴가 나타나면 [선택하여 붙여넣기(S)]를 선택하고 [선택하여 붙여넣기] 옵션이 나타나면 📋을 선택합니다(📋은 데이터 값만 셀 범위에 붙여넣기 되며 복사할 대상의 수식과 서식은 모두 제외됩니다).

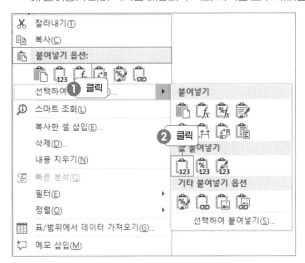

03 원본 데이터에서 값만 붙여넣기 되었습니다.

	A	B	C	D	E	F	G	H	I	J
1										
2		구분	1월	2월	3월	4월	5월	6월	합계	
3		신발	214	354	124	154	155	165	1,166	
4		의류	155	165	154	175	85	302	1,036	
5		용품	244	122	144	354	122	144	1,130	
6		합계	613	641	422	683	362	611	3,332	
7										
8		구분	1월	2월	3월	4월	5월	6월	합계	
9		신발	214	354	124	154	155	165	1166	
10		의류	155	165	154	175	85	302	1036	
11		용품	244	122	144	354	122	144	1130	
12		합계	613	641	422	683	362	611	3332	
13									📋 (Ctrl) ▾	

 실무 팁

실무에서 전산 시스템 또는 인터넷 등의 외부 데이터를 복사해 엑셀에 붙여넣기 할 경우 기존 서식을 다 버리고 값만 복사되어 편집이 용이하다보니 많이 사용되고 있습니다.

3. 수식 붙여넣기

01 복사하고 싶은 데이터의 범위를 선택한 후 Ctrl + C 키를 누릅니다.

02 붙여넣기를 원하는 셀에 커서를 둔 후 마우스 오른쪽 버튼을 클릭합니다. 바로 가기 메뉴가 나타나면 [선택하여 붙여넣기(S)]를 선택하고 [선택하여 붙여넣기] 옵션이 나타나면 🖳을 선택합니다(🖳은 데이터 값 및 수식 구조가 해당 셀 범위에 붙여넣기 되며 복사할 대상의 서식은 제외됩니다).

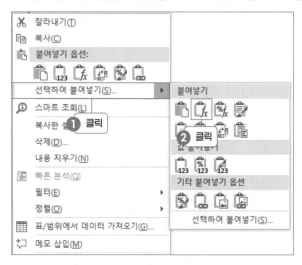

03 원본 데이터의 수식이 함께 붙여넣기 되었습니다.

	A	B	C	D	E	F	G	H	I	J	K
1											
2		구분	1월	2월	3월	4월	5월	6월	합계		
3		신발	214	354	124	154	155	165	1,166		
4		의류	155	165	154	175	85	302	1,036		
5		용품	244	122	144	354	122	144	1,130		
6		합계	613	641	422	683	362	611	3,332		
7											
8		구분	1월	2월	3월	4월	5월	6월	합계		
9		신발	214	354	124	154	155	165	=SUM(C9:H9)		
10		의류	155	165	154	175	85	302			
11		용품	244	122	144	354	122	144	SUM(number1, [number2], ...)		
12		합계	613	641	422	683	362	611	3332		
13											

 실무 팁

실무에서 엑셀의 수식 구조를 다른 시트에 그대로 붙여넣기를 할 때 자주 사용합니다. 만약 실적 자료를 많이 다루는 직무라면 [수식 붙여넣기]를 꼭 기억해 주세요.

4. 행 / 열 전환 붙여넣기

01 복사하고 싶은 데이터의 범위를 설정한 후 Ctrl + C 키를 누릅니다.

02 붙여넣기를 원하는 셀에 커서를 둔 후 마우스 오른쪽 버튼을 클릭합니다. 바로 가기 메뉴가 나타나면 [선택하여 붙여넣기(S)]를 선택하고 [선택하여 붙여넣기] 옵션이 나타나면 🗐을 선택합니다(🗐은 행과 열 구조가 서로 바뀌어 붙여넣기 됩니다).

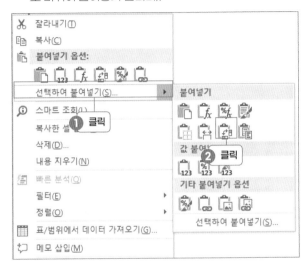

03 원본 데이터의 행과 열 구조가 바뀌어 붙여넣기 되었습니다.

	A	B	C	D	E	F	G	H	I	J
1										
2		구분	1월	2월	3월	4월	5월	6월	합계	
3		신발	214	354	124	154	155	165	1,166	
4		의류	155	165	154	175	85	302	1,036	
5		용품	244	122	144	354	122	144	1,130	
6		합계	613	641	422	683	362	611	3,332	
7										
8		구분	신발	의류	용품	합계				
9		1월	214	155	244	613				
10		2월	354	165	122	641				
11		3월	124	154	144	422				
12		4월	154	175	354	683				
13		5월	155	85	122	362				
14		6월	165	302	144	611				
15		합계	1,166	1,036	1,130	3,332				
16										

 실무 팁

실무에서는 표의 머리글 기준으로 세로에서 가로, 가로에서 세로로 변환할 때 자주 사용합니다. [행/열 전환 붙여넣기]를 모른다면 직접 입력하여 처리할 수밖에 없어 효율적인 업무 처리가 어렵습니다.

5. 서식 붙여넣기

01 복사하고 싶은 데이터의 범위를 선택한 후 <kbd>Ctrl</kbd>+<kbd>C</kbd> 키를 누릅니다.

02 붙여넣기를 원하는 셀에 커서를 둔 후 마우스 오른쪽 버튼을 클릭합니다. 바로 가기 메뉴가 나타나면 [선택하여 붙여넣기(S)]를 선택하고 [선택하여 붙여넣기] 옵션이 나타나면 ☜을 선택합니다(☜은 서식만 붙여넣기 됩니다).

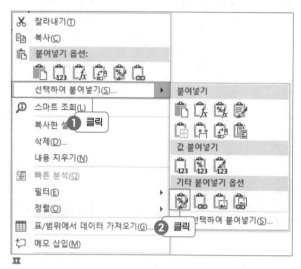

03 원본 데이터의 서식만 붙여넣기 되었습니다.

	A	B	C	D	E	F	G	H	I	J
1										
2		구분	1월	2월	3월	4월	5월	6월	합계	
3		신발	214	354	124	154	155	165	1,166	
4		의류	155	165	154	175	85	302	1,036	
5		용품	244	122	144	354	122	144	1,130	
6		합계	613	641	422	683	362	611	3,332	
7										
8										
9										
10										
11										
12										
13										

실무 팁

실무에서는 표의 글자 스타일, 테두리, 셀 색상 등의 서식을 다른 시트에 그대로 적용하고 싶을 때 많이 사용합니다.

6. 그림 붙여넣기

01 복사하고 싶은 데이터의 범위를 설정한 후 Ctrl + C 키를 누릅니다.

02 붙여넣기를 원하는 셀에 커서를 둔 후 마우스 오른쪽 버튼을 클릭합니다. 바로 가기 메뉴가 나타나면 [선택하여 붙여넣기(S)]를 선택하고 [선택하여 붙여넣기] 옵션이 나타나면 🖼을 선택합니다(🖼은 자료가 이미지로 붙여넣기 됩니다).

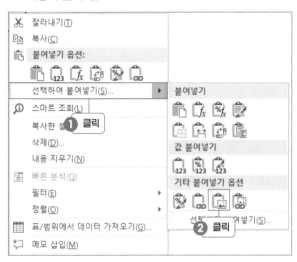

03 원본 데이터의 자료가 이미지로 붙여넣기 되었습니다.

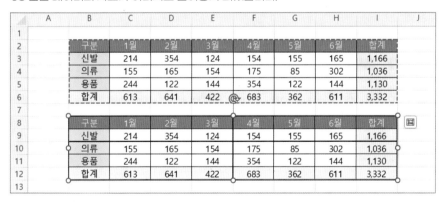

실무에서는 엑셀로 만든 표를 파워포인트 또는 워드 프로그램에 첨부할 때 많이 사용합니다. 엑셀의 자료를 이미지로 복사해 붙여넣기 한 후 해당 이미지 크기만 조정하면 되어 자료를 활용하기 좋습니다.

7. 연결된 그림 붙여넣기

01 복사하고 싶은 데이터의 범위를 선택한 후 `Ctrl`+`C` 키를 누릅니다.

02 붙여넣기를 원하는 [Sheet2]의 셀에 커서를 둔 후 마우스 오른쪽 버튼을 클릭합니다. 바로 가기 메뉴가 나타나면 [선택하여 붙여넣기(S)]를 선택하고 [선택하여 붙여넣기] 옵션이 나타나면 📷을 선택합니다(📷은 원본 데이터와 연결된 자료가 이미지로 붙여넣기 됩니다.

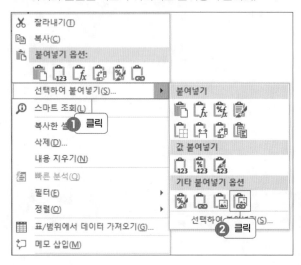

03 원본 데이터의 자료가 이미지로 붙여넣기 됩니다. 붙여넣기된 이미지는 원본 데이터와 연결되어 값이 수정되면 이미지도 함께 수정됩니다.

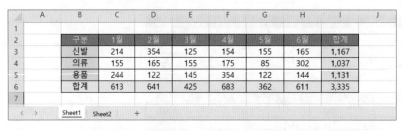

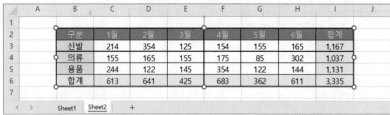

연결하여 그림 복사 붙여넣기는 실제 업무에서 어떻게 활용되는지 살펴보겠습니다. 1번 시트에는 카테고리 코드별 판매 수량 실적 현황 표가 있고 2번 시트에는 스타일별 정보 현황 표가 있는데 이 두 개의 자료를 복사해 모두 통합 시트로 붙여넣기 해 보겠습니다.

01 [1번] 시트의 이동할 표의 자료 범위를 선택한 후 Ctrl + C 키를 눌러 복사합니다.

	성별	총합계	FJ	JP	JS	PT	TP	TR	TZ	VT
■ 카테고리 코드별 판매 수량				드래그 후 Ctrl + C						
	총합계	8,635	241	3,514	2,317	365	630	633	672	263
	남성	4,754	241	756	2,083	216	579	446	493	
	여성	3,881		2,758	234	149	111	187	179	263

통합 | 1번 | 2번 | +

02 [통합] 시트의 붙여넣기를 원하는 셀에 커서를 둔 후 마우스 오른쪽 버튼을 클릭합니다. 바로 가기 메뉴에서 [선택하여 붙여넣기(S)]-[연결하여 그림 붙여넣기( )]를 선택합니다.

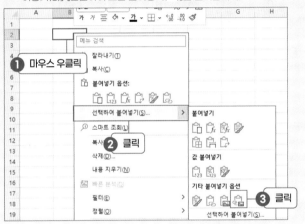

03 [1번] 시트의 자료가 이미지로 통합 시트에 붙여넣기 됩니다. [2번] 시트의 자료도 같은 방법으로 붙여넣기 해주세요.

성별	총합계	FJ	JP	JS	PT	TP	TR	TZ	VT
■ 카테고리 코드별 판매 수량									
총합계	8,635	241	3,514	2,317	365	630	633	672	263
남성	4,754	241	756	2,083	216	579	446	493	
여성	3,881		2,758	234	149	111	187	179	263

통합 | 1번 | 2번 | +

[1번] 시트와 [2번] 시트의 원본 자료가 독립적 이미지로 붙여넣기 되어 표의 크기를 드래그해도 다른 표의 셀 너비에 영향을 주지 않고 원본 데이터와 연결되어 수정을 진행할 경우 자동으로 반영됩니다.

■ 카테고리 코드별 판매 수량

성별	총합계	FJ	JP	JS	PT	TP	TR	TZ	VT
총합계	8,635	241	3,514	2,317	365	630	633	672	263
남성	4,754	241	756	2,083	216	579	446	493	
여성	3,881		2,758	234	149	111	187	179	263

■ 스타일별 현황

제품코드	영문명	카테고리명	카테고리 코드	발주 수량	입고 수량	출고 수량	누계 판매 수량	총매출
9301FJ210	SOFTSHELL JK	저지 트레이닝	FJ	1,300	1,230	964	84	1,898,400
9301FJ211	TRAINING JK	저지 트레이닝	FJ	800	732	618	55	1,243,000
9301FJ300	TRAINING PANTS	저지 트레이닝	FJ	2,500	2,471	1,641	102	1,978,800
9301JP110	PADDING JK	패딩 재킷	JP	1,500	1,482	1,481	266	10,294,200
9301JP111	PADDING JK	패딩 재킷	JP	800	780	779	144	5,572,800
9301JP116	PADDING JK	패딩 재킷	JP	1,800	1,814	1,812	346	12,975,000
9301JP193	PADDING JK	패딩 재킷	JP	3,000	3,010	3,009	1,440	45,504,000
9301PT110	PANTS	롱팬츠	PT	1,300	1,289	1,279	129	2,992,800
9301PT111	PANTS	롱팬츠	PT	900	904	683	87	2,018,400
9301PT297	PANTS	롱팬츠	PT	3,000	2,998	1,959	27	594,000
9301PT298	PANTS	롱팬츠	PT	2,500	2,518	1,412	77	1,447,600
9301PT299	PANTS	롱팬츠	PT	1,800	1,763	1,236	45	846,000
9301TR291	ROUND	라운드	TR	2,500	2,515	1,841	115	796,500
9301TR292	ROUND	라운드	TR	900	891	625	12	120,000
9301TR293	ROUND	라운드	TR	2,000	1,860	1,403	60	414,000
9301VT294	WOVEN VEST	베스트	VT	900	906	714	37	854,700
9301VT296	WOVEN VEST	베스트	VT	3,000	3,025	2,232	192	4,742,400
9301VT299	WOVEN VEST	베스트	VT	2,000	2,016	1,420	34	839,800

통합 | 1번 | 2번 | +

반복되는 패턴 한방에 처리하기

빠른 채우기는 셀의 패턴을 파악해 나머지 셀에 패턴을 결합한 결괏값을 자동으로 출력해 주는 기능입니다. 이번 섹션에서는 업무 시간을 단축해 주는 빠른 채우기 기능에 대해 자세히 알아보겠습니다.

🏛 실습 예제: Part1_ch01_1-5.xlsx

2024년 09월 03일 오후

어제 늦은 시간까지 야근했더니 출근길부터 몸이 천근만근이다. 😵 하필이면 바쁜 시즌에 개인정보 활용 이슈가 터져서 고객 명단의 가운데 연락처 네 자리를 모두 **** 처리했다. 작업은 금방 끝나 다행이지만 아직도 비몽사몽 정신을 못 차리겠다. 나는 출근하자마자 박 대리님에게 칭찬받기 위해 어제 얘기를 슬쩍 꺼내보았다.

"박 대리님~ 저 어제 이거 개인정보 수정 작업하느라 밤 10시까지 작업했습니다!"

"뭔데? 어디 봐봐~ 잉? 이거 하는데 밤 10시까지 작업했다고?"

박 대리님은 믿기지 않는 눈빛으로 나를 쳐다보았다.

"네! 저 이거 작업하느라 엄청 고생했습니다~!"

"이리 와서 내 옆자리 앉아봐! 자, 이거 잘 봐~ '툭'! 어때~한 번에 끝났지!?"

뭐지…? 방금 이거? 내가 어제… 10시까지… 했던 작업인데! 무슨 단축키 하나로 이렇게 쉽게 해결이 되냐 허무하게

"하아 😓 대리님! 저도 방법을 알려주세요!"

⚙ 빠른 채우기

1. 빠른 채우기

빠른 채우기는 사용자의 입력 패턴을 감지하여 자동으로 데이터를 채울 수 있는 기능입니다. 다음 표를 살펴보겠습니다. 성명, 연락처, 주민번호, 주소, 고객의 개인정보를 옆에 문자열처럼 변환하여 출력해야 한다면 여러분은 어떻게 작업할 건가요? 하나씩 살펴보며 직접 입력할 건가요? 아니면 어떤 함수를 적용할 것인지 인터넷을 검색해 볼 건가요? 이럴 땐 빠른 채우기를 사용하면 한방에 해결할 수 있습니다. 방법은 다음과 같습니다.

성명	연락처	개인정보	주소	영문	연락처	개인정보	주소
곽유건(K_UG)	010-3211-4856	112354-3645353	강원 강릉시 교동				
이제노(L_JN)	010-1358-4684	335486-3545222	강원 강릉시 안암동				
나재민(N_JM)	010-3579-1455	998855-6535135	경기도 광명시 철산동				
류찬(R_C)	010-3333-7758	113355-5554846	경기도 광주시 경안동				
민현빈(M_HB)	010-2222-3548	335566-8875425	경기도 화성시 목동				
김동영(K_DY)	010-7539-1698	995554-5512555	대구 남구 봉덕동				
염주현(Y_JH)	010-4458-9875	153548-8798465	대구 달서구 송현동				
우단우(W_DW)	010-8523-1478	246878-5153523	대구 수성구 범이동				
김정우(K_JW)	010-9876-4563	224466-4846546	부산 사하구 다대동				
임현호(I_HH)	010-7566-5487	684651-1653513	부산 연제구 연산동				
전윤후(J_YH)	010-1111-3245	135495-6513113	부산 진구 개금동				
이민형(L_MH)	010-2468-5585	135848-4986465	창원시 의창구 중동				
정재현(J_JH)	010-1354-4832	780515-1387566	충북 청주시 가경동				

01 표의 머리글을 제외한 첫 번째 행에 출력을 원하는 문자 양식을 입력합니다.

	A	B	C	D	E	F	G	H	I	J
1										
2		성명	연락처	개인정보	주소	영문	연락처	개인정보	주소	
3		곽유건(K_UG)	010-3211-4856	112354-3645353	강원 강릉시 교동	(K_UG)	010-****-4856	112354-*******	강원 강릉시 교동	입력
4		이제노(L_JN)	010-1358-4684	335486-3545222	강원 강릉시 안암동					
5		나재민(N_JM)	010-3579-1455	998855-6535135	경기도 광명시 철산동					
6		류찬(R_C)	010-3333-7758	113355-5554846	경기도 광주시 경안동					
7		민현빈(M_HB)	010-2222-3548	335566-8875425	경기도 화성시 목동					

02 영문 열의 빈 셀로 이동한 후 Ctrl + E 키를 누릅니다. 사용자의 패턴을 파악해 빠른 채우기가 반영됐습니다.

성명	연락처	개인정보	주소	영문	연락처	개인정보	주소
곽유건(K_UG)	010-3211-4856	112354-3645353	강원 강릉시 교동	(K_UG)	010-****-4856	112354-*******	강원 강릉시 교동
이제노(L_JN)	010-1358-4684	335486-3545222	강원 강릉시 안암동	(L_JN)	Ctrl + E		
나재민(N_JM)	010-3579-1455	998855-6535135	경기도 광명시 철산동	(N_JM)			
류찬(R_C)	010-3333-7758	113355-5554846	경기도 광주시 경안동	(R_C)			
민현빈(M_HB)	010-2222-3548	335566-8875425	경기도 화성시 목동	(M_HB)			
김동영(K_DY)	010-7539-1698	995554-5512555	대구 남구 봉덕동	(K_DY)			
염주현(Y_JH)	010-4458-9875	153548-8798465	대구 달서구 송현동	(Y_JH)			
우단우(W_DW)	010-8523-1478	246878-5153523	대구 수성구 범이동	(W_DW)			
김정우(K_JW)	010-9876-4563	224466-4846546	부산 사하구 다대동	(K_JW)			
임현호(I_HH)	010-7566-5487	684651-1653513	부산 연제구 연산동	(I_HH)			
전윤후(J_YH)	010-1111-3245	135495-6513113	부산 진구 개금동	(J_YH)			
이민형(L_MH)	010-2468-5585	135848-4986465	창원시 의창구 중동	(L_MH)			
정재현(J_JH)	010-1354-4832	780515-1387566	충북 청주시 가경동	(J_JH)			

03 이어서 연락처 열의 빈 셀로 이동해 Ctrl + E 키를 눌러 빠른 채우기를 합니다.

성명	연락처	개인정보	주소	영문	연락처	개인정보	주소
곽유건(K_UG)	010-3211-4856	112354-3645353	강원 강릉시 교동	(K_UG)	010-****-4856	112354-********	강원 강릉시 교동
이제노(L_JN)	010-1358-4684	335486-3545222	강원 강릉시 안암동	(L_JN)	010-****-4684	— Ctrl + E	
나재민(N_JM)	010-3579-1455	998855-6535135	경기도 광명시 철산동	(N_JM)	010-****-1455		
류찬(R_C)	010-3333-7758	113355-5554846	경기도 광주시 경안동	(R_C)	010-****-7758	智	
민현빈(M_HB)	010-2222-3548	335566-8875425	경기도 화성시 목동	(M_HB)	010-****-3548		
김동영(K_DY)	010-7539-1698	995554-5512555	대구 남구 봉덕동	(K_DY)	010-****-1698		
염주현(Y_JH)	010-4458-9875	153548-8798465	대구 달서구 송현동	(Y_JH)	010-****-9875		
우단우(W_DW)	010-8523-1478	246878-5153523	대구 수성구 범이동	(W_DW)	010-****-1478		
김정우(K_JW)	010-9876-4563	224466-4846546	부산 사하구 다대동	(K_JW)	010-****-4563		
임현호(I_HH)	010-7566-5487	684651-1653513	부산 연제구 연산동	(I_HH)	010-****-5487		
전윤후(J_YH)	010-1111-3245	135495-6513113	부산 진구 개금동	(J_YH)	010-****-3245		
이민형(L_MH)	010-2468-5585	135848-4986465	창원시 의창구 중동	(L_MH)	010-****-5585		
정재현(J_JH)	010-1354-4832	780515-1387566	충북 청주시 가경동	(J_JH)	010-****-4832		

04 나머지 셀도 똑같은 방법으로 빠른 채우기를 합니다.

성명	연락처	개인정보	주소	영문	연락처	개인정보	주소
곽유건(K_UG)	010-3211-4856	112354-3645353	강원 강릉시 교동	(K_UG)	010-****-4856	112354-××××××	교동
이제노(L_JN)	010-1358-4684	335486-3545222	강원 강릉시 안암동	(L_JN)	010-****-4684	335486-××××××	안암동
나재민(N_JM)	010-3579-1455	998855-6535135	경기도 광명시 철산동	(N_JM)	010-****-1455	998855-××××××	철산동
류찬(R_C)	010-3333-7758	113355-5554846	경기도 광주시 경안동	(R_C)	010-****-7758	113355-××××××	경안동
민현빈(M_HB)	010-2222-3548	335566-8875425	경기도 화성시 목동	(M_HB)	010-****-3548	335566-××××××	목동
김동영(K_DY)	010-7539-1698	995554-5512555	대구 남구 봉덕동	(K_DY)	010-****-1698	995554-××××××	봉덕동
염주현(Y_JH)	010-4458-9875	153548-8798465	대구 달서구 송현동	(Y_JH)	010-****-9875	153548-××××××	송현동
우단우(W_DW)	010-8523-1478	246878-5153523	대구 수성구 범이동	(W_DW)	010-****-1478	246878-××××××	범이동
김정우(K_JW)	010-9876-4563	224466-4846546	부산 사하구 다대동	(K_JW)	010-****-4563	224466-××××××	다대동
임현호(I_HH)	010-7566-5487	684651-1653513	부산 연제구 연산동	(I_HH)	010-****-5487	684651-××××××	연산동
전윤후(J_YH)	010-1111-3245	135495-6513113	부산 진구 개금동	(J_YH)	010-****-3245	135495-××××××	개금동
이민형(L_MH)	010-2468-5585	135848-4986465	창원시 의창구 중동	(L_MH)	010-****-5585	135848-××××××	중동
정재현(J_JH)	010-1354-4832	780515-1387566	충북 청주시 가경동	(J_JH)	010-****-4832	780515-××××××	가경동

빠른 채우기는 반복 되는 작업을 단축키 하나로 끝낼 수 있어 실무에서 다양하게 활용되지만, 간혹 패턴을 잘 감지하지 못할 때도 있습니다. 혹시 첫 번째 셀에 입력했던 패턴과 다르게 셀에 입력되면 바로 아래 똑같은 패턴을 한 번 더 입력해 빠른 채우기를 진행해 주세요.

TIP 리본 메뉴에서 빠른 채우기

리본 메뉴에서도 빠른 채우기를 실행할 수 있습니다. 방법은 다음과 같습니다. [홈] 탭-[편집]-[채우기]를 선택한 후 채우기 목록이 나타나면 [빠른 채우기(F)]를 선택합니다.

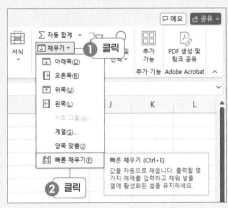

원하는 기준으로 정리하기

텍스트 나누기는 하나의 셀에 입력된 여러 텍스트를 구분 기호로 나뉘어 다른 셀에 분할하는 기능입니다. 이번 섹션에서는 텍스트 나누기 기능에 대해 자세히 알아보겠습니다.

🎞 실습 예제: Part1_ch01_1-6.xlsx

2024년 09월 05일 오후

나는 오늘도 업무 중에 큰 시련을 맞이했는데 🥲 나를 깊은 고민 속으로 빠지게 만든 건 다름 아닌 문·자·열이었다. 엑셀에 기재된 수많은 스타일 코드에서 각 문자열이 의미하는 특정 정보를 구별해 일정한 길이로 문자열을 분리해야 하는데 어떻게 하는지 방법도 모르겠고 박 대리님도 자리를 비운 상황이라 하는 수없이 스타일 별로 문자를 하나씩 분리해 수기로 텍스트를 입력하고 있는데 뒤에서 다급하게 '멈춰!' 하는 목소리가 들려왔다.

뒤를 돌아보니 나의 구세주 박 대리님이었다.

"이런! 이렇게 막노동으로 작업하면 또 야근해야 해!"

"괜히 건드렸다가 일을 망칠까 봐서요."

"별 걱정을 다하네! 박 대리님이 한숨을 푹 쉬었다. 내 자리로 와!"

나는 망설임 없이 한걸음에 달려갔다. 🙂

✿ 텍스트 나누기와 중복된 항목 제거

1. 텍스트 나누기

텍스트 나누기는 셀의 텍스트를 다양한 기준으로 분리하고 싶을 때 사용하는 기능입니다.

▨ 일정한 너비를 기준으로 텍스트 나누기

다음 자료의 월별 계약 실적을 텍스트와 숫자로 분할해야 합니다. 텍스트 나누기 기능을 통해 해결해 보겠습니다. 방법은 다음과 같습니다.

월	계약 실적	계약 실적
1월	계약 : 38	
2월	계약 : 213	
3월	계약 : 290	
4월	계약 : 44	
5월	계약 : 53	
6월	계약 : 351	
7월	계약 : 4	
8월	계약 : 14	
9월	계약 : 95	
10월	계약 : 854	
11월	계약 : 63	
12월	계약 : 2	

01 텍스트를 분할할 셀 범위를 선택한 후 [데이터] 탭-[데이터 도구]-[텍스트 나누기]를 클릭합니다.

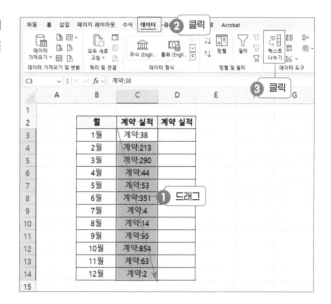

02 텍스트 마법사 창이 나타나면 [너비가 일정함(W)]
을 선택하고 [다음(N)] 버튼을 클릭합니다.

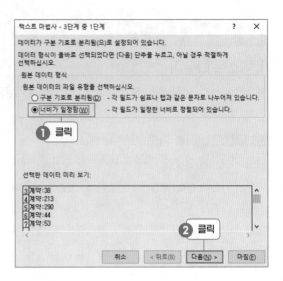

03 텍스트 마법사 2단계의 [데이터 미리 보기] 영역에
서 분리를 원하는 텍스트의 위치를 클릭해 구분선
을 설정한 후 [다음(N)] 버튼을 클릭합니다.

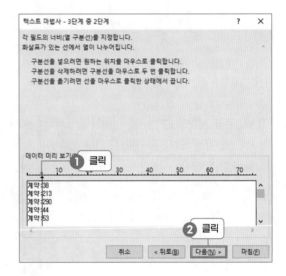

04 분리할 텍스트를 다시 한번 확인한 후 [마침(F)] 버
튼을 클릭합니다.

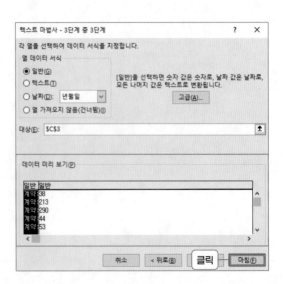

05 데이터 변경 안내 창이 나타나면 [확인] 버튼
을 클릭합니다.

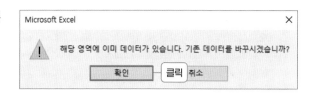

06 설정한 대로 텍스트가 다른 셀로 분리되었습
니다.

	월	계약 실적	계약 실적
	1월	계약:	38
	2월	계약:	213
	3월	계약:	290
	4월	계약:	44
	5월	계약:	53
	6월	계약:	351
	7월	계약:	4
	8월	계약:	14
	9월	계약:	95
	10월	계약:	854
	11월	계약:	63
	12월	계약:	2

 실무 팁

실무에서 너비가 일정한 자료를 특정 정보 별로 텍스트 나누기 하고 싶다면 방법은 다음과 같습니다.

01 분할을 원하는 셀 범위를 선택한 후 [데이터] 탭-[데
이터 도구]-[텍스트 나누기]를 클릭합니다.

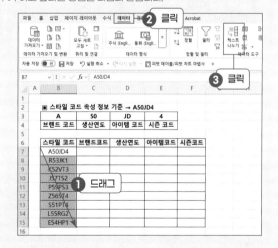

02 텍스트 마법사 창이 나타나면 [너비가 일정함(W)]을 선택하고 [다음(N)] 버튼을 클릭합니다.

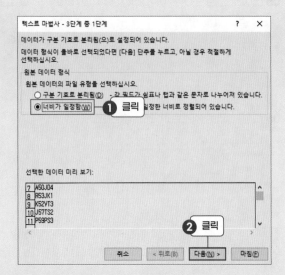

03 텍스트 마법사 2단계의 [데이터 미리 보기] 영역에서 분리를 원하는 텍스트의 위치를 클릭해 구분선을 설정한 후 [다음(N)] 버튼을 클릭합니다. 3단계에서 나눠진 문자열을 확인하고 [마침(F)] 버튼을 클릭합니다.

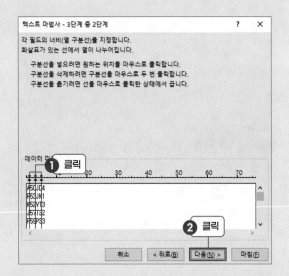

04 스타일 코드가 각 특정 정보별로 분리되었습니다.

브랜드 코드	생산연도	아이템 코드	시즌 코드
A	50	JD	4
R	53	JK	1
K	52	VT	3
J	57	TS	2
P	59	PS	3
Z	56	ST	4
S	51	PT	4
L	55	RG	2
E	54	HP	1

☑ 구분 기호를 기준으로 텍스트 나누기

텍스트 나누기는 너비뿐만 아니라 구분 기호를 기준으로도 분리할 수 있습니다. 다음 자료의 메일 주소를 아이디와 도메인으로 분리해야 하는데 셀의 너비가 일정하지 않아 구분 기호를 사용해 나눠줘야 합니다. 방법은 다음과 같습니다.

메일 주소(아이디)	도메인
ahfgelerigoap@thekai.ac.kr	
asdfwes@thekai.ac.kr	
ielfigo@thekai.ac.kr	
oap@thekai.ac.kr	
rgoap@thekai.ac.kr	
rkap@thekai.ac.kr	
rksielqweoap@thekai.ac.kr	
rksiigoap@thekai.ac.kr	
rksqwioap@thekai.ac.kr	

01 분할을 원하는 데이터의 셀 범위를 선택한 후 [데이터] 탭-[데이터 도구]-[텍스트 나누기]를 클릭합니다.

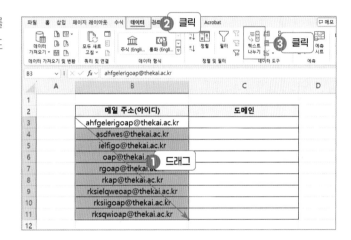

02 텍스트 마법사 창이 나타나면 [구분 기호로 분리됨 (D)]을 선택하고 [다음(N)] 버튼을 클릭합니다.

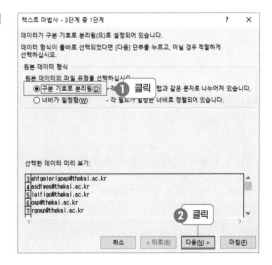

53

03 텍스트 마법사 2단계의 [구분 기호]에서 [기타(O)]를 선택하고 [기타] 입력란에 @를 입력합니다. [데이터 미리 보기(P)]를 확인한 후 [다음(N)] 버튼을 클릭합니다.

04 3단계의 [데이터 미리 보기(P)] 영역에서 아이디와 도메인이 잘 분리되었는지 다시 한번 확인하고 [마침(F)] 버튼을 클릭합니다.

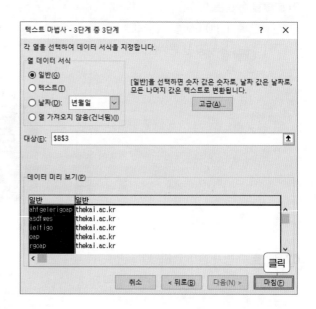

05 데이터 변경 안내 창이 나타나면 [확인] 버튼을 클릭합니다.

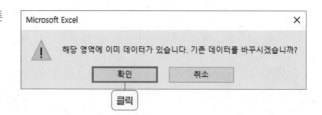

06 메일 주소가 아이디와 도메인으로 분
리 되었습니다.

메일 주소(아이디)	도메인
ahfgelerigoap	thekai.ac.kr
asdfwes	thekai.ac.kr
ielfigo	thekai.ac.kr
oap	thekai.ac.kr
rgoap	thekai.ac.kr
rkap	thekai.ac.kr
rksielqweoap	thekai.ac.kr
rksiigoap	thekai.ac.kr
rksqwioap	thekai.ac.kr

실무 팁 숫자 오류 표시 간단하게 제거하기

회사 전산 시스템에서 가져온 데이터를 확인하다 보면 가끔 셀에 초록색 삼각형 모
양의 딱지가 보일 때가 있습니다. 현재 셀의 값이 알맞은 서식이 아니어서 오류 값이
반환된 겁니다. 데이터가 많지 않으면 초록색 딱지를 클릭한 후 바로 가기 메뉴에서
[숫자로 변환(C)]을 클릭하면 되는데 데이터가 많으면 텍스트 나누기로 해결해야
합니다. 방법은 다음과 같습니다.

행정기관	전체세대
전국	23,617,091
서울특별시	4,455,106
부산광역시	1,553,032
대구광역시	1,069,411
~~광역시~~	1,308,~~77~~
전라~~남도~~	~~9~~00,664
경상북도	1,282,737
경상남도	1,512,847
제주특별자치도	309,322

01 오류를 해결할 셀의 범위를 선택한 후 [데이터] 탭-[데이터]-[텍스트 나누기]를 클릭합니다.

02 화면에 텍스트 마법사 창이 나타나면 선택 사항 없이
[다음(N)] 버튼을 클릭한 후 마지막 [마침(F)] 버튼을 클
릭합니다.

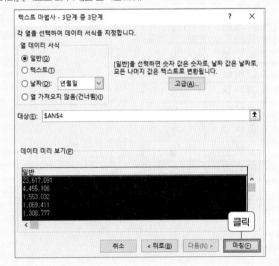

03 오류 표시가 감쪽같이 사라졌습니다.

행정기관	전체세대
전국	23,617,091
서울특별시	4,455,106
부산광역시	1,553,032
대구광역시	1,069,411
인천광역시	1,308,777
광주광역시	648,653
대전광역시	668,599
울산광역시	484,641
세종특별자치시	157,270
경기도	5,880,097
강원도	751,554
충청북도	767,041
충청남도	1,009,254
전라북도	852,086
전라남도	906,664
경상북도	1,282,737
경상남도	1,512,847
제주특별자치도	309,322

→

행정기관	전체세대
전국	23,617,091
서울특별시	4,455,106
부산광역시	1,553,032
대구광역시	1,069,411
인천광역시	1,308,777
광주광역시	648,653
대전광역시	668,599
울산광역시	484,641
세종특별자치시	157,270
경기도	5,880,097
강원도	751,554
충청북도	767,041
충청남도	1,009,254
전라북도	852,086
전라남도	906,664
경상북도	1,282,737
경상남도	1,512,847
제주특별자치도	309,322

2. 중복된 항목 제거

중복된 항목 제거는 자료의 중복 값을 제거해 정확한 확인이 필요할 때 유용하게 사용됩니다. 다음 자료에서 중복된 정보를 제거해 보겠습니다. 방법은 다음과 같습니다.

직원 명단	순위
장지후	5
임준서	2
유연우	1
오현우	8
신지훈	10
권건우	3
홍세아	10
유연우	1
고유준	9
장지후	5
신지훈	10

01 중복 값을 제거할 셀의 범위를 선택한 후 [데이터] 탭-[데이터 도구]-[중복된 항목 제거]를 클릭합니다.

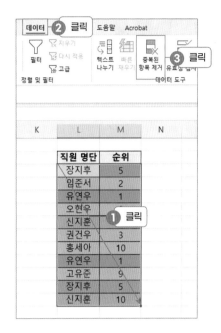

02 중복 값 제거 창이 나타나면 데이터 열 전체에 적용할 것을 고려해 [모두 선택(A)] 버튼을 클릭하고 [확인] 버튼을 클릭합니다.

> 만약, 선택한 범위 영역에 머리글이 포함되어 중복 값으로 인식하지 않게 하려면 [내 데이터에 머리글 표시(M)]를 선택합니다. 반대의 경우 선택을 해제합니다.

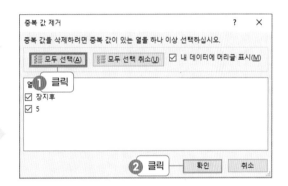

03 중복 값 제거 안내 창이 나타나면 [확인] 버튼을 클릭합니다.

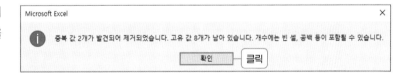

04 중복 값이 제거되어 독립적인 값만 남게 됩니다.

직원 명단	순위
장지후	5
임준서	2
유연우	1
오현우	8
신지훈	10
권건우	3
홍세아	10
고유준	9

인쇄, 얕보다 큰코다친다

인쇄는 엑셀에서 제일 사용하기 쉬운 기능인 거 같지만 의외로 많은 사람이 어려워하는 기능이기도 합니다. 특히 시트 인쇄 전에 인쇄 설정을 별도로 변경하지 않으면 출력 결과가 엉망이 되어 종이만 낭비하게 되는데요. 이번 섹션에서는 실무에 바로 적용할 수 있는 엑셀의 다양한 인쇄 설정 방법을 자세히 알아보겠습니다.

🖥 실습 예제: Part1_ch01_1-7.xlsx

2024년 09월 11일 오후

지금도 생각하면 얼굴이 화끈거린다. 🤕 어디 쥐구멍이 있다면 숨고 싶다. 인쇄도 못하는 신입사원이라고 생각하면 어떡하지 🫣

사건은 오후 부서 회의를 앞두고 발생했다. 나를 제외한 박 대리님과 정 과장님은 마지막 발표 자료 확인으로 바빴는데 갑자기 정 과장님께서 나에게 인쇄물을 부탁했다.

"하 사원! 지금 회의 때문에 급해서 그러는데 내 노트북 바탕화면 첫 번째 줄에 있는 엑셀 파일 열어서 3부씩만 출력 부탁해요! 나랑 박 대리는 회의실에 가 있을게 참! 그리고 그 파일 인쇄 설정 안 되어 있으니까 인쇄 설정 한 후 출력해 주세요!"

"네..!"

과장님의 말을 다 이해하기도 전에 나는 기계처럼 대답을 해버렸고 그렇게 정 과장님과 박 대리님은 회의실로 쫓기듯 사라졌다. 😨 그때 내 심정은 딱 이랬다. '어떡하지 인쇄는 기본적으로 당연하게 할 줄 알아야 하는데 이 상황을 어떻게 해결해야 할까? 잘못하면 회사에서 인쇄 하나도 제대로 못 한다는 소리는 듣기 싫은데'

⚙ 엑셀 인쇄 설정하기

1. 페이지 레이아웃 설정하기

다음 사내 직원 명단의 페이지 레이아웃을 설정해 1 페이지로 인쇄해 보겠습니다. 방법은 다음과 같습니다.

01 인쇄할 범위를 선택한 후 [페이지 레이아웃] 탭을 클릭합니다(범위 설정은 인쇄할 영역을 엑셀에 알려주는 것이라 생각해 주세요).

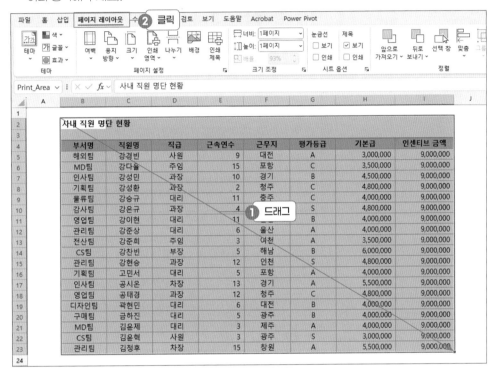

02 [크기 조정]의 [너비]와 [높이] 란에 각각 [1페이지]를 선택한 후 [페이지 설정]-[인쇄 영역]을 클릭합니다. 인쇄 영역 항목이 나타나면 [인쇄 영역 설정(S)]을 선택합니다. 이어서 [파일] 탭을 클릭합니다.

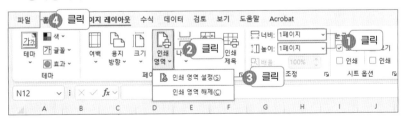

03 파일 목록 화면이 나타나고 [인쇄]를 클릭합니다. [인쇄 미리 보기] 영역에 설정한 셀의 범위가 1페이지 안으로 모두 포함된 것을 확인할 수 있습니다.

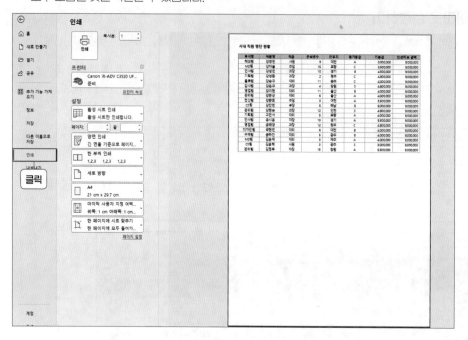

04 이어서 레이아웃은 [가로방향]으로 변경하고 페이지 여백을 조정하기 위해 [인쇄] 화면 하단의 [페이지 설정]을 클릭합니다.

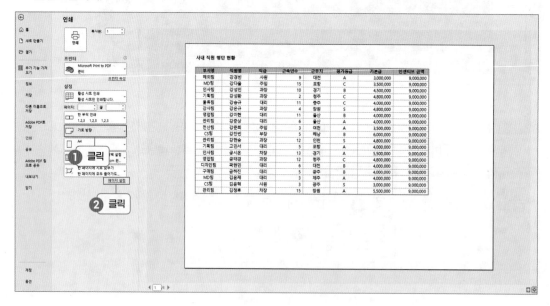

05 페이지 설정 창이 나타나면 [여백] 탭을 클릭한 후 [위쪽(T)], [아래쪽(B)], [왼쪽(L)], [오른쪽(R)]의 여백을 모두 0으로 입력합니다. 이어서 [페이지 가운데 맞춤]의 [가로]와 [세로]를 모두 선택하고 [확인] 버튼을 클릭합니다.

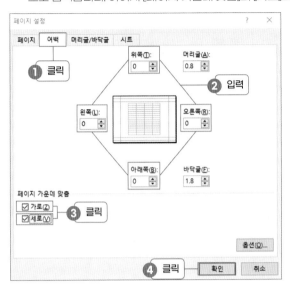

06 [인쇄 미리 보기]에서 자료의 위치가 정중앙으로 조정된 것을 확인할 수 있습니다.

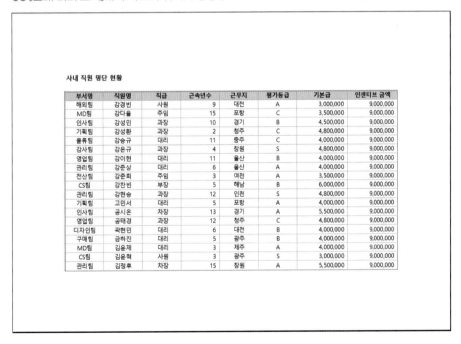

사내 직원 명단 현황

부서명	직원명	직급	근속년수	근무지	평가등급	기본급	인센티브 금액
해외팀	강경빈	사원	9	대전	A	3,000,000	9,000,000
MD팀	강다울	주임	15	포항	C	3,500,000	9,000,000
인사팀	강성민	과장	10	경기	B	4,500,000	9,000,000
기획팀	강성환	과장	2	청주	C	4,800,000	9,000,000
물류팀	강승규	대리	11	충주	C	4,000,000	9,000,000
감사팀	강은규	과장	4	창원	S	4,800,000	9,000,000
영업팀	강이현	대리	11	울산	B	4,000,000	9,000,000
관리팀	강준상	대리	6	울산	A	4,000,000	9,000,000
전산팀	강준희	주임	3	여천	A	3,500,000	9,000,000
CS팀	강찬빈	부장	5	해남	B	6,000,000	9,000,000
관리팀	강현승	과장	12	인천	S	4,800,000	9,000,000
기획팀	고민서	대리	5	포항	A	4,000,000	9,000,000
인사팀	공시온	차장	13	경기	A	5,500,000	9,000,000
영업팀	공태경	과장	12	청주	C	4,800,000	9,000,000
디자인팀	곽현민	대리	6	대전	B	4,000,000	9,000,000
구매팀	금하진	대리	5	광주	B	4,000,000	9,000,000
MD팀	김윤제	대리	3	제주	A	4,000,000	9,000,000
CS팀	김윤혁	사원	3	광주	S	3,000,000	9,000,000
관리팀	김정후	차장	15	창원	A	5,500,000	9,000,000

자료를 크게 확대해 출력하고 싶다면 페이지 배율을 조정하면 됩니다. 방법은 다음과 같습니다.

01 [페이지 설정]을 실행한 후 [페이지 설정] 창이 나타나면 [페이지] 탭을 클릭합니다. [배율] 영역의 [확대/축소 배율 (A)]을 [120%]로 조정하고 [확인] 버튼을 클릭합니다.

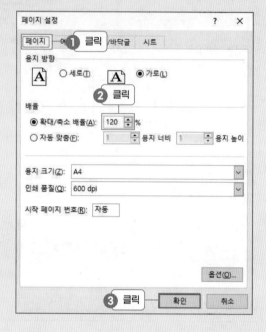

02 [인쇄 미리 보기]를 살펴보면 페이지 여백은 줄어들고 자료가 크게 확대된 것을 확인할 수 있습니다.

사내 직원 명단 현황

부서명	직원명	직급	근속년수	근무지	평가등급	기본급	인센티브 금액
해외팀	강경빈	사원	9	대전	A	3,000,000	9,000,000
MD팀	강다율	주임	15	포항	C	3,500,000	9,000,000
인사팀	강성민	과장	10	경기	B	4,500,000	9,000,000
기획팀	강성환	과장	2	청주	C	4,800,000	9,000,000
물류팀	강승규	대리	11	충주	C	4,000,000	9,000,000
감사팀	강은규	과장	4	창원	S	4,800,000	9,000,000
영업팀	강이현	대리	11	울산	B	4,000,000	9,000,000
관리팀	강준상	대리	6	울산	A	4,000,000	9,000,000
전산팀	강준희	주임	3	여천	A	3,500,000	9,000,000
CS팀	강찬빈	부장	5	해남	B	6,000,000	9,000,000
관리팀	강현승	과장	12	인천	S	4,800,000	9,000,000
기획팀	고민서	대리	5	포항	A	4,000,000	9,000,000
인사팀	공시온	차장	13	경기	A	5,500,000	9,000,000
영업팀	공태경	과장	12	청주	C	4,800,000	9,000,000
디자인팀	곽현민	대리	6	대전	B	4,000,000	9,000,000
구매팀	금하진	대리	5	광주	B	4,000,000	9,000,000
MD팀	김윤제	대리	3	제주	A	4,000,000	9,000,000
CS팀	김윤혁	사원	3	광주	S	3,000,000	9,000,000
관리팀	김정후	차장	15	창원	A	5,500,000	9,000,000

2. 행이 긴 자료 인쇄하기

다음 180명의 사내 직원이 모두 출력될 수 있게 인쇄 설정을 해보겠습니다. 방법은 다음과 같습니다.

사내 직원 명단 현황

NO	부서명	직원명	직급	근속연수	근무지	평가등급	기본급	인센티브 금액
1	CS팀	박리우	차장	12	목포	B	5,500,000	9,000,000
2	CS팀	김혁	차장	3	순천	A	5,500,000	9,000,000
3	CS팀	임차연	사원	6	여천	B	3,000,000	9,000,000
4	CS팀	박이찬	대리	4	울산	A	4,000,000	9,000,000
5	CS팀	이유신	차장	2	익산	B	5,500,000	9,000,000
6	CS팀	조혁준	과장	14	경산	A	4,800,000	9,000,000
7	CS팀	한성주	부장	2	광양	C	6,000,000	9,000,000
8	CS팀	윤정한	대리	3	전주	A	4,000,000	9,000,000
9	CS팀	최승철	주임	2	서울	A	3,500,000	9,000,000
10	CS팀	이민혁	사원	1	서울	B	3,000,000	9,000,000
11		이동혁	사원			C	3,000,000	
	해외팀	황ᅌ		14	안양			9,000,000
172	해외팀	임수정	차장	9	수원	A	5,500,000	9,000,000
173	해외팀	강동원	대리	5	여수	C	4,000,000	9,000,000
174	해외팀	정성연	사원	1	인천	A	3,000,000	9,000,000
175	해외팀	한대한	주임	2	인천	A	3,500,000	9,000,000
176	해외팀	박지욱	사원	1	원주	B	3,000,000	9,000,000
177	해외팀	임윤석	차장	9	횡성	B	5,500,000	9,000,000
178	해외팀	조정욱	과장	6	인천	A	4,800,000	9,000,000
179	해외팀	윤솔	대리	4	인천	C	4,000,000	9,000,000
180	해외팀	최혜지	주임	3	인천	B	3,500,000	9,000,000

01 인쇄할 범위를 선택한 후 [페이지 레이아웃] 탭-[크기 조정]에서 [너비]는 [1페이지], [높이]는 [자동]을 선택한 후 [페이지 설정]-[인쇄 영역]을 클릭합니다. 인쇄 영역 항목이 나타나면 [인쇄 영역 설정(S)]을 선택합니다.

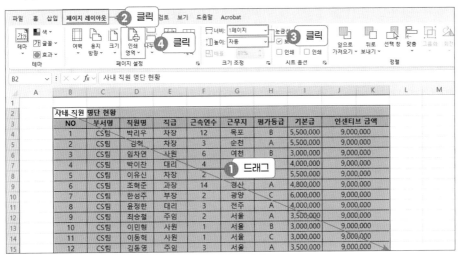

02 이어서 [파일] 탭을 클릭하고 파일 목록 화면이 나타나면 [인쇄]를 클릭합니다. [인쇄 미리 보기]를 살펴보니 1 페이지를 제외한 나머지 페이지의 경우 제목 행이 생략되어 데이터의 빠른 확인이 어렵습니다. 화면 하단의 [페이지 설정]을 클릭합니다.

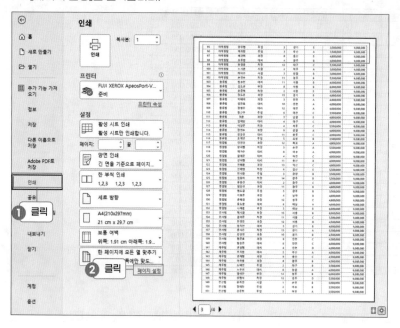

03 페이지 설정 창이 나타나면 [시트] 탭을 클릭한 후 [반복할 행(R)]에 시트의 제목 행을 클릭하고 [확인] 버튼을 클릭합니다.

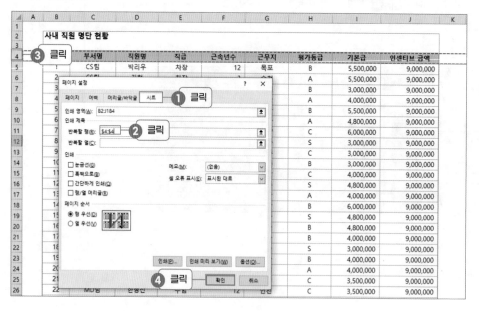

04 [인쇄 미리 보기]를 다시 살펴보니 제목 행이 모든 페이지에 나타나는 것을 확인할 수 있습니다.

NO	부서명	직원명	직급	근속년수	근무지	평가등급	기본급	인센티브 금액
103	물류팀	판수완	대리	11	서울	B	4,000,000	9,000,000
104	물류팀	김도군	부장	8	서울	B	6,000,000	9,000,000
105	물류팀	송윤묵	차장	2	서울	S	5,500,000	9,000,000
106	물류팀	강도운	과장	15	경기	B	4,800,000	9,000,000
107	물류팀	박하이	과장	3	인천	A	4,800,000	9,000,000
108	물류팀	임창호	대리	10	인천	A	4,000,000	9,000,000
109	물류팀	정형수	대리	12	대전	A	4,000,000	9,000,000
110	물류팀	탄근우	주임	6	대전	C	3,500,000	9,000,000
111	물류팀	최훈	과장	3	남원	S	4,800,000	9,000,000
112	물류팀	일에딜	대리	4	대구	C	4,000,000	9,000,000
113	물류팀	이강완	차장	4	제주	C	5,500,000	9,000,000
114	물류팀	장연수	과장	9	창원	A	4,800,000	9,000,000
115	물류팀	강송구	대리	11	광주	C	4,000,000	9,000,000
116	물류팀	조재빈	주임	5	포항	B	3,500,000	9,000,000
117	영업팀	민민건	과장	12	목표	A	4,800,000	9,000,000
118	영업팀	방세현	차장	3	순천	A	5,500,000	9,000,000
119	영업팀	제가온	대리	8	여수	A	4,000,000	9,000,000
120	영업팀	원재준	대리	4	여천	C	4,000,000	9,000,000
121	영업팀	강이현	대리	11	울산	B	4,000,000	9,000,000
122	영업팀	천하훈	과장	13	익산	C	4,800,000	9,000,000
123	영업팀	진태영	차장	9	경산	S	5,500,000	9,000,000
124	영업팀	천시황	주임	3	광양	B	3,500,000	9,000,000
125	영업팀	임동화	차장	14	광주	B	5,500,000	9,000,000
126	영업팀	류동건	대리	2	광주	B	4,000,000	9,000,000
127	영업팀	양송빈	과장	11	광주	B	4,800,000	9,000,000
128	영업팀	현도원	주임	5	광주	B	3,500,000	9,000,000
129	영업팀	지호준	과장	4	남악	B	4,800,000	9,000,000
130	영업팀	공태경	과장	12	정주	B	4,800,000	9,000,000
131	영업팀	유도율	대리	6	해남	A	4,000,000	9,000,000
132	영업팀	나재훈	부장	3	해남	B	6,000,000	9,000,000
133	인사팀	재시원	부장	15	서울	B	6,000,000	9,000,000
134	인사팀	원이준	차장	11	서울	C	5,500,000	9,000,000
135	인사팀	현민안	과장	12	서울	D	4,500,000	9,000,000
136	인사팀	방지안	대리	5	경기	A	4,000,000	9,000,000
137	인사팀	공시운	차장	13	경기	A	5,500,000	9,000,000
138	인사팀	강병민	과장	10	경기	B	4,500,000	9,000,000
139	인사팀	현준호	과장	9	인천	B	4,500,000	9,000,000
140	인사팀	합송준	대리	6	인천	C	4,000,000	9,000,000
141	재무팀	변성현	대리	4	인천	D	4,000,000	9,000,000
142	재무팀	추지환	대리	6	부산	A	4,000,000	9,000,000
143	재무팀	변정현	과장	9	울산	C	4,500,000	9,000,000
144	재무팀	여하율	과장	8	광주	B	4,500,000	9,000,000
145	재무팀	오하석	주임	2	대구	B	3,500,000	9,000,000
146	재무팀	노우빈	대리	6	창원	A	4,000,000	9,000,000
147	재무팀	염이안	부장	14	청주	B	6,000,000	9,000,000
148	재무팀	양현서	차장	12	청주	B	5,500,000	9,000,000
149	전산팀	윤하민	사원	1	순천	B	3,000,000	9,000,000
150	전산팀	정예찬	주임	2	여수	A	3,500,000	9,000,000
151	전산팀	남광희	주임	3	여천	A	3,500,000	9,000,000
152	전산팀	일건	차장	11	울산	A	5,500,000	9,000,000
153	전산팀	이윤수	차장	13	경산	A	5,500,000	9,000,000
154	전산팀	프도훈	사원	1	광양	C	3,000,000	9,000,000

◀ 3 /4 ▶

3. 시트 그룹화하여 인쇄하기

1번에서 7번 시트까지의 각기 다른 자료를 한 번에 인쇄해 보겠습니다. 방법은 다음과 같습니다.

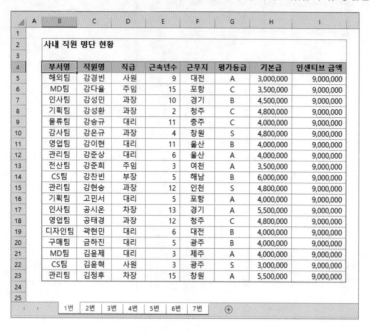

· 원하는 시트만 그룹 인쇄

Ctrl 키를 누른 채 원하는 시트를 클릭해 그룹화한 후 인쇄합니다.

· 전체 시트 그룹 인쇄

01 1번 시트를 선택한 상태에서 Shift 키를 누르고 7번 시트를 클릭하면 전체 시트가 그룹화되어 인쇄됩니다.

TIP 그룹화 인쇄 주의할 점

그룹화 인쇄는 데이터 범위가 시트마다 달라 인쇄 영역 설정을 각각 다르게 적용해 줘야 합니다.

4. 머리글/바닥글 적용하기

다음 180명의 사내 직원 명단에 머리글과 바닥글을 추가하여 인쇄해 보겠습니다. 방법은 다음과 같습니다.

01 페이지 설정을 실행한 후 화면에 페이지 설정 창이 나타나면 [머리글/바닥글] 탭을 클릭하고 [머리글 편집(C)] 버튼을 클릭합니다.

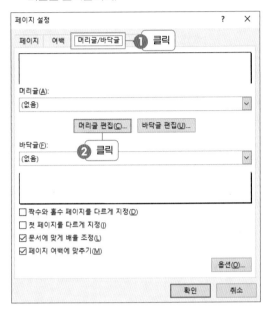

02 머리글 창이 나타나면 [왼쪽 구역(L)]에 경영지원본부를 입력하고 [오른쪽 구역(R)]에는 대외비를 입력한 후 [확인] 버튼을 클릭합니다.

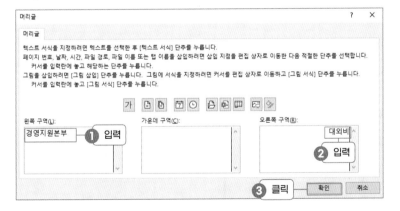

03 이어서 페이지 설정 창에서 [바닥글 편집] 버튼을 클릭합니다. 바닥글 창이 나타나면 [가운데 구역(C)]의 [페이지 번호 삽입(🗐)] 버튼을 클릭합니다.

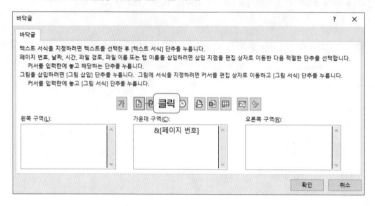

04 다음 키보드의 [Space bar] 키를 누르고 슬래시를 입력한 후 [전체 페이지 수 삽입(🗐)] 버튼을 클릭합니다. [확인] 버튼을 클릭해 종료합니다.

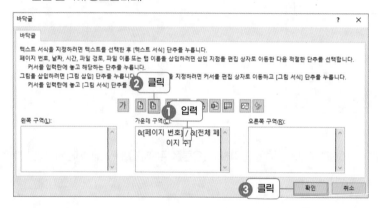

05 설정한 대로 머리글과 바닥글이 반영되었습니다.

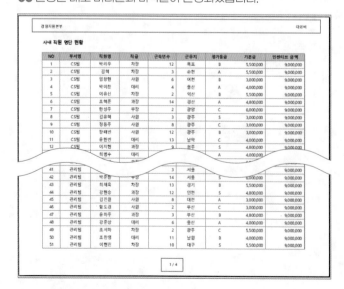

5. 페이지 나누기 미리 보기

실무에서 자주 사용하는 기능 중에 [페이지 나누기 미리 보기]도 있습니다. 방법은 다음과 같습니다.

01 [보기] 탭-[통합 문서 보기]-[페이지 나누기 미리 보기]를 클릭합니다. 화면에 현재 인쇄 설정 영역이 페이지별로 나누어져 나타납니다.

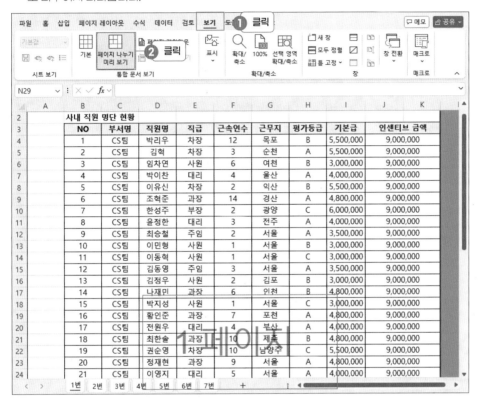

02 [페이지 나누기 미리 보기]를 취소하고 싶다면 [보기] 탭-[통합 문서 보기]-[기본]을 클릭합니다.

파란색 굵은 실선 안쪽의 범위가 인쇄 영역이며 점선을 드래그해 이동할 경우 원하는 페이지로 범위를 조정할 수도 있습니다 (단, 인쇄 영역은 선택한 범위 안에서만 드래그하여 수정할 수 있습니다).

Chapter 2
사수에게 칭찬받는 데이터 관리 필수 기능

원하는 데이터만 걸러줘, 필터

필터링 기능은 대량의 자료에서 원하는 정보만 정리해 데이터의 빠른 확인이 가능합니다. 이번 섹션에서는 필터링과 찾기 및 바꾸기 기능에 대해 자세히 알아보겠습니다.

 실습 예제: Part1_ch02_2-1.xlsx

2024년 09월 17일 오후

오전에 스타일별 실적 현황 자료를 다운로드 해 보고 있었는데 전체 스타일을 모아 놓은 자료이다 보니 엄청난 양의 데이터가 입력되어 있었다.

다양한 카테고리 중 라운드 티셔츠 정보만 출력해 보고 싶은데 데이터가 여기저기 막 섞여 있어 한눈에 자료를 파악하기 너무 어려웠다. 박 대리님이라면 시원하게 고민을 해결해 줄 거 같아 방법을 여쭈어보니 의미심장한 미소와 함께 한 마디 내뱉으셨다.

✿ 필터와 찾기 및 바꾸기

1. 필터

필터 기능은 자료에 조건을 추가해 원하는 데이터를 빠르게 필터링해 볼 수 있는 기능입니다.

1 특정 조건으로 필터링하기

다음은 회사 전산 시스템에서 의류 스타일 현황을 엑셀로 다운로드한 자료입니다. 해당 자료에는 200개가 넘는 데이터가 입력되어 있는데 특정 조건을 선택해 필터링해 보겠습니다. 방법은 다음과 같습니다.

의류 스타일 정보

계절명	상품코드	카테고리명	속성구분	성별명	TAG가	발주수량	입고수량	출고수량	판매수량
여름	9301FJ210	저지 트레이닝	일반	남성	109,000	1,300	1,230	964	84
여름	9301FJ300	저지 트레이닝	전략	남성	89,000	2,500	2,471	1,641	102
가을	9301FJ261	저지 트레이닝	일반	여성	89,000	100	993	810	11
겨울	9301JP110	패딩 재킷	일반	남성	189,000	1,500	1,482	1,481	266
겨울	9301JP119	패딩 재킷	일반	남성	169,000	1,000	1,010	1,006	287
겨울	9301JP169	패딩 재킷	일반	여성	189,000	1,000	1,017	1,015	172
겨울	9301JP199	패딩 재킷	트렌드	여성	169,000	800	795	795	234
봄	9301JS110	방풍 재킷	기획	남성	149,000	1,600	1,600	1,595	704
가을	9301JS160	방풍 재킷	일반	여성	179,000	1,200	1,200	1,194	278
가을	9301JS161	방풍 재킷	일반	여성	179,000	800	800	794	190
봄	9301JS190	방풍 재킷	일반	여성	149,000	1,500	1,500	1,492	552
봄		재킷	기획			2,100	2,100		557
	9301TR249			여성	42,000			1,139	
여름	9301TR261	라운드 티셔츠		남성	42,000		696	479	21
가을	9301TR262	라운드 티셔츠	트렌드	여성	59,000	500	502	355	3
가을	9301TR262	라운드 티셔츠	트렌드	여성	59,000	1,200	1,192	836	23
봄	9301RT264	라운드 티셔츠	일반	여성	49,000	800	788	562	32
여름	9301RT269	라운드 티셔츠	트렌드	남성	49,000	700	693	507	12
겨울	9301RT269	라운드 티셔츠	일반	남성	59,000	500	576	576	85
봄	9301TZ194	집업	일반	여성	79,000	1,200	698	697	45
봄	9301TZ196	집업	일반	남성	99,000	800	1,199	892	31
여름	9301TZ239	집업	일반	여성	79,000	700	1,163	928	180
여름	9301TZ266	집업	일반	남성	69,000	600	777	465	9

01 머리글의 범위를 선택한 후 [데이터] 탭-[정렬 및 필터]-[필터]를 클릭합니다.

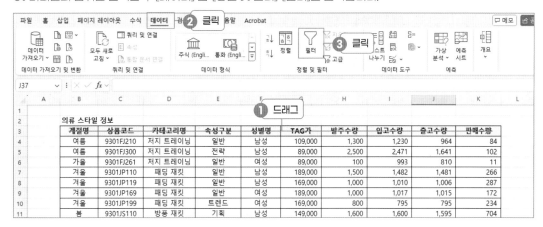

02 선택한 머리글의 각 셀마다 [필터(▼)] 버튼이 생성되었습니다. [라운드 티셔츠]와 [패딩 재킷]의 스타일 현황을 확인하기 위해 [카테고리명]의 [필터(▼)] 버튼을 클릭합니다. 필터 목록이 나타나면 [모두 선택]을 클릭하고 [라운드 티셔츠]와 [패딩 재킷]만 다시 선택한 후 [확인] 버튼을 클릭합니다.

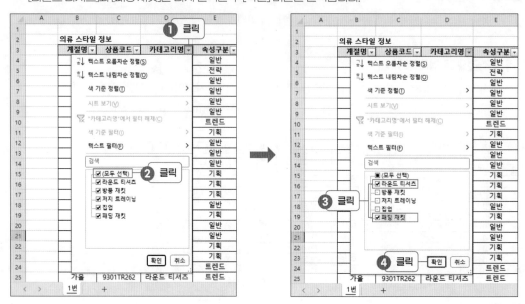

03 [카테고리명]의 필터 버튼이 변경되며 [라운드 티셔츠]와 [패딩 재킷] 데이터가 출력되었습니다(✔ 버튼은 해당 열 기준으로 필터가 적용되어 있다는 표시입니다).

	A	B	C	D	E	F	G	H	I	J	K	L
1												
2		의류 스타일 정보										
3		계절명 ▼	상품코드 ▼	카테고리명 ✔	속성구분 ▼	성별명 ▼	TAG가 ▼	발주수량 ▼	입고수량 ▼	출고수량 ▼	판매수량 ▼	
7		겨울	9301JP110	패딩 재킷	일반	남성	189,000	1,500	1,482	1,481	266	
8		겨울	9301JP119	패딩 재킷	일반	남성	169,000	1,000	1,010	1,006	287	
9		겨울	9301JP169	패딩 재킷	일반	여성	189,000	1,000	1,017	1,015	172	
10		겨울	9301JP199	패딩 재킷	트렌드	여성	169,000	800	795	795	234	
17		봄	9301TR191	라운드 티셔츠	기획	여성	49,000	500	399	398	90	
18		여름	9301TR201	라운드 티셔츠	일반	남성	42,000	13,000	2,490	2,382	278	
19		여름	9301TR249	라운드 티셔츠	기획	남성	42,000	3,600	3,465	2,354	37	
20		여름	9301TR249	라운드 티셔츠	일반	남성	42,000	4,300	4,300	2,655	40	
21		여름	9301TR248	라운드 티셔츠	일반	남성	42,000	4,000	2,078	1,394	6	
22		여름	9301TR249	라운드 티셔츠	기획	여성	42,000	10,000	1,530	1,139	4	
23		여름	9301TR261	라운드 티셔츠	기획	남성	42,000	700	696	479	21	
24		가을	9301TR262	라운드 티셔츠	트렌드	여성	59,000	500	502	355	3	
25		가을	9301TR262	라운드 티셔츠	트렌드	여성	59,000	1,200	1,192	836	23	
26		봄	9301RT264	라운드 티셔츠	일반	여성	49,000	800	788	562	32	
27		여름	9301RT269	라운드 티셔츠	트렌드	남성	49,000	700	693	507	12	
28		겨울	9301RT269	라운드 티셔츠	일반	남성	59,000	500	576	576	85	
33												

TIP 필터 단축키

필터는 단축키로도 실행할 수 있습니다. 머리글 행의 범위를 설정한 후 Ctrl + Shift + L 키를 동시에 누르면 필터가 적용됩니다. 해제를 원한다면 커서가 어디에 있든 상관없이 Ctrl + Shift + L 키를 한 번 더 누릅니다.

2 특정 조건 추가하기

필터가 이미 적용되어있는 자료에 조건을 더 추가해 [성별명]의 여성 스타일만 필터링해 보겠습니다. 방법은 다음
과 같습니다.

01 [성별명]의 [필터(▼)] 버튼을 클릭합니다. 필터 목록이 나타나면 [모두 선택]을 클릭하고 [여성]만 다시 선택한
후 [확인] 버튼을 클릭합니다.

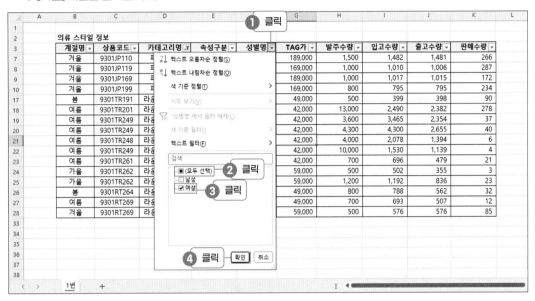

02 [카테고리명]과 더불어 [성별명]이 [여성]으로 필터링 된 것을 확인할 수 있습니다.

	A	계절명	상품코드	카테고리명	속성구분	성별명	TAG가	발주수량	입고수량	출고수량	판매수량	L
2		의류 스타일 정보										
9		겨울	9301JP169	패딩 재킷	일반	여성	189,000	1,000	1,017	1,015	172	
10		겨울	9301JP199	패딩 재킷	트렌드	여성	169,000	800	795	795	234	
17		봄	9301TR191	라운드 티셔츠	기획	여성	49,000	500	399	398	90	
22		여름	9301TR249	라운드 티셔츠	기획	여성	42,000	10,000	1,530	1,139	4	
24		가을	9301TR262	라운드 티셔츠	트렌드	여성	59,000	500	502	355	3	
25		가을	9301TR262	라운드 티셔츠	트렌드	여성	59,000	1,200	1,192	836	23	
26		봄	9301RT264	라운드 티셔츠	일반	여성	49,000	800	788	562	32	

TIP 필터 해제

데이터를 모두 확인했다면 필터를 해제하겠습니다. 방법은 다음과 같습니다.

01 머리글의 범위를 선택한 후 [데이터] 탭-[정렬 및 필터]-[필터]를 클릭합니다.

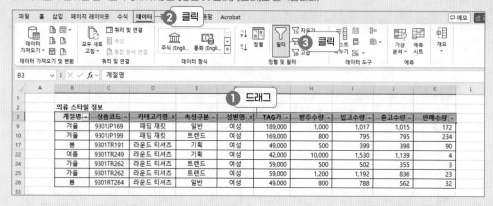

02 선택한 각 셀에 추가되었던 필터가 모두 해제됩니다.

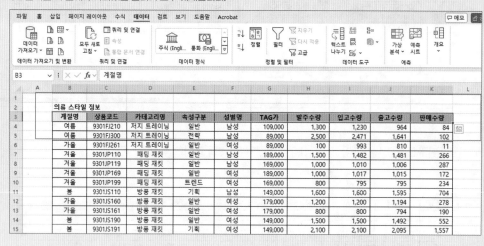

3 색 기준 필터링

셀 색상을 조건으로 추가해 필터링해 보겠습니다. 방법은 다음과 같습니다.

01 머리글의 범위를 선택한 후 [데이터] 탭-[정렬 및 필터]-[필터]를 클릭합니다.

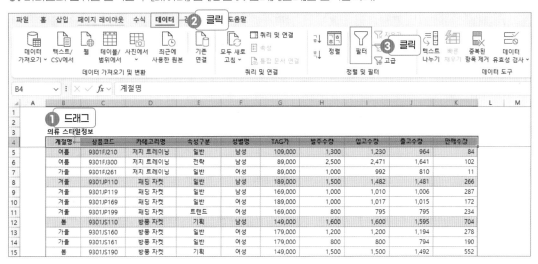

02 머리글의 각 셀마다 필터 버튼이 생성되었습니다. 임의로 [성별명]의 [필터(▾)] 버튼을 클릭하고 필터 목록이 나타나면 [색 기준 필터(I)]를 선택합니다. [셀 색 기준 필터]에서 색상을 클릭하고 [확인] 버튼을 클릭합니다.

03 선택한 셀 색상으로 필터링 되었습니다.

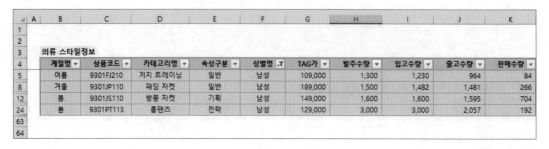

	계절명	상품코드	카테고리명	속성구분	성별명	TAG가	발주수량	입고수량	출고수량	판매수량
	여름	9301FJ210	저지 트레이닝	일반	남성	109,000	1,300	1,230	964	84
	겨울	9301JP110	패딩 자켓	일반	남성	189,000	1,500	1,482	1,481	266
	봄	9301JS110	방풍 자켓	기획	남성	149,000	1,600	1,600	1,595	704
	봄	9301PT113	롱팬츠	전략	남성	129,000	3,000	3,000	2,057	192

04 색 기준 필터의 해제를 원한다면 [성별명]의 [필터(▼)] 버튼을 선택하고 필터 목록의 ["성별명"에서 필터 해제 (C)]를 선택합니다.

4 특정 숫자 범위로 필터링

특정 숫자 범위를 조건으로 추가해 필터링해 보겠습니다. 방법은 다음과 같습니다.

01 머리글의 범위를 선택해 [필터]를 적용하고 하고 [판매수량]의 [필터(▼)] 버튼을 클릭합니다. 필터 목록이 나타나면 [숫자 필터(F)]를 클릭한 후 [해당 범위(W)]를 선택합니다.

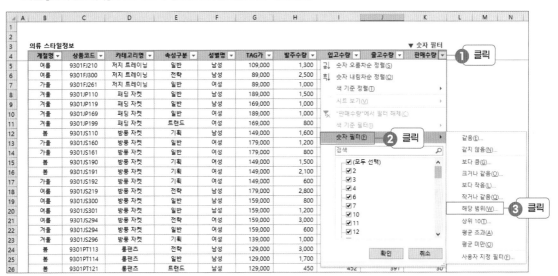

02 사용자 지정 자동 필터 창이 화면에 나타나고 200 이상 800 미만의 값을 출력하기 위해 그림과 같이 지정한 후 [확인] 버튼을 클릭합니다.

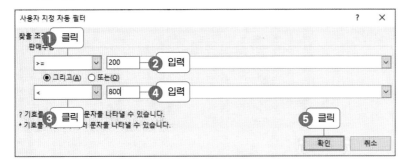

03 입력한 숫자 범위로 필터링 되었습니다.

	A	B	C	D	E	F	G	H	I	J	K
1											
2											
3		의류 스타일정보									▼ 숫자 필터
4		계절명 ▼	상품코드 ▼	카테고리명 ▼	속성구분 ▼	성별명 ▼	TAG가 ▼	발주수량 ▼	입고수량 ▼	출고수량 ▼	판매수량 ▼
8		겨울	9301JP110	패딩 자켓	일반	남성	189,000	1,500	1,482	1,481	266
9		겨울	9301JP119	패딩 자켓	일반	남성	169,000	1,000	1,010	1,006	287
11		겨울	9301JP199	패딩 자켓	트렌드	여성	169,000	800	795	795	234
12		봄	9301JS110	방풍 자켓	기획	남성	149,000	1,600	1,600	1,595	704
13		가을	9301JS160	방풍 자켓	일반	여성	179,000	1,200	1,200	1,194	278
15		봄	9301JS190	방풍 자켓	기획	여성	149,000	1,500	1,500	1,492	552
17		가을	9301JS192	방풍 자켓	기획	여성	149,000	600	600	593	361
46		봄	9301TR190	라운드	일반	여성	49,000	800	796	796	335
48		여름	9301TR201	라운드	기획	남성	42,000	13,000	2,490	2,382	278
63											
64											

2. 찾기 및 바꾸기

[찾기]는 수많은 데이터 속 사용자가 원하는 특정 값을 빠르게 찾아 주는 기능이고 [바꾸기]는 특정 값으로 일괄 변경해 주는 기능입니다.

■ 특정 값 찾기

다음 자료에서 '패딩'이라는 단어를 포함하는 셀을 모두 찾아보겠습니다. 방법은 다음과 같습니다.

01 [홈] 탭-[편집]-[찾기 및 선택]을 클릭해 [찾기(F)]를 선택하거나 키보드의 Ctrl + F 키를 누릅니다.

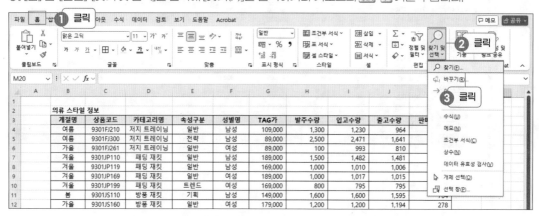

02 화면에 찾기 및 바꾸기 창이 나타나고 [찾기(D)] 탭의 [찾을 내용(N)] 입력란에 **패딩**을 입력한 후 [다음 찾기(F)] 버튼을 클릭합니다. '패딩' 단어가 있는 셀을 찾아 줍니다.

> 만약 '패딩'이 하나의 셀에만 있는 게 아니라 여러 데이터에 포함되어 있을 땐 Enter 키를 누르면 '패딩' 단어가 포함된 다음 셀로 이동합니다.

② 특정 값 찾아 바꾸기

바꾸기의 [모두 바꾸기]는 특정 값을 일괄 변경할 때 사용하고 [바꾸기]는 일부의 값만 변경할 때 사용합니다. 방법은 다음과 같습니다.

01 [홈] 탭-[편집]-[찾기 및 선택]을 클릭해 [바꾸기(R)]를 선택하거나 키보드의 Ctrl + H 키를 누릅니다.

02 화면에 찾기 및 바꾸기 창이 나타나고 [바꾸기(P)] 탭을 클릭합니다. [찾을 내용(N)] 입력란에 **패딩**을 입력하고 [바꿀 내용(E)] 입력란에 **다운**을 입력한 후 [바꾸기(R)] 버튼을 클릭합니다. 기존 셀의 '패딩'이 '다운'으로 변경되고 커서가 다음 '패딩' 셀로 이동합니다.

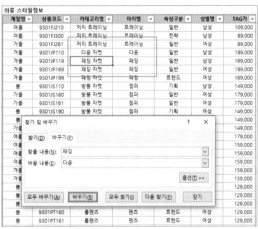

TIP 찾기 및 바꾸기 주의사항

[바꾸기]를 사용할 때 주의할 점은 커서는 반드시 셀 안에 있어야 합니다. 자료 바깥에 두고 [찾을 내용(N)]과 [바꿀 내용(E)]을 입력하면 화면에 오류 창이 나타납니다.

[모두 바꾸기]는 특정 데이터를 일괄 변경하기 때문에 셀 범위를 선택한 상태에서 [모두 바꾸기]를 적용하면 해당 셀 범위의 '패딩' 단어만 '다운'으로 변경되기에 조심해야 합니다.

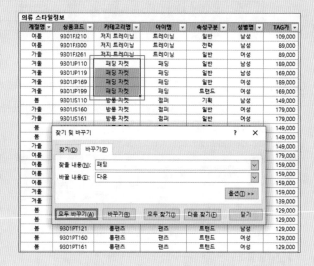

2-2

보고 싶은 순서대로 나열해 줘, 정렬

정렬 기능은 사용자가 원하는 순서대로 데이터를 나열하는 기능으로 이번 섹션에서는 기본 정렬 기능과 사용자 지정 정렬 기능에 대해 자세히 알아보겠습니다.

실습 예제: Part1_ch02_2-2.xlsx

2024년 09월 30일 오후

오늘은 다음 주 회사 워크숍에 참가하는 직원들의 명단을 엑셀로 정리해 봤는데 작성을 완료하니 명단 순서가 뒤죽박죽이었다.😵 참여 희망 순서대로 무작정 작성했던 것이 문제였던 것일까? 명단 순서에 규칙도 없고 어딘가 굉장히 어수선했다. 이대로 보고하면 분명 큰소리 들을 게 분명한데! 😩 부서별로 순서를 정하고 다시 근속연수가 높은 순서대로 정리하는 방법이 없을까? 분명 어딘가에 이 기능이 있을 거 같은데… 어떻게 찾아야 하는 걸까!

⚙ 정렬 & 사용자 지정 정렬

1. 기본 정렬

정렬은 자료의 텍스트와 숫자를 오름차순 또는 내림차순으로 정렬하는 것입니다. 텍스트의 오름차순 정렬은 위에서 아래 방향으로 가나다 순서이며 내림차순은 그 반대입니다. 숫자의 오름차순 정렬은 위에서 아래 방향으로 낮은 숫자부터 정렬되며 내림차순은 그 반대입니다.

1️⃣ 필터에서 단순 정렬하기

다음 필터가 적용된 워크숍 참가 명단에서 직원의 이름을 오름차순으로 정렬해 보겠습니다. 방법은 다음과 같습니다.

01 [성명]의 [필터(▼)] 버튼을 클릭한 후 필터 목록이 나타나면 [텍스트 오름차순 정렬(S)]을 선택합니다.

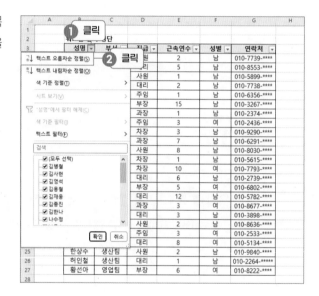

02 직원 이름이 가나다 순서로 오름차순 정렬되고 [성명]의 [필터(▼)] 버튼에 정렬 표시가 나타납니다.

성명	부서	직급	근속연수	성별	연락처
김병철	전산팀	사원	2	남	010-7739-****
김사현	인사팀	대리	5	남	010-8553-****
김영석	영업팀	사원	1	남	010-5899-****
김용철	구매팀	대리	2	남	010-7738-****
김재웅	생산팀	주임	1	남	010-6356-****
김종진	영업기획팀	부장	15	남	010-3267-****
김한나	품질관리팀	과장	1	남	010-2374-****
나수정	영업팀	주임	3	여	010-2436-****
남동수	재경팀	차장	3	남	010-9290-****
박상일	재경팀	과장	7	남	010-6291-****
박이호	소싱팀	사원	8	남	010-8030-****
박준조	총무팀	차장	1	남	010-5615-****
박하나	소싱팀	차장	10	여	010-7793-****
서지연	구매팀	대리	6	남	010-2739-****
이정우	영업팀	부장	5	여	010-6802-****
이준호	구매팀	대리	12	남	010-5782-****
임수정	전산팀	과장	3	여	010-8677-****
임충기	총무팀	대리	3	남	010-3898-****
정규한	인사팀	사원	2	남	010-8636-****
최애연	품질관리팀	주임	3	여	010-2533-****
최지훈	영업기획팀	대리	8	여	010-5134-****
한상수	생산팀	사원	2	남	010-9840-****
허인철	생산팀	대리	1	남	010-2264-*****
황선아	영업팀	부장	6	여	010-8222-****

2 여러 조건으로 정렬하기

여러 조건을 추가해 자료의 값을 정렬하고 싶을 땐 리본 메뉴의 정렬 기능을 사용합니다. 다음 자료의 오름차순 정렬을 해보겠습니다. 방법은 다음과 같습니다.

01 머리글 행을 제외하고 정렬을 원하는 범위를 선택한 후 [데이터] 탭-[정렬 및 필터]-[정렬]을 클릭합니다.

> 머리글 행을 제외한 이유는 표의 제목이 정렬에 포함되어 이동될 수 있기 때문입니다.

02 정렬 창이 나타나면 [정렬 기준]을 클릭하고 목록에서 [부서]를 선택합니다.

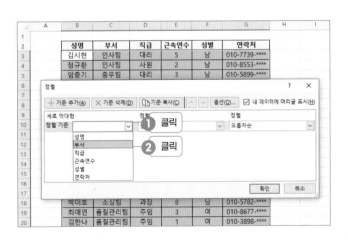

03 [근속연수]를 추가하기 위해 [기준 추가(A)] 버튼을 클릭하고 [다음 기준]의 목록에서 [근속연수]를 선택한 후 [정렬]은 [내림차순]을 선택합니다. 설정이 완료되면 [확인] 버튼을 클릭합니다.

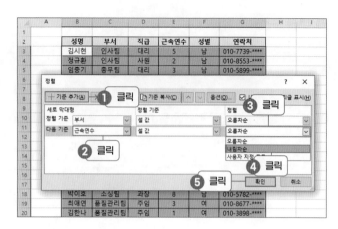

04 부서는 오름차순 근속연수는 내림차순 정렬된 워크숍 참가 명단이 완성되었습니다.

성명	부서	직급	근속연수	성별	연락처
이준호	구매팀	차장	12	남	010-2374-****
서지연	구매팀	대리	6	여	010-2436-****
김용철	구매팀	대리	2	남	010-9290-****
한상수	생산팀	사원	2	남	010-5615-****
허인철	생산팀	대리	1	남	010-7793-****
김재웅	생산팀	주임	1	남	010-2739-****
박하나	소싱팀	차장	10	여	010-6802-****
박이호	소싱팀	과장	8	남	010-5782-****
김종진	영업기획팀	부장	15	남	010-2264-*****
최지훈	영업기획팀	과장	8	남	010-8222-****
황선아	영업팀	대리	6	여	010-8636-****
이정우	영업팀	부장	5	남	010-2533-****
나수정	영업팀	주임	3	여	010-5134-****
김영석	영업팀	사원	1	남	010-9840-****
김시현	인사팀	대리	5	남	010-7739-****
정규환	인사팀	사원	2	남	010-8553-****
박상일	재경팀	과장	7	남	010-6356-****
남동수	재경팀	차장	3	남	010-3267-****
임수정	전산팀	주임	3	여	010-6291-****
김병철	전산팀	사원	2	남	010-8030-****
임충기	총무팀	대리	3	남	010-5899-****
박준조	총무팀	사원	1	남	010-7738-****
최애연	품질관리팀	주임	3	여	010-8677-****
김한나	품질관리팀	주임	1	여	010-3898-****

TIP

정렬은 필터와 다르게 하나의 열 기준으로만 적용할 수 있어서 만약 이를 무시하고 정렬을 추가하면 기존의 셀에 적용한 기능은 이동되거나 사라집니다.

2. 사용자 지정 정렬

사용자 지정 정렬은 사용자가 원하는 조건으로 자료의 데이터를 정렬하는 기능으로 기본 정렬보다 실무에서 더 자주 사용됩니다. 다음 워크숍 참가 명단에서 같은 부서끼리 정렬해 보겠습니다. 방법은 다음과 같습니다.

1 사용자 지정 목록 등록

01 사용자 지정 정렬을 사용하려면 먼저 정렬을 원하는 조건을 셀에 만들어줘야 합니다. 우리는 작성한 부서별로 정렬할 예정이기에 자료의 빈 셀에 부서 항목을 만들어 줍니다.

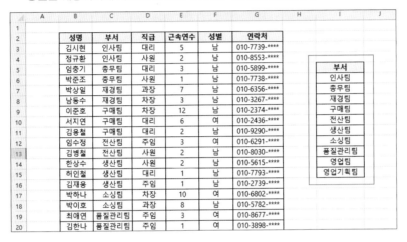

02 [파일] 탭-[옵션]을 선택한 후 Excel 옵션 창이 나타나면 [고급]을 선택하고 화면 맨 하단으로 스크롤 해 [사용자 지정 목록 편집(C)] 버튼을 클릭합니다.

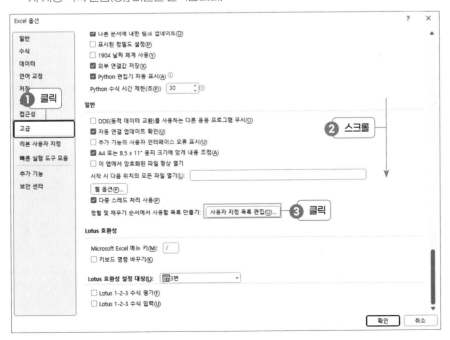

03 옵션 창이 화면에 나타나면 [새 목록]을 클릭하고 [목록을 가져올 범위(I)] 입력란에 정렬을 원하는 자료의 조건을 드래그합니다.

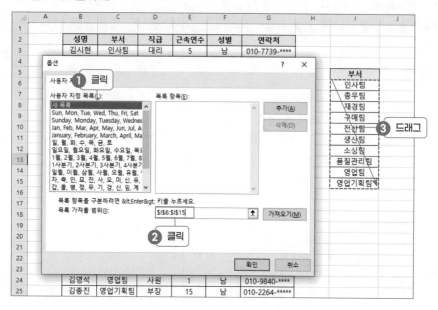

04 범위를 확인한 후 [가져오기(W)] 버튼을 클릭하면 [목록 항목(E)] 영역에 추가됩니다. [확인] 버튼을 클릭합니다.

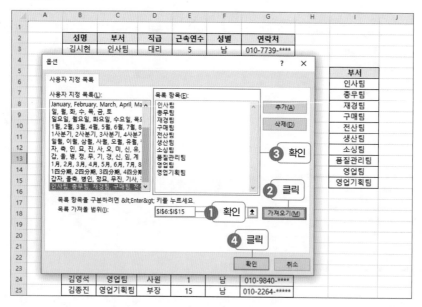

2 사용자 지정 정렬하기

사용자 지정 목록으로 본격적인 사용자 지정 정렬을 반영해 보겠습니다. 방법은 다음과 같습니다.

01 정렬을 원하는 셀의 범위를 선택한 후 [데이터] 탭-[정렬 및 필터]-[정렬]을 클릭합니다.

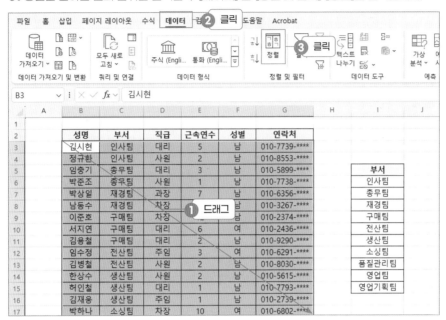

02 정렬 창이 나타나고 [정렬 기준]은 [부서], [정렬]은 [사용자 지정 목록]을 선택합니다.

03 화면에 사용자 지정 목록 창이 나타나고 [사용자 지정 목록(L)]에서 추가한 [부서]를 선택합니다. [목록 항목
(E)]에서 정렬을 확인한 후 [확인] 버튼을 클릭합니다.

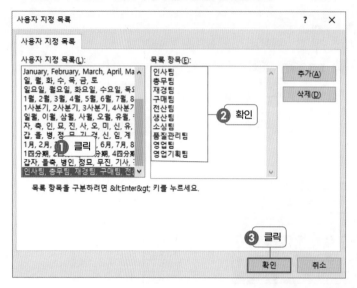

04 이어서 [기준 추가(A)] 버튼을 클릭한 후 [다음 기준]에 [근속연수]를 추가합니다. [정렬]은 [내림차순]을 선택
하고 [확인] 버튼을 클릭합니다.

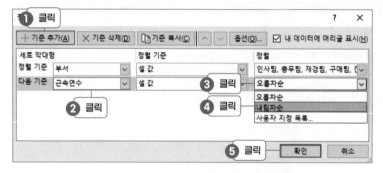

05 부서별, 근속연수가 높은 순서대로 워크숍 참가자 리스트가 정렬되었습니다.

	A	B	C	D	E	F	G	H
1								
2		성명	부서	직급	근속연수	성별	연락처	
3		김시현	인사팀	대리	5	남	010-7739-****	
4		정규환	인사팀	사원	2	남	010-8553-****	
5		임충기	총무팀	대리	3	남	010-5899-****	
6		박준조	총무팀	사원	1	남	010-7738-****	
7		박상일	재경팀	과장	7	남	010-6356-****	
8		남동수	재경팀	차장	3	남	010-3267-****	
9		이준호	구매팀	차장	12	남	010-2374-****	
10		서지연	구매팀	대리	6	여	010-2436-****	
11			구매팀			남	010-	
		최애연		주임	3		8677-****	
20		김한나	품질관리팀	주임	1	여	010-3898-****	
21		황선아	영업팀	대리	6	여	010-8636-****	
22		이정우	영업팀	부장	5	남	010-2533-****	
23		나수정	영업팀	주임	3	여	010-5134-****	
24		김영석	영업팀	사원	1	남	010-9840-****	
25		김종진	영업기획팀	부장	15	남	010-2264-*****	
26		최지훈	영업기획팀	과장	8	남	010-8222-****	
27								

TIP 첫 행이 생략될 때

정렬 기능을 적용하려고 보니 머리글을 제외한 자료의 첫 행이 정렬 범위에서 생략되었다면 정렬 창에서 [내 데이터에 머리글 표시(H)]가 선택되었는지 확인하길 바랍니다. 선택을 해제하면 다시 포함됩니다.

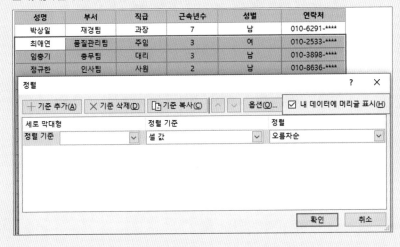

3. 가로 방향 정렬

가로 방향 정렬은 행 기준으로 데이터를 가로 방향 정렬해 주는 기능으로 실제 업무에서 자주 사용하는 만큼 자세히 알아보겠습니다.

담당별 납품 실적 현황

이름	최도윤	정시우	강주원	조하준	명지민	강성민	임준서	나민우	오현우
컴퓨터	520	60	1,092	324	850	546	986	460	928
TV	874	136	868	264	264	340	1,518	1,782	1,152
세탁기	1,300	483	2,345	696	696	1,617	3,960	1,800	2,880
청소기	1,421	1,680	9,857	1,326	1,326	1,176	1,078	3,360	6,630
정수기	1,365	147	1,296	621	621	900	1,188	696	1,428
오디오	1,980	812	3,672	992	992	1,760	1,200	1,488	2,541
노트북	968	899	1,216	168	168	1,088	1,376	952	1,914
건조기	1,800	1,240	1,512	858	858	1,204	897	3,762	1,701

1️⃣ 가로 방향 정렬하기

다음 담당자별 납품 실적 현황에서 담당자의 이름을 가로 방향으로 오름차순 정렬해 보겠습니다. 방법은 다음과 같습니다.

01 정렬을 원하는 자료의 범위를 선택한 후 [데이터] 탭-[정렬 및 필터]-[정렬]을 클릭합니다.

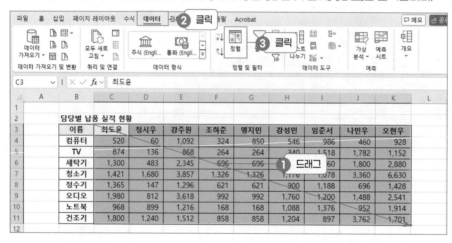

02 화면에 정렬 창이 나타나면 [옵션(O)] 버튼을 클릭합니다.

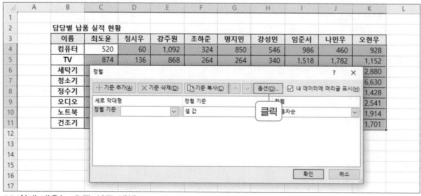

03 정렬 옵션 창에서 [왼쪽에서 오른쪽(L)]을 선택하고 [확인] 버튼을 클릭합니다.

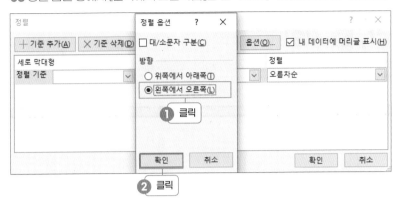

04 이어서 [정렬 기준]을 클릭하면 행 기준 목록이 나타나고 이름순으로 오름차순 정렬하기 위해 [행 3]을 선택,
[정렬]은 [오름차순]을 선택한 후 [확인] 버튼을 클릭합니다.

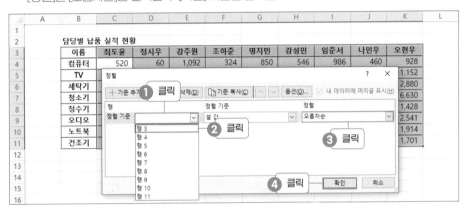

05 선택한 [행 3]을 기준으로 가로 방향 오름차순 정렬이 됐습니다.

담당별 납품 실적 현황								
이름	강성민	강주원	나민우	명지민	오현우	임준서	정시우	조하준	최도윤
컴퓨터	546	1,092	460	850	928	986	60	324	520
TV	340	868	1,782	264	1,152	1,518	136	264	874
세탁기	1,617	2,345	1,800	696	2,880	3,960	483	696	1,300
청소기	1,176	3,857	3,360	1,326	6,630	1,078	1,680	1,326	1,421
정수기	900	1,296	696	621	1,428	1,188	147	621	1,365
오디오	1,760	3,618	1,488	992	2,541	1,200	812	992	1,980
노트북	1,088	1,216	952	168	1,914	1,376	899	168	968
건조기	1,204	1,512	3,762	858	1,701	897	1,240	858	1,800

2-3

이대로 멈춰라, 틀 고정

틀 고정은 페이지 이동 등으로 기존 화면에서 벗어나도 사용자가 원하는 기준 범위를 고정할 수 있는 기능입니다. 이번 섹션에서는 틀 고정의 다양한 유형과 사용 방법에 대해 자세히 알아보겠습니다.

📖 실습 예제: Part1_ch02_2-3.xlsx

2024년 10월 04일 오후

퇴근 1시간 전 다른 날보다 업무를 빠르게 마무리해 박 대리님께서 공유해 주신 자료를 살펴보려고 파일을 실행하였는데 아뿔싸 데이터가 너무 많은 관계로 한 화면 안에 정보가 다 들어오지 않았다. 😔 그래서 자료의 정보를 빠르게 파악하기가 너무 어려웠다. 제목을 화면에 고정하는 방법이 분명 있을 거 같은데 뭐라고 검색해야 하나?

✿ 틀 고정 활용하기

1. 행 기준 틀 고정

다음 스타일별 속성 정보 현황 자료입니다. 대용량 데이터이다 보니 스크롤을 아래로 조금만 내려도 상단 제목들이 사라져 자료의 빠른 정보 파악이 어렵습니다. 행 기준으로 틀 고정을 하여 문제를 해결해 보겠습니다. 방법은 다음과 같습니다.

	A	B	C	D	E	F	G	H	I	J	K	L	
31		봄	9301JS119	SOFTSHELL JK	방풍 자켓	일반	남성	JS	43,400	209,000	188,100	10%	
32		가을	9301JS160	SOFTSHELL JK	방풍 자켓	일반	여성	JS	34,900	179,000	161,100	10%	
33		가을	9301JS161	SOFTSHELL JK	방풍 자켓	일반	여성	JS	34,900	179,000	161,100	10%	
34		봄	9301JS190	SOFTSHELL JK	방풍 자켓	기획	여성	JS	28,200	149,000	134,100	10%	
35		봄	9301JS191	SOFTSHELL JK	방풍 자켓	기획	여성	JS	28,200	149,000	134,100	10%	
36		가을	9301JS192	SOFTSHELL JK	방풍 자켓	기획	여성	JS	28,200	149,000	134,100	10%	
37		가을	9301JS196	SOFTSHELL JK	방풍 자켓	일반	여성	JS	42,500	209,000	188,100	10%	
38		가을	9301JS199	SOFTSHELL JK	방풍 자켓	일반	여성	JS	42,500	209,000	188,100	10%	
39		가을	9301JS199	SOFTSHELL JK	방풍 자켓	일반	여성	JS	42,500	209,000	188,100	10%	
40		여름	9301JS210	SOFTSHELL JK	방풍 자켓	일반	남성	JS	63,500	249,000	224,100	10%	

01 머리글을 제외한 틀 고정을 원하는 범위를 선택한 후 [보기] 탭-[창]-[틀 고정]을 클릭하고 틀 고정 목록이 나타나면 [틀 고정(F)]을 클릭합니다.

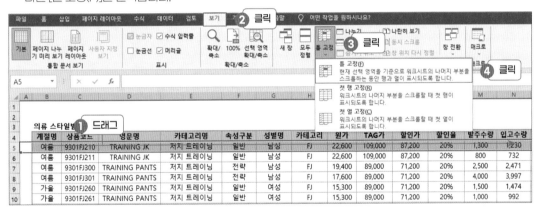

02 스크롤을 위·아래로 움직여도 4행 머리글이 틀 고정되어 화면에 계속 표시되는 것을 확인할 수 있습니다.

	A	B	C	D	E	F	G	H	I	J	K	L	
1													
2													
3		의류 스타일별 속성정보											
4		계절명	상품코드	영문명	카테고리명	속성구분	성별명	카테고리	원가	TAG가	할인가	할인율	
31		봄	9301JS119	SOFTSHELL JK	방풍 자켓	일반	남성	JS	43,400	209,000	188,100	10%	
32		가을	9301JS160	SOFTSHELL JK	방풍 자켓	일반	여성	JS	34,900	179,000	161,100	10%	
33		가을	9301JS161	SOFTSHELL JK	방풍 자켓	일반	여성	JS	34,900	179,000	161,100	10%	
34		봄	9301JS190	SOFTSHELL JK	방풍 자켓	기획	여성	JS	28,200	149,000	134,100	10%	
35		봄	9301JS191	SOFTSHELL JK	방풍 자켓	기획	여성	JS	28,200	149,000	134,100	10%	
36		가을	9301JS192	SOFTSHELL JK	방풍 자켓	기획	여성	JS	28,200	149,000	134,100	10%	
37		가을	9301JS196	SOFTSHELL JK	방풍 자켓	일반	여성	JS	42,500	209,000	188,100	10%	
38		가을	9301JS199	SOFTSHELL JK	방풍 자켓	일반	여성	JS	42,500	209,000	188,100	10%	
39		가을	9301JS199	SOFTSHELL JK	방풍 자켓	일반	여성	JS	42,500	209,000	188,100	10%	
40		여름	9301JS210	SOFTSHELL JK	방풍 자켓	일반	남성	JS	63,500	249,000	224,100	10%	
41		여름	9301JS211	SOFTSHELL JK	방풍 자켓	일반	남성	JS	63,500	249,000	224,100	10%	
42		여름	9301JS213	SOFTSHELL JK	방풍 자켓	전략	남성	JS	34,400	179,000	161,100	10%	
43		여름	9301JS214	SOFTSHELL JK	방풍 자켓	일반	남성	JS	34,400	179,000	161,100	10%	

2. 열 기준 틀 고정

이번에는 화면을 좌우로 움직여도 제목이 사라지지 않게 열 기준으로 틀 고정을 해보겠습니다. 방법은 다음과 같습니다.

	R	S	T	U	V	W	X	Y	Z	AA
4	입고원가	출고원가	발주TAG	입고TAG	출고TAG	TAG판매가	실판매가	실제 할인율		
5	27,798,000	21,786,400	141,700,000	134,070,000	105,076,000	9,156,000	7,324,800	20%		
6	16,543,200	13,966,800	87,200,000	79,788,000	67,362,000	5,995,000	4,796,000	20%		
7	47,937,400	31,835,400	222,500,000	219,919,000	146,049,000	9,078,000	7,262,400	20%		
8	70,347,200	46,604,800	356,000,000	355,733,000	235,672,000	5,162,000	4,129,600	20%		
9	22,552,200	18,237,600	133,500,000	131,186,000	106,088,000	6,052,000	4,841,600	20%		
10	15,177,600	12,393,000	89,000,000	88,288,000	72,090,000	979,000	783,200	20%		
11	11,226,600	9,840,600	76,300,000	61,803,000	54,173,000	1,526,000	1,220,800	20%		
12	8,977,000	7,678,200	54,500,000	51,230,000	43,818,000	545,000	436,000	20%		
13	57,353,400	57,314,700	283,500,000	280,098,000	279,909,000	50,274,000	47,760,300	5%		
14	30,186,000	30,147,300	151,200,000	147,420,000	147,231,000	27,216,000	25,855,200	5%		
15	68,025,000	67,950,000	304,200,000	306,566,000	306,228,000	58,474,000	55,550,300	5%		
16	37,875,000	37,725,000	169,000,000	170,690,000	170,014,000	48,503,000	46,077,850	5%		
17	23,831,700	23,797,800	111,300,000	111,777,000	111,618,000	18,285,000	17,370,750	5%		
18	17,085,600	17,051,700	79,500,000	80,136,000	79,977,000	18,285,000	17,370,750	5%		
19	23,739,200	23,739,200	113,400,000	111,888,000	111,888,000	12,852,000	12,209,400	5%		
20	40,781,700	40,701,500	189,000,000	192,213,000	191,835,000	32,508,000	30,882,600	5%		
21	24,819,900	24,782,800	132,300,000	126,441,000	126,252,000	40,257,000	38,244,150	5%		

01 고정을 원하는 열을 선택합니다(E 열의 [카테고리명]까지 고정하겠다는 의미로 F 열을 선택합니다). [보기] 탭-[창]-[틀 고정]을 클릭하고 틀 고정 목록이 나타나면 [틀 고정(F)]을 클릭합니다.

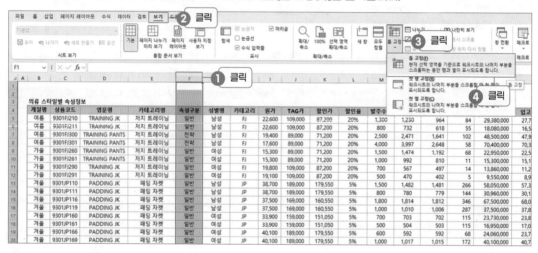

TIP 틀 고정 단축키

실무에서는 대량의 데이터를 다루는 빈도가 높아 틀 고정을 단축키로 사용하는 것도 좋은 방법입니다. 틀 고정 단축키는 Alt + W + F + F이며 틀 고정 적용 시, Alt 키를 누르면 리본 메뉴에 알파벳이 표시되어 어렵지 않게 실행할 수 있습니다.

02 스크롤을 좌우로 움직여도 E 열의 카테고리까지 틀 고정되어 화면에 계속 표시되는 것을 것을 확인할 수 있습니다.

계절명	상품코드	영문명	카테고리명	출고TAG	TAG판매가	실판매가	실제 할인율
의류 스타일별 속성정보							
여름	9301FJ210	TRAINING JK	저지 트레이닝	105,076,000	9,156,000	7,324,800	20%
여름	9301FJ211	TRAINING JK	저지 트레이닝	67,362,000	5,995,000	4,796,000	20%
여름	9301FJ300	TRAINING PANTS	저지 트레이닝	146,049,000	9,078,000	7,262,400	20%
여름	9301FJ301	TRAINING PANTS	저지 트레이닝	235,672,000	5,162,000	4,129,600	20%
가을	9301FJ260	TRAINING PANTS	저지 트레이닝	106,088,000	6,052,000	4,841,600	20%
가을	9301FJ261	TRAINING PANTS	저지 트레이닝	72,090,000	979,000	783,200	20%
가을	9301FJ290	TRAINING JK	저지 트레이닝	54,173,000	1,526,000	1,220,800	20%
가을	9301FJ291	TRAINING JK	저지 트레이닝	43,818,000	545,000	436,000	20%
겨울	9301JP110	PADDING JK	패딩 자켓	279,909,000	50,274,000	47,760,300	5%
겨울	9301JP111	PADDING JK	패딩 자켓	147,231,000	27,216,000	25,855,200	5%
겨울	9301JP116	PADDING JK	패딩 자켓	306,228,000	58,474,000	55,550,300	5%
겨울	9301JP119	PADDING JK	패딩 자켓	170,014,000	48,503,000	46,077,850	5%
겨울	9301JP160	PADDING JK	패딩 자켓	111,618,000	18,285,000	17,370,750	5%
겨울	9301JP161	PADDING JK	패딩 자켓	79,977,000	18,285,000	17,370,750	5%
겨울	9301JP166	PADDING JK	패딩 자켓	111,888,000	12,852,000	12,209,400	5%
겨울	9301JP169	PADDING JK	패딩 자켓	191,835,000	32,508,000	30,882,600	5%
겨울	9301JP190	PADDING JK	패딩 자켓	126,252,000	40,257,000	38,244,150	5%

TIP 틀 고정 취소

틀 고정을 취소하는 방법은 다음과 같습니다. [보기] 탭-[창]-[틀 고정]-[틀 고정 취소(F)]를 클릭합니다.

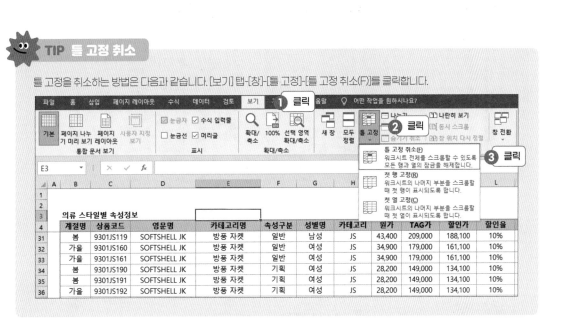

계절명	상품코드	영문명	카테고리명	속성구분	성별명	카테고리	원가	TAG가	할인가	할인율
봄	9301JS119	SOFTSHELL JK	방풍 자켓	일반	남성	JS	43,400	209,000	188,100	10%
가을	9301JS160	SOFTSHELL JK	방풍 자켓	일반	여성	JS	34,900	179,000	161,100	10%
가을	9301JS161	SOFTSHELL JK	방풍 자켓	일반	여성	JS	34,900	179,000	161,100	10%
봄	9301JS190	SOFTSHELL JK	방풍 자켓	기획	여성	JS	28,200	149,000	134,100	10%
봄	9301JS191	SOFTSHELL JK	방풍 자켓	기획	여성	JS	28,200	149,000	134,100	10%
가을	9301JS192	SOFTSHELL JK	방풍 자켓	기획	여성	JS	28,200	149,000	134,100	10%

3. 행과 열 기준 틀 고정

행과 열을 함께 틀 고정하여 사용자가 고정하고 싶은 범위를 설정할 수도 있습니다. 실무에서는 틀 고정 시 행과 열을 함께 고정해 자주 사용합니다. 방법은 다음과 같습니다.

01 고정을 원하는 행과 열의 교차되는 셀 위치를 확인하고 셀의 오른쪽 대각선 방향 F5 셀을 클릭한 후 [보기] 탭-[창]-[틀 고정]을 클릭하고 목록이 나타나면 [틀 고정(F)]을 클릭합니다.

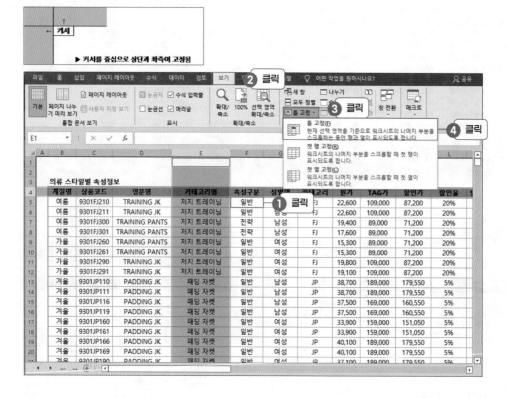

02 행과 열이 함께 틀 고정되어 스크롤 바를 위 아래, 좌우로 움직여도 틀 고정 범위는 화면에 계속 표시되는 걸 확인할 수 있습니다.

	A	B	C	D	E	W	X	Y	Z	AA	AB
3		의류 스타일별 속성정보									
4		계절명	상품코드	영문명	카테고리명	TAG판매가	실판매가	실제 할인율			
31		봄	9301JS119	SOFTSHELL JK	방풍 자켓	14,630,000	13,167,000	10%			
32		가을	9301JS160	SOFTSHELL JK	방풍 자켓	49,762,000	44,785,800	10%			
33		가을	9301JS161	SOFTSHELL JK	방풍 자켓	34,010,000	30,609,000	10%			
34		봄	9301JS190	SOFTSHELL JK	방풍 자켓	82,248,000	74,023,200	10%			
35		봄	9301JS191	SOFTSHELL JK	방풍 자켓	231,993,000	208,793,700	10%			
36		가을	9301JS192	SOFTSHELL JK	방풍 자켓	53,789,000	48,410,100	10%			
37		가을	9301JS196	SOFTSHELL JK	방풍 자켓	12,958,000	11,662,200	10%			
38		가을	9301JS199	SOFTSHELL JK	방풍 자켓	9,614,000	8,652,600	10%			
39		가을	9301JS199	SOFTSHELL JK	방풍 자켓	24,035,000	21,631,500	10%			
40		여름	9301JS210	SOFTSHELL JK	방풍 자켓	51,543,000	46,388,700	10%			
41		여름	9301JS211	SOFTSHELL JK	방풍 자켓	15,687,000	14,118,300	10%			
42		여름	9301JS213	SOFTSHELL JK	방풍 자켓	6,802,000	6,121,800	10%			
43		여름	9301JS214	SOFTSHELL JK	방풍 자켓	2,864,000	2,577,600	10%			
44		여름	9301JS219	SOFTSHELL JK	방풍 자켓	4,117,000	3,705,300	10%			
45		여름	9301JS300	SOFTSHELL JK	방풍 자켓	10,017,000	9,015,300	10%			
46		여름	9301JS301	SOFTSHELL JK	방풍 자켓	17,172,000	15,454,800	10%			
47		여름	9301JS303	SOFTSHELL JK	방풍 자켓	27,984,000	25,185,600	10%			

Special Training
팀장님의 특별 미션

실습 예제
Part1_Special_Training.xlsx

⚙ 단축키 모음집

Ctrl 조합 단축키	
Ctrl + ← ↓ ↑ →	범위 끝으로 한번에 이동
Ctrl + Space bar	열 범위 설정
Ctrl + 셀 클릭	클릭한 여러 셀을 누적하여 선택
Ctrl + 시트 클릭	개별 시트 그룹화
Ctrl + 시트 드래그	시트 복사
Ctrl + Shift + ← ↓ ↑ →	해당 방향 끝까지 범위 선택
Ctrl + Page Up / Page Down	이전 또는 다음 시트로 이동
Ctrl + Shift + L	필터 적용 및 해제
Ctrl + Shift + 1	통화 서식 적용
Ctrl + + / -	셀, 행, 열 삽입 또는 삭제
Ctrl + .;	오늘 날짜 표시
Ctrl + 1	셀 서식 실행
Ctrl + A	데이터 범위 전체 선택(ALL)
Ctrl + B	텍스트 및 값 굵게(Bold)
Ctrl + C	복사
Ctrl + X	잘라내기
Ctrl + V	붙여넣기
Ctrl + D	위 셀의 값을 복제하기
Ctrl + R	위 셀의 값을 오른쪽으로 복제하기
Ctrl + E	빠른 채우기
Ctrl + F	찾기
Ctrl + G	이동
Ctrl + H	바꾸기
Ctrl + P	인쇄
Ctrl + S	저장하기
Ctrl + Z	이전 작업 취소
Ctrl + Y	다시 실행

Shift 조합 단축키

Shift + ← ↓ ↑ →	해당 방향으로 범위 설정
Shift + Space bar	행 범위 설정
Shift + 셀 클릭	클릭한 셀까지 한번에 선택
Shift + 시트 클릭	한번에 그룹화

Alt 조합 단축키

Alt + Enter	셀 안에서 개행
Alt + ↓	목록 펼치기(드롭다운)
Alt + 알파벳	리본 메뉴의 기능 선택
Alt + W + F + F	틀 고정
Alt + E + S	선택하여 붙여넣기 옵션 창

기타

Enter	다음 셀로 이동
Tab	오른쪽 셀로 이동
F2	수식이 연계된 범위 확인 또는 셀 값 수정
F4	직전 작업 반복
F12	다른 이름으로 저장
Delete	선택한 데이터 삭제
ㅁ + 한자 + Tab	특수 기호

⚙ RAW DATA 관리 꿀팁

1. 전산 시스템 조회 시, 화면 캡처하기

회사 전산 시스템의 자료를 엑셀로 가져와 원하는 조건을 반영해 데이터를 출력했다면 해당 화면을 캡처한 후 엑셀의 RAW DATA에 붙이는 방법을 권장합니다. 방법은 다음과 같습니다.

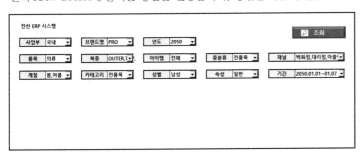

01 전산 시스템에 접속한 후 엑셀 자료에 추가할 화면을 캡처한 후 키보드의 Ctrl + C 키를 누릅니다.

02 엑셀 화면으로 돌아와 Ctrl + V 키를 누르면 캡처한 이미지가 붙여넣기 됩니다.

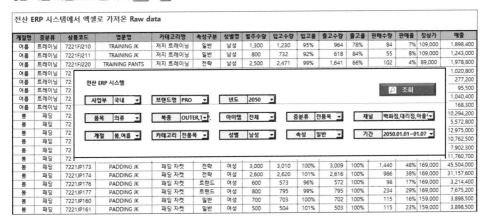

이렇게 RAW DATA에 캡처 이미지를 추가하는 이유는 먼저 업데이트된 전산 시스템의 RAW DATA를 자료에 추가할 때마다 이전 작업 화면의 캡처 이미지를 확인하면 빠르게 데이터를 출력할 수 있고 휴가 및 개인 사유로 담당자가 부재한 경우에도 다른 팀원이 해당 캡처 이미지를 확인한 후 RAW DATA를 업데이트해 엑셀에 추가하면 데이터가 자동 반영된 자료를 빠르게 공유할 수 있기 때문입니다.

Epilogue

데이터를 보는 힘이 생겼다 – 이제 관리하는 기술이 필요하다.

실무에서는 이보다 더 복잡한 데이터들이 계속 등장할 것입니다. 저자가 추천하는 건 열심히 책을 복습하는 것과 회사에서 사용하는 실무 자료와 선배들의 자료들을 가지고 응용해 보는 것을 추천합니다. 눈으로만 보는 것과 실제 자료를 경험해 보는 것은 천지차이이기 때문입니다.

물론 실무에 당연히 필요한 기능들입니다. 그런데 여러분 실무에서 엑셀 작업할 때 이미 만들어진 자료들만 가지고 편집하는 업무만 하게 될까요? 그렇지 않습니다. 회사 전산 시스템에서 대량의 RAW DATA를 다운로드해 엑셀로 가져온 후 업무에 필요한 여러 가지 데이터를 추출해야 하는 경우가 굉장히 많습니다. 이 과정에서 실무 함수의 사용은 필수적입니다.

끝으로 여러분은 [Part 1. 데이터 관리]를 통해 데이터를 보는 힘이 생겼습니다. 이제 직접 데이터를 추출해 나만의 자료를 만드는 법이 필요합니다. [Part 2. 실무 함수 활용]을 통하여 직접 원하는 데이터를 출력해보고 요약정리부터 보고서 만드는 실력까지 갖추길 기대합니다.

PART 2

실무 함수 활용

"자격증 시험의 엑셀 함수와
실무 엑셀 함수는 접근법이 다르다"

취업 및 이직을 준비하며 가장 많이 취득하는 자격증 중 하나인 컴퓨터활용능력시험. 여러분들은 시험 합격을 위해 열심히 배웠던 함수들을 실무에서 모두 잘 활용하고 있나요? 아마 이 물음에 확신을 가지고 대답하는 사람은 몇 명 없을 겁니다. 직장에서 마주하는 실무 함수는 여러분이 생각했던 것 이상으로 상황에 따른 다양한 응용을 요구하기 때문입니다. 다양한 응용이란 대체로 '이 상황에서 어떤 함수가 더 적합할까?', '어떻게 사용해야 반복작업을 줄일 수 있을까?', '똑같은 함수를 어떻게 활용해야 더 효율적인 사용일까' 등의 물음이고 이 물음에 바로 답할 줄 알아야 합니다.

[Part_2 실무 함수 활용]에서는 함수의 기본 개념을 포함하여 실무 예제를 바탕으로 엑셀 함수의 올바른 활용 방법과 해결책을 제시해 줍니다. 이 파트를 끝나면 이제 어느 상황에서든지 엑셀 함수를 사용해 내가 원하는 데이터를 출력하여 직장에서 인정받는 일·잘·러가 될 수 있습니다.

Chapter 1
알아두면 유용한 실무 생존 함수

엑셀 함수 사용 전, 워밍업

실무 엑셀 함수를 본격적으로 살펴보기 전에 함수의 기본 개념과 함께 사용하면 유용한 엑셀의 기능들을 자세히 알아보겠습니다.

 실습 예제: Part2_ch01_1-1.xlsx

2024년 10월 10일 오후

오늘 회사의 1분기 월별 판매 자료를 참고해 카테고리별 판매 수량의 실적을 합하고 있었는데 합계 값에 SUM 함수를 반복 사용하는 게 맞는지 의문이 들었다.😑 더 효율적인 방법이 없을까?🤔 고민하던 찰나 내 생각을 듣기라도 하셨는지 박 대리님께서 가까이 다가와 모니터를 보더니 당황한 듯 웃기 시작하셨다.

"하 사원! 이걸 한 칸씩 수식 입력하고 있으면 언제 작업을 끝내려고! 오늘 퇴근 안 할거야? 자동 채우기 하면 1초 만에 끝내는데! 😤"

"오! 역시 방법이 있었네요? 대리님, 저 좀 도와주세요. 함수가 너무 어렵습니다. 😅"

기대에 찬 목소리로 대답하니 박 대리님이 의기양양한 표정을 지으며 대답했다.

"알겠어! 내 옆자리로 와! 우선 함수 개념부터 배워야겠다!"

다시 한번 말하지만 박 대리님 없는 회사 생활은 상상하기도 싫다.

✿ 함수 · 자동 채우기 · 상대 & 절대 & 혼합참조 · 연결 연산자

1. 엑셀 함수란?

엑셀 함수는 간단히 설명하면 셀의 값을 참조해 원하는 결괏값을 출력하는 수식을 말합니다. 다음 자료의 C3 셀에 기본 수식을 입력해 보며 엑셀 함수의 개념에 대해 자세히 알아보겠습니다.

엑셀 함수는 항상 등호와 함께 작성됩니다. C3 셀을 클릭해 =를 입력하고 B3 셀을 클릭한 후 Enter 키를 누릅니다. B3 셀의 값인 1이 C3 셀의 결괏값으로 출력됐습니다.

함수는 해당 셀에 입력된 값을 참고해 결과를 출력합니다. 그래서 선택한 셀의 값이 변경되면 결괏값도 당연히 변경됩니다.

이어서 C3 셀의 모서리에 마우스 커서를 두면 십자가 모양의 채우기 핸들이 나타납니다. 클릭한 채 아래 방향으로 드래그해 자동 채우기를 합니다(LINK 자동 채우기는 111쪽에서 더 자세히 알아보겠습니다).

셀에 작성된 작성된 수식이 아래 방향으로 한 칸씩 이동하며 연결된 위치도 따라 움직이는데 이 원리를 '상대참조'라고 합니다(LINK 상대참조는 113쪽에서 더 자세히 알아보겠습니다).

TIP 수식 확인

함수 수식이 입력된 셀을 클릭한 후 수식 입력란를 클릭하면 해당 셀에 입력된 값이 강조되어 사용자가 수식 구조를 빠르게 이해하는데 도움을 줍니다(함수 수식이 적용된 셀을 더블클릭하거나 F2 키를 눌러도 확인이 가능합니다).

	B	C
	기준	함수
	1	=B3
	2	2

fx = =B3

2. 자동 채우기

자동 채우기는 빈 셀에 현재 선택한 셀의 수식과 서식 또는 결괏값을 드래그하여 자동으로 채우는 기능입니다. 다음 1분기 카테고리별 판매 현황 자료의 실적 합계를 출력해 보겠습니다. 방법은 다음과 같습니다.

구분	신발	의류	용품	언더웨어
1월	300	200	100	250
2월	400	300	150	300
3월	500	400	200	300
합계				

01 C6 셀에 SUM 함수를 입력하고 괄호 안에 수식을 =SUM(C3:C5) 작성한 후 Enter 키를 누릅니다. 결괏값을 확인하고 C6 셀에 커서를 두면 채우기 핸들이 나타납니다. 클릭한 채 우측으로 드래그합니다.

02 자동 채우기가 완료됩니다.

· 서식 없이 채우기

자동 채우기는 수식 구조뿐만 아니라 셀에 적용된 서식도 함께 움직이는데 만약, 서식 없이 자동 채우기를 하고 싶다면 방법은 다음과 같습니다.

01 자동 채우기 종료 후 화면에 나타난 [자동 채우기 옵션] 버튼을 클릭합니다.

02 자동 채우기 옵션 메뉴에서 [서식 없이 채우기(O)]를 선택합니다.

	A	B	C	D	E	F	G	H
1								
2		구분	1월	2월	3월	합계		
3		신발	300	400	500	**1,200**		
4		의류	200	300	400	**900**		
5		용품	100	150	200	**450**		
6		언더웨어	250	300	300	**850**		
7								
8							○ 셀 복사(C)	
9							○ 서식만 채우기(F)	
10					클릭		○ 서식 없이 채우기(O)	
11							○ 빠른 채우기(F)	

03 셀의 서식이 제거되었습니다.

	A	B	C	D	E	F	G
1							
2		구분	1월	2월	3월	합계	
3		신발	300	400	500	**1,200**	
4		의류	200	300	400	900	
5		용품	100	150	200	450	
6		언더웨어	250	300	300	850	
7							

TIP 자동 채우기 단축키

우측으로 자동 채우기 : Ctrl + R

	A	B	C	D	E	F	G
1							
2		구분	신발	의류	용품	언더웨어	
3		1월	300	200	100	250	
4		2월	400	300	150	300	
5		3월	500	400	200	300	
6		합계	1,200	Ctrl + R			
7							

	A	B	C	D	E	F	G
1							
2		구분	신발	의류	용품	언더웨어	
3		1월	300	200	100	250	
4		2월	400	300	150	300	
5		3월	500	400	200	300	
6		합계	1,200	900	450	850	
7							

112 쉽게 배우는 요즘 실무 엑셀

아래 방향으로 자동 채우기 : [Ctrl] + [D]

	구분	1월	2월	3월	합계
	신발	300	400	500	1,200
	의류	200	300	400	
	용품	100	150	200	
	언더웨어	250	300	300	

[Ctrl] + [D]

	구분	1월	2월	3월	합계
	신발	300	400	500	1,200
	의류	200	300	400	900
	용품	100	150	200	450
	언더웨어	250	300	300	850

단, 단축키를 이용해 자동 채우기를 진행하면 [자동 채우기 옵션] 버튼이 생성되지 않아 [서식 없이 채우기]와 같은 옵션 기능의 사용이 어렵다는 점 참고해 주세요.

3. 상대참조

상대참조는 수식을 복사해 여러 셀에 붙여넣기할 때 참조하는 셀의 위치가 자동으로 변경되는 걸 말합니다. 함수의 가장 기본 특성 중 하나인 상대참조 원리를 이용해 다음 자료의 매출액을 출력해 보겠습니다. 방법은 다음과 같습니다.

카테고리	판매수량	가격	매출액
다운	10	50,000	
재킷	20	60,000	
베스트	30	7,000	
티셔츠	40	45,000	
폴로티	50	35,000	
셔츠	60	50,000	
바지	70	70,000	

01 E3 셀에 수식을 = C3 (판매수량)*D3 (가격) 입력하고 [Enter] 키를 누릅니다.

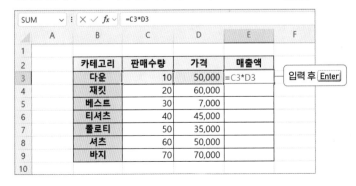

입력 후 [Enter]

02 결괏값을 확인한 후 아래 방향으로 드래그해 자동 채우기를 합니다.

03 E9 셀을 클릭해 확인하면 연결된 셀의 위치도 함께 변경되어 결괏값이 출력된 것을 확인할 수 있습니다.

4. 절대참조

절대참조는 상대참조와 반대로 수식을 복사해 다른 셀에 붙여 넣어도 참조하는 위치가 절대 변경되지 않는 기능입니다. 사용 방법은 간단합니다. 함수 수식을 입력한 후 데이터가 고정되어야 하는 셀의 위치를 선택하고 `F4` 키를 누르면 행과 열 표시 앞에 '$'가 추가되어 고정됩니다. 단, 주의할 점은 절대참조는 사용하기 전에 반드시 입력할 수식 구조를 정확히 파악한 후 사용해야 합니다. 무턱대고 사용했다간 그림과 같이 셀에 오류 값이 잔뜩 반환됩니다. 이 점을 참고해 다음 자료의 월별 매출 실적의 비중을 다시 출력해 보겠습니다.

01 D3 셀의 수식 중 총합계의 값은 고정되어야 해 C15를 블록 설정한 후 F4 키를 누릅니다.

	A	B	C	D	E
1					
2		월	매출 실적	비중	
3		1월	3,803,000	=C3/C15	
4		2월	2,135,000		
5		3월	2,906,000		
6		4월	4,470,000		

블록 설정 후 F4

02 열과 행 표시 앞에 $가 추가되었습니다($는 고정 표시입니다). Enter 키를 누릅니다.

	A	B	C	D	E
1					
2		월	매출 실적	비중	
3		1월	3,803,000	=C3/$C$15	
4		2월	2,135,000		
5		3월	2,906,000		
6		4월	4,470,000		

03 결괏값을 확인한 후 아래 방향으로 드래그해 자동 채우기를 합니다.

D3   fx =C3/$C$15

	A	B	C	D	E
1					
2		월	매출 실적	비중	
3		1월	3,803,000	7%	
4		2월	2,135,000		
5		3월	2,906,000		
6		4월	4,470,000		
7		5월	5,375,000		
8		6월	3,569,700		

드래그

04 절대참조가 반영되어 오류 값 반환 없이 잘 출력됐습니다.

SUM   fx =C7/$C$15

	A	B	C	D	E
1					
2		월	매출 실적	비중	
3		1월	3,803,000	7%	
4		2월	2,135,000	4%	
5		3월	2,906,000	5%	
6		4월	4,470,000	8%	
7		5월	5,375,000	=C7/$C$15	
8		6월	3,569,700	6%	
9		7월	4,235,000	8%	
10		8월	1,125,400	2%	
11		9월	9,501,220	17%	
12		10월	8,540,000	15%	
13		11월	6,317,000	11%	
14		12월	3,250,000	6%	
15		합계	55,227,320	-	
16					

5. 혼합참조

절대참조가 행과 열을 모두 고정하는 것이었다면 혼합참조는 행과 열 중에 하나만 고정하는 기능입니다. 절대참조 상태에서 F4 키를 누르면 '$'가 행 앞에만 추가되고 한 번 더 누르면 열 앞에만 추가됩니다. 혼합참조도 사용하기 전에 입력할 수식 구조를 한 번 더 살펴봐주세요. 무턱대고 사용했다간 그림과 같이 셀에 오류 값이 반환됩니다. 이 점을 참고해 다음 자료의 직원별 인센티브 지급 금액을 다시 출력해 보겠습니다.

E7		fx	=D7*E6						
	A	B	C	D	E	F	G	H	I	J

	직원 인센티브 현황		1월	2월	3월	4월	5월	6월
	직원	급여	30%	25%	15%	20%	35%	25%
	유지민	4,500,000	1,350,000	337,500	50,625	10,125	3,544	886
	안유진	3,800,000	#######	#######	#######	#######	#######	#######
	김민정	3,500,000	#######	#######	#######	#######	#######	#######
	이태민	5,600,000	#######	#######	#######	#######	#NUM!	#NUM!
	이영지	3,300,000	#######	#######	#######	#NUM!	#NUM!	#NUM!
	이민형	4,300,000	#######	#######	#NUM!	#NUM!	#NUM!	#NUM!
	황인준	3,600,000	#######	#######	#NUM!	#NUM!	#NUM!	#NUM!
	김정우	6,200,000	#######	#######	#NUM!	#NUM!	#NUM!	#NUM!
	정재현	5,800,000	#######	#######	#NUM!	#NUM!	#NUM!	#NUM!

01 월별 인센티브 비율은 셀에 따라 이동하는 게 맞지만 급여는 고정되어야 해 C4 셀을 절대참조 후 F4 키를 두 번 눌러 열 고정을 합니다.

SUM		fx	=$C4						
	A	B	C	D	E	F	G	H	I	J

	직원 인센티브 현황		1월	2월	3월	4월	5월	6월
	직원	급여	30%	25%	15%	20%	35%	25%
	유지민	4,500,000	=$C4 [절대참조 후 + F4 ×2]					
	안유진	3,800,000						
	김민정	3,500,000						
	이태민	5,600,000						
	이영지	3,300,000						
	이민형	4,300,000						
	황인준	3,600,000						
	김정우	6,200,000						
	정재현	5,800,000						

02 인센티브 비율의 값은 행을 기준으로 움직이면 안 되어 D3 셀을 절대참조 후 `F4` 키를 눌러 행 고정합니다(해당 월별로 알맞은 인센티브 비율이 입력되도록 D 열은 고정하지 않습니다).

D4		✕ ✓ fx	=$C4*D$3							
	A	B	C	D	E	F	G	H	I	J
1										
2		직원 인센티브 현황		1월	2월	3월	4월	5월	6월	
3		직원	급여	30%	25%	15%	20%	35%	25%	
4		유지민	4,500,000	=$C4*D$3	절대참조 후 + `F4`					
5		안유진	3,800,000							
6		김민정	3,500,000							
7		이태민	5,600,000							
8		이영지	3,300,000							
9		이민형	4,300,000							
10		황인준	3,600,000							
11		김정우	6,200,000							
12		정재현	5,800,000							
13										

03 혼합참조 설정이 완료되면 `Enter` 키를 누르고 결괏값을 확인한 후 우측으로 드래그해 자동 채우기를 합니다.

	A	B	C	D	E	F	G	H	I	J
1										
2		직원 인센티브 현황		1월	2월	3월	4월	5월	6월	
3		직원	급여	30%	25%	15%	20%	35%	25%	
4		유지민	4,500,000	1,350,000	1,125,000	675,000	900,000	1,575,000	1,125,000	
5		안유진	3,800,000							
6		김민정	3,500,000		드래그					
7		이태민	5,600,000							
8		이영지	3,300,000							
9		이민형	4,300,000							
10		황인준	3,600,000							
11		김정우	6,200,000							
12		정재현	5,800,000							
13										

04 이어서 아래 방향으로 드래그해 자동 채우기를 완료합니다.

SUM		✕ ✓ fx	=$C8*G$3							
	A	B	C	D	E	F	G	H	I	J
1										
2		직원 인센티브 현황		1월	2월	3월	4월	5월	6월	
3		직원	급여	30%	25%	15%	20%	35%	25%	
4		유지민	4,500,000	1,350,000	1,125,000	675,000	900,000	1,575,000	1,125,000	드래그
5		안유진	3,800,000	1,140,000	950,000	570,000	760,000	1,330,000	950,000	
6		김민정	3,500,000	1,050,000	875,000	525,000	700,000	1,225,000	875,000	
7		이태민	5,600,000	1,680,000	1,400,000	840,000	1,120,000	1,960,000	1,400,000	
8		이영지	3,300,000	990,000	825,000	495,000	=$C8*G$3	1,155,000	825,000	
9		이민형	4,300,000	1,290,000	1,075,000	645,000	860,000	1,505,000	1,075,000	
10		황인준	3,600,000	1,080,000	900,000	540,000	720,000	1,260,000	900,000	
11		김정우	6,200,000	1,860,000	1,550,000	930,000	1,240,000	2,170,000	1,550,000	
12		정재현	5,800,000	1,740,000	1,450,000	870,000	1,160,000	2,030,000	1,450,000	
13										

절대참조와 혼합참조를 정리하면 다음과 같습니다. F4 키를 한 번 누르면 행과 열이 모두 고정되는 절대참조(예 $N$4)가 입력됩니다. 절대참조인 상황에서 F4 키를 한 번 더 누르면 행만 고정되는 행 고정 혼합참조(예 A$3)가 입력됩니다. 이어서 F4 키를 한 번 더 누르면 열만 고정되는 열 고정 혼합참조(예 $A3)가 반영됩니다. 실무에서 참조 기능은 여러모로 넓고 다양하게 사용되는 만큼 기본 개념을 확실히 숙지한 후 복습하는 것을 권장합니다.

6. 연결 연산자 '&'

서로 다른 셀에 있는 데이터를 하나의 셀에 모두 모아 결괏값을 출력하고 싶을 때 연결을 도와주는 연결 연산자를 사용합니다. 작성 방법은 다음과 같습니다.

=첫 번째 셀&두 번째 셀&세 번째 셀&…

작성 방법을 확인했다면 다음 자료의 국가와 국가 코드를 빈 셀에 모두 연결해 보겠습니다. 방법은 다음과 같습니다.

국가	국가 코드	국가(코드)
한국	KR	
미국	US	
러시아	RS	
영국	UK	
프랑스	FR	
중국	CN	
호주	AU	
홍콩	HK	
캐나다	CA	
튀르키예	TK	

01 국가(코드)를 반영할 D3 셀에 등호를 = 입력한 후 B3 셀과 연결 연산자를 & 입력합니다.

	A	B	C	D	E
1					
2		국가	국가 코드	국가(코드)	
3		한국	KR	=B3&	입력
4		미국	US		
5		러시아	RS		
6		영국	UK		
7		프랑스	FR		
8		중국	CN		
9		호주	AU		
10		홍콩	HK		
11		캐나다	CA		
12		튀르키예	TK		
13					

02 이어서 열기 괄호를 (입력하고 연산자를 & 입력
한 후 국가 코드 C3 셀을 추가합니다.

	A	B	C	D	E
1					
2		**국가**	**국가 코드**	**국가(코드)**	
3		한국	KR	=B3&(&C3	입력
4		미국	US		
5		러시아	RS		
6		영국	UK		
7		프랑스	FR		
8		중국	CN		
9		호주	AU		
10		홍콩	HK		
11		캐나다	CA		
12		튀르키예	TK		
13					

03 다음 연산자를 & 또 입력하고 닫기 괄호를) 입력합
니다. 괄호와 연산자의 앞뒤로 큰따옴표를 "" 추가하
고 Enter 키를 누릅니다.

	A	B	C	D	E
1					
2		**국가**	**국가 코드**	**국가(코드)**	
3		한국	KR	=B3&"("&C3&")"	
4		미국	US		
5		러시아	RS	입력 후 Enter	
6		영국	UK		
7		프랑스	FR		
8		중국	CN		
9		호주	AU		
10		홍콩	HK		
11		캐나다	CA		
12		튀르키예	TK		
13					

04 D3 셀의 결괏값을 확인합니다.

	A	B	C	D	E
1					
2		**국가**	**국가 코드**	**국가(코드)**	
3		한국	KR	한국(KR)	
4		미국	US		
5		러시아	RS		
6		영국	UK		
7		프랑스	FR		
8		중국	CN		
9		호주	AU		
10		홍콩	HK		
11		캐나다	CA		
12		튀르키예	TK		
13					

TIP 수식에 문자 또는 기호 입력

수식을 적용하는 기본 구조에 문자 또는 기호를 입력하고 싶다면 문자 또는 기호의 양 끝에 꼭 같이 큰따옴표를 추가해 줘야
합니다. 예를 들어 다음과 같습니다.

예 ="("&"연결 함수"&")" → (연결 함수)

실무 생존 함수 응용편 ①
– MID, LEN, SUBTOTAL 함수

엑셀에는 수십 가지의 내장 함수가 존재하지만 실제 업무에서 사용하는 함수는 한정되어 있습니다. 이번 섹션에서는 업무 시 자주 맞닥뜨리는 함수를 살펴보고 직접 따라해 보며 자세히 알아보겠습니다.

💾 실습 예제: Part2_ch01_1-2.xlsx

2024년 10월 21일 오후

회의 일정을 조율하다가 우연히 달력을 보니 어느덧 내가 입사한 지 3개월이 되었다.😊 회사에서는 하루하루가 참 길게 느껴졌는데 벌써 3개월이란 시간이 지나다니! 아직도 쉽게 처리하는 일은 없지만 3개월 동안 많은 것을 배웠다. 배운걸 떠올려 보려던 찰나 정 과장님께서 메신저로 나를 불렀다.

"하 사원, 여기 화면에 보면 성과 이름이 셀마다 따로 나누어져 있는데 이거 어떻게 하나의 셀에 붙이는지 아나?"👀

질문을 듣자마자 정 과장님께서 나를 테스트한다는 생각이 들었다.😑 이건 엑셀 기초 내용 아닌가? 나는 당당하게 대답했다.

"넵! 함수 수식 안에 연결 연산자 기호를 입력하면 한 번에 연결할 수 있습니다!"

"오 그럼 반대로 성+이름이 하나의 셀에 있을 때 성과 이름을 분리하려면?"

정 과장님은 흥미롭다는 듯이 질문을 이어나갔다. 나도 재빠르게 답했다.

"MID 함수를 사용해 문자열을 나눌 수 있습니다."

누굴 애송이로 보는 것인가?😤

"잘 알고 있네? 그럼 여기 사내 교육 참여 인원을 보면 '7명 미달', '56명 대기' 등 셀 안에 인원수랑 문자가 같이 적혀 있는데, 인원수만 따로 분리해서 정리해 줘 LEN 함수랑 MID 함수같이 사용하면 될 거야"

나는 정 과장님의 말을 듣자마자 얼이 빠졌다. LEN 함수는 문자열 개수를 세어주는 함수인데 MID 함수랑 같이 사용하라고? 갑자기 집에 가고 싶었다.😭

✿ MID, LEN, SUBTOTAL 함수

1. MID 함수

MID 함수는 출력을 원하는 문자열의 자리와 개수를 지정해 입력한 수만큼 글자를 출력하는 함수입니다. 작성 방법은 다음과 같습니다.

> **=MID(문자를 출력할 대상 문자열, 출력할 문자열 자릿수, 문자열의 개수)**

먼저 출력을 원하는 문자열의 셀을 입력하고 다음 문자열의 몇 번째 자리부터 글자를 추출하고 싶은지 문자열의 자릿수를 입력한 후 마지막 출력할 문자열의 개수를 입력합니다. 우리가 일상에서 구매하는 제품은 기업마다 제품 코드를 부여해 관리하는데 코드의 문자열을 특정 정보에 맞게 분리해야 할 때 MID 함수를 주로 사용합니다. 작성 방법을 확인했다면 다음 자료의 특정 정보(브랜드, 시즌, 생산연도, 코드 등)를 문자별로 분리해 보겠습니다.

제품 코드 특정 정보				
A50JDA	A	50	JD	4
제품 코드	브랜드 코드	생산연도	아이템 코드	시즌 코드

제품 코드 정보				
제품 코드	브랜드 코드	시즌 코드	생산연도	아이템 코드
A50JD4				
R53JK1				
K52VT3				
J57TS2				
P59PS3				
Z56ST4				
S51PT4				

01 C4 셀에 MID 함수를 입력한 후 괄호 안에 수식을 **=MID(B4,1,1)** 작성하고 [Enter] 키를 누릅니다.

	A	B	C	D	E	F	G
1							
2		제품 코드 정보					
3		제품 코드	브랜드 코드	시즌 코드	생산연도	아이템 코드	
4		A50JD4	=MID(B4,1,1)	입력 후 [Enter]			
5		R53JK1					
6		K52VT3					

> C4 셀에 입력된 MID 함수 수식은 B4 셀의 제품 코드에서, 첫 번째 자리의, 글자 한 개만 출력하라는 의미입니다.

02 D4 셀에 MID 함수를 입력한 후 괄호 안에 수식을 **=MID(B4,6,1)** 작성하고 [Enter] 키를 누릅니다. 나머지 셀도 MID 함수를 사용해 코드 정보를 분리해 줍니다.

	A	B	C	D	E	F	G
1							
2		제품 코드 정보					
3		제품 코드	브랜드 코드	시즌 코드	생산연도	아이템 코드	
4		A50JD4	A	=MID(B4,6,1)	입력 후 [Enter]		
5		R53JK1					
6		K52VT3					
7		J57TS2					
8		P59PS3					
9		Z56ST4					
10		S51PT4					
11							

03 셀의 결괏값을 모두 확인한 후 아래 방향으로 드래그해 자동 채우기를 합니다.

	A	B	C	D	E	F	G
1							
2		제품 코드 정보					
3		제품 코드	브랜드 코드	시즌 코드	생산연도	아이템 코드	
4		A50JD4	A	4	50	JD	
5		R53JK1	R	1	53	JK	
6		K52VT3	K	3	52	VT	
7		J57TS2	J	2	57	TS	
8		P59PS3	P	3	59	PS	
9		Z56ST4	Z	4	56	ST	
10		S51PT4	S	4	51	PT	
11							

드래그

2. LEN 함수

LEN 함수는 셀의 문자 개수를 출력하는 함수입니다. 작성 방법은 다음과 같습니다.

= LEN(문자의 개수를 출력할 셀)

작성 방법을 확인했다면 다음 자료의 문자열 길이를 구해보겠습니다.

문자열	결과
123	
456789	
가나다라마바사	
가나 다라 마	
#$%^&	

01 C3 셀에 LEN 함수를 입력하고 괄호 안에 수식을 **=LEN(B3)** 작성한 후 Enter 키를 누릅니다.

	A	B	C	D
1				
2		문자열	결과	
3		123	=LEN(B3)	
4		456789		
5		가나다라마바사		
6		가나 다라 마		
7		#$%^&		
8				

입력 후 Enter

02 결괏값이 올바른지 확인한 후 아래 방향으로 드래그해 자동 채우기를 합니다.

	A	B	C	D
1				
2		문자열	결과	
3		123	3	
4		456789	6	
5		가나다라마바사	7	
6		가나 다라 마	7	
7		#$%^&	5	
8				

드래그

3. MID 함수와 LEN 함수 실무 응용

MID 함수와 LEN 함수의 사용 방법을 모두 확인했다면 이번에는 두 함수를 함께 사용해 다음 사내 교육 참여 자료의 참여인원의 문자를 제외하고 숫자 값만 출력해 보겠습니다.

구분	참여인원	인원수
대기인원	102명 대기	
확정인원	1512명 확정	
미달인원	7명 미달	
준비인원	56명 준비	

01 D3 셀에 MID 함수를 입력한 다음 MID 함수의 인수로 LEN 함수의 수식을 입력해 작성을 완료하고 Enter 키를 누릅니다.

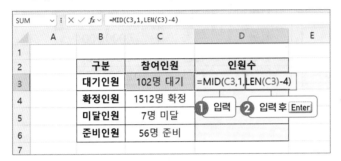

D3 셀에 작성된 수식을 살펴보면 '=MID(C3 셀의, 첫 번째 문자에서부터, LEN(C3 셀 전체 문자열 개수 중), 우측 4개의 문자열을 제외하고 출력해)'라는 의미로 결괏값은 순수한 숫자 값인 102만 출력됩니다.

02 출력한 결괏값이 올바른지 확인하고 아래 방향으로 드래그해 자동 채우기를 합니다.

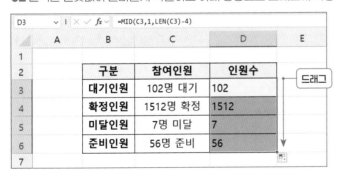

4. SUBTOTAL 함수

SUBTOTAL 함수는 필터 및 숨기기가 적용된 시트에서 원하는 데이터의 부분합을 출력해 주는 함수입니다. 작성 방법은 다음과 같습니다(SUBTOTAL 함수는 수식 입력 시 전체 셀 범위를 선택하기 때문에 사용 전 반드시 필터에 적용된 조건이 없어야 합니다).

> =SUBTOTAL(숨겨진 행의 여부에 따라 적용할 함수 번호, 계산 범위)

작성 방법을 확인했다면 다음 지점별 판매 실적 자료의 전체 합계를 출력한 후 적용한 필터 조건에 따라 필터 합계와 필터 비중을 출력해 보겠습니다.

전체 합계(SUM)		
필터 합계(SUBTOTAL)		
필터 비중(SUBTOTAL)		
지역	지점명	매출
서울	명동	7,000,000
인천	검단	42,000,000
남양주	진접	12,000,000
광주	첨단	14,000,000
순천	연향	4,000,000
전주	송천	8,000,000
군산	수송	22,000,000
익산	영등	9,000,000

▲ 전체 합계

전체 합계(SUM)		
필터 합계(SUBTOTAL)		
필터 비중(SUBTOTAL)		
지역	지점명	매출
서울	명동	7,000,000
인천	검단	42,000,000
남양주	진접	12,000,000

▲ 수도권 필터 적용 후 필터 합계

01 먼저 전 지점의 매출 합계를 출력해 보겠습니다. D2 셀에 SUM 함수를 입력한 후 괄호 안에 수식을 =SUM(D6:D13) 작성하고 Enter 키를 누릅니다.

	A	B	C	D	E
1					
2		전체 합계(SUM)		=SUM(D6:D13)	입력 후 Enter
3		필터 합계(SUBTOTAL)			
4		필터 비중(SUBTOTAL)			
5		지역	지점명	매출	
6		서울	명동	7,000,000	
7		인천	검단	42,000,000	
8		남양주	진접	12,000,000	
9		광주	첨단	14,000,000	
10		순천	연향	4,000,000	
11		전주	송천	8,000,000	
12		군산	수송	22,000,000	
13		익산	영등	9,000,000	
14					

02 다음 전 지점의 필터 합계를 출력해 보겠습니다. D3 셀에 SUBTOTAL 함수를 입력한 후 괄호 안에 수식을 =SUBTOTAL(9,D6:D13) 작성하고 Enter 키를 누릅니다.

	A	B	C	D	E
1					
2		전체 합계(SUM)		118,000,000	
3		필터 합계(SUBTOTAL)		=SUBTOTAL(9,D6:D13)	
4		필터 비중(SUBTOTAL)			
5		지역	지점명	입력 후 Enter	
6		서울	명동	7,000,000	
7		인천	검단	42,000,000	
8		남양주	진접	12,000,000	
9		광주	첨단	14,000,000	
10		순천	연향	4,000,000	
11		전주	송천	8,000,000	
12		군산	수송	22,000,000	
13		익산	영등	9,000,000	
14					

이름에서도 알 수 있듯 SUBTOTAL 함수는 주요 함수의 기능을 하나로 대체할 수 있습니다. SUBTOTAL 함수를 작성한 후 TAB 키를 누르면 함수 집계 목록이 나타나고 이 중 사용할 함수의 번호를 SUBTOTAL 함수의 첫 번째 인수로 작성해 주면 됩니다.

(...)1 - AVERAGE	
(...)2 - COUNT	
(...)3 - COUNTA	
(...)4 - MAX	
(...)5 - MIN	
(...)6 - PRODUCT	

TIP 함수 집계 목록의 9와 109의 차이점

SUBTOTAL 함수를 사용할 셀의 범위에 필터 또는 숨기기가 적용된 셀이 있다면 [9-SUM]은 합계에서 해당 셀을 제외하지만 [109-SUM]은 모두 포함하여 결괏값을 출력합니다. 쉽게 말해 1, 2, 3⋯ 숨겨진 행 제외, 101, 102, 103⋯ 숨겨진 행 포함으로 이해하면 쉽습니다.

전체 합계(SUM)		118,000,000	
필터 합계(SUBTOTAL)		=SUBTOTAL(	
필터 비중(SUBTOTAL)			
지역	지점명	매출	(...)9 - SUM
서울	명동	7,000,000	(...)10 - VAR.S
인천	검단	42,000,000	(...)11 - VAR.P
남양주	진접	12,000,00	(...)101 - AVERAGE
광주	첨단	14,000,00	(...)102 - COUNT
순천	연향	4,000,000	(...)103 - COUNTA
전주	송천	8,000,000	(...)104 - MAX
군산	수송	22,000,00	(...)105 - MIN
익산	영등	9,000,000	(...)106 - PRODUCT
			(...)107 - STDEV.S
			(...)108 - STDEV.P
			(...)109 - SUM

---

03 마지막 필터 비중을 출력하겠습니다. D4 셀에 매출 전체 합계 D2 셀과 필터 합계 D3 셀의 수식을 =D2/D3 작성한 후 [백분율(%)]로 셀 서식을 지정합니다.

	A	B	C	D	E
1					
2		전체 합계(SUM)		118,000,000	
3		필터 합계(SUBTOTAL)		118,000,000	
4		필터 비중(SUBTOTAL)		=D2/D3	
5		지역	지점명	매출	
6		서울	명동	입력 후 Enter	
7		인천	검단	42,000,000	
8		남양주	진접	12,000,000	
9		광주	첨단	14,000,000	
10		순천	연향	4,000,000	
11		전주	송천	8,000,000	
12		군산	수송	22,000,000	
13		익산	영등	9,000,000	
14					

실무에서 SUBTOTAL 함수를 사용할 경우 SUM 함수의 실적과 함께 SUBTOTAL 함수 비중을 함께 표시해 달라는 요청이 올 수 있습니다.
자료를 공유받은 상사는 자신이 원하는 데이터만 빠르게 확인하고 싶기 때문입니다. 그러니 요청이 오기 전에 미리 함수를 추가해 자료를 만드는 게 좋습니다.

실무 생존 함수 응용편 ②
– RANK.EQ, ROUND 함수, 할인율과 증감률

실무 함수에 대한 감이 어느 정도 잡혔나요? 이번 섹션에서도 실무 예제를 통해 업무에서 자주 사용하는 엑셀 함수를 살펴보며 함수 활용 과정에 대해 자세히 알아보겠습니다.

🏫 실습 예제: Part2_ch01_1-3.xlsx

2024년 10월 30일 오후

출근 후 어제 다 처리하지 못한 미처리 업무들을 확인하고 있는데, 갑자기 실적 관련 회의 일정이 잡혔다. 다급하게 나를 찾는 정 과장님의 목소리가 들렸고 바로 과장님에게 달려갔다.

"하 사원~ 지금 회의 진행할 거니깐 자료 하나만 만들어줘요!😀 올해 어제까지의 아이템별 누적 매출하고 전년 동기간 실적 함께 파악해서 얼마나 성장했는지 증감률하고 아이템별 할인율 넣어주세요. 자료 준비되면 바로 회의 시작하자!"

나는 '네'라고 짧게 대답한 뒤 자리로 돌아왔다. 휴! 대답은 자신 있게 했지만 어딘가 모르게 불안했다. 매출은 전산에서 조회해 가져오면 되는데 할인율? 증감률? 이건 어떻게 계산해야 할까…😐 인터넷에서 찾아볼까? 당장 시간이 없는데… 나는 오만가지 생각을 하다가 이대로는 안 되겠다 싶어서 정 과장님에게 다시 물어보기로 결심했다.

✿ RANK.EQ, ROUND, 할인율과 증감률

1. RANK.EQ 함수

RANK.EQ 함수는 순위 결과를 출력하는 함수로 작성 방법은 다음과 같습니다.

=RANK.EQ(순위를 구할 대상, 순위를 구할 범위, 0 또는 1)

맨 처음 순위를 구할 대상을 입력한 후 순위를 구할 셀 범위를 지정합니다. 여기서 가장 중요한 건 범위에 절대참조를 꼭 반영해 줘야 하는 겁니다(완성된 수식을 아래 방향으로 자동 채우기를 할 경우 셀의 전체 범위는 고정되어야 대상과 비교가 가능해 절대참조를 해줍니다). 마지막 내림차순과 오름차순을 의미하는 0 또는 1을 선택합니다(내림차순은 '0', 오름차순은 '1'입니다). 작성 방법을 확인했다면 다음 신입사원 공개채용 결과 자료에서 신입사원의 최종 순위를 출력해 보겠습니다.

신입사원 공개채용 결과				
이름	인적성(50%)	면접(50%)	최종 점수	순위
이창명	81	88		
박인철	73	84		
고경필	83	82		
우기석	74	99		
정순준	70	83		
이명재	87	52		
이상병	92	93		
이원희	95	75		
소순환	67	69		
김원국	66	77		

1 AVERAGE 함수로 평균 구하기

순위를 출력하려면 먼저 데이터의 평균을 알아야 하기에 AVERAGE 함수로 인적성과 면접의 평균을 구해 최종 점수를 출력해 보겠습니다.

01 E4 셀에 AVERAGE 함수를 입력한 후 괄호 안에 수식을 **=AVERAGE(C4,D4)** 작성하고 Enter 키를 누릅니다.

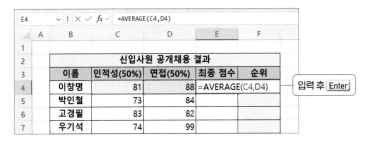

셀에 입력하는 수식이 길어지면 종종 옆의 셀을 침범해 수식을 작성하는데 만약 옆의 셀에도 수식을 입력해야 하는 상황이라면 불편함이 큽니다. 이런 경우를 대비해 수식 입력 전에 미리 맞춤 설정을 해주는 것이 좋습니다. 방법은 다음과 같습니다.

01 [홈] 탭-[맞춤]-[왼쪽 맞춤]을 클릭합니다.

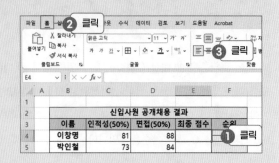

02 셀에 긴 수식을 입력해도 왼쪽 맞춤 기준으로 수식이 입력되어 더는 셀 공간을 침범하지 않습니다.

02 이어서 [홈] 탭-[맞춤]-[가운데 맞춤]을 클릭하고 아래 방향으로 드래그해 자동 채우기를 합니다.

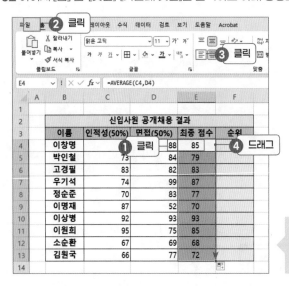

만약, E4 셀의 결괏값이 84.5로 출력되었다면 셀 서식을 [숫자]로 변경합니다.

2 RANK.EQ 함수로 순위 구하기

이제 본격적으로 순위를 출력해 보겠습니다. RANK.EQ 함수는 앞에서 잠깐 살펴본 것처럼 인수로 순위를 구할 대상, 순위를 구할 범위, 0 또는 1을 입력합니다(실무에서는 점수, 매출, 이익 등 높은 숫자부터 1등을 기준으로 반영하기 때문에 주로 0을 입력합니다). 참고하여 수식을 작성해 보겠습니다.

01 F4 셀에 RANK.EQ 함수를 입력한 후 괄호 안에 수식을 **=RANK.EQ(E4,E4:E13,0)** 작성합니다.

	이름	인적성(50%)	면접(50%)	최종 점수	순위
	이창명	81	88	85	=RANK.EQ(E4,E4:E13,0)
	박인철	73	84	79	
	고경필	83	82	83	
	우기석	74	99	87	
	정순준	70	83	77	
	이명재	87	52	70	
	이상병	92	93	93	
	이원희	95	75	85	
	소순환	67	69	68	
	김원국	66	77	72	

SUM · fx =RANK.EQ(E4,E4:E13,0)

신입사원 공개채용 결과

> RANK 함수는 엑셀 2007 이하 버전과 호환되는 함수로 RANK.EQ 함수의 사용을 권장합니다.

02 이어서 순위를 구할 범위를 고정하기 위해 절대참조를 적용할 범위를 블록 설정한 후 **E4:E13** F4 키를 누릅니다.

신입사원 공개채용 결과

	이름	인적성(50%)	면접(50%)	최종 점수	순위
	이창명	81	88	85	=RANK.EQ(E4,E4:E13,0)
					RANK.EQ(number, ref, [order])
	박인철	73	84	79	
	고경필	83	82	83	
	우기석	74	99	87	
	정순준	70	83	77	
	이명재	87	52	70	
	이상병	92	93	93	
	이원희	95	75	85	
	소순환	67	69	68	
	김원국	66	77	72	

03 절대참조가 맞게 반영되었는지 수식을 =RANK.EQ(E4,$E$4:$E$13,0) 한 번 더 확인한 후 Enter 키를 누릅니다.

	A	B	C	D	E	F	G	H
SUM ∨ : × ✓ *fx* =RANK.EQ(E4,$E$4:$E$13,0)								
1								
2		신입사원 공개채용 결과						
3		이름	인적성(50%)	면접(50%)	최종 점수	순위		
4		이창명	81	88	85	=RANK.EQ(E4,$E$4:$E$13,0)		
5		박인철	73	84	79			
6		고경필	83	82	83			
7		우기석	74	99	87			
8		정순준	70	83	77			
9		이명재	87	52	70			
10		이상병	92	93	93			
11		이원희	95	75	85			
12		소순환	67	69	68			
13		김원국	66	77	72			

확인 후 Enter

04 결괏값을 확인한 후 아래 방향으로 드래그해 자동 채우기를 합니다. 최종 평균 점수가 높은 순으로 순위가 출력됐습니다.

	A	B	C	D	E	F
1						
2		신입사원 공개채용 결과				
3		이름	인적성(50%)	면접(50%)	최종 점수	순위
4		이창명	81	88	85	4
5		박인철	73	84	79	6
6		고경필	83	82	83	5
7		우기석	74	99	87	2
8		정순준	70	83	77	7
9		이명재	87	52	70	9
10		이상병	92	93	93	1
11		이원희	95	75	85	3
12		소순환	67	69	68	10
13		김원국	66	77	72	8
14						

드래그

2. ROUND 함수

ROUND 함수는 숫자 값에 반올림이 필요한 경우 사용하는 함수입니다. 작성 방법은 다음과 같습니다.

= ROUND(반올림 대상, 반올림 자릿수)

맨 처음 반올림 대상을 입력한 후 다음 반올림 자릿수를 입력합니다. 실무에서는 일반적으로 인사, 세무, 회계 등 관리 부서의 예산 업무에 사용되는 빈도가 높습니다. 작성 방법을 확인했다면 다음 자료의 제품별 단가를 십 원 자릿수에서 반올림해 백원 단위로, 매출은 백원 자릿수에서 반올림하여 천 원단위로 표시해 보겠습니다.

대리점	제품명	수량	단가	십원 자리에서 반올림	매출	백원 자리에서 반올림
홍대	볶음밥	11	44,520		489,720	
잠실	만두	74	95,480		7,065,520	
의정부	핫도그	48	77,050		3,698,400	
종각	치킨	56	78,540		4,398,240	
대학로	떡갈비	53	3,220		170,660	
잠실	새우튀김	30	96,535		2,896,050	
의정부	어묵	27	3,210		86,670	
종각	동그랑땡	15	53,250		798,750	

TIP 반올림 자릿수

ROUND 함수의 반올림 자릿수는 다음과 같습니다.

	천	백	십	일	소수점 첫째	둘째	셋째	넷째
숫자	1	2	3	4	5	6	7	8
자릿수	-4	-3	-2	-1	0	1	2	3

1 십 원 자릿수에서 백원 단위로 반올림

01 F3 셀에 ROUND 함수를 입력한 후 괄호 안에 수식을 =ROUND(E3,-2) 작성하고 Enter 키를 누릅니다.

F3 셀에 입력된 수식은 E3 셀의 값을 십원 자릿수에서 반올림해 줍니다.

02 결괏값을 확인한 후 아래 방향으로 드래그해 자동 채우기를 합니다.

2 백원 자릿수에서 천 원단위로 반올림

01 G3 셀에 ROUND 함수를 입력한 후 괄호 안에 수식을 **=ROUND(F3,-3)** 작성하고 Enter 키를 누릅니다.

	대리점	제품명	수량	단가	매출	백원 자리에서 반올림
	홍대	볶음밥	11	44,520	489,720	=ROUND(F3,-3)
	잠실	만두	74	95,480	7,065,520	
	의정부	핫도그	48	77,050	3,698,400	
	종각	치킨	56	78,540	4,398,240	
	대학로	떡갈비	53	3,220	170,660	
	잠실	새우튀김	30	96,535	2,896,050	
	의정부	어묵	27	3,210	86,670	
	종각	동그랑땡	15	53,250	798,750	

입력 후 Enter

02 결괏값을 확인한 후 아래 방향으로 드래그해 자동 채우기를 합니다.

	대리점	제품명	수량	단가	매출	백원 자리에서 반올림
	홍대	볶음밥	11	44,520	489,720	490,000
	잠실	만두	74	95,480	7,065,520	
	의정부	핫도그	48	77,050	3,698,400	
	종각	치킨	56	78,540	4,398,240	
	대학로	떡갈비	53	3,220	170,660	
	잠실	새우튀김	30	96,535	2,896,050	
	의정부	어묵	27	3,210	86,670	
	종각	동그랑땡	15	53,250	798,750	

드래그

3. 할인율과 증감률 구하기

일정 기간 프로모션이나 세일 등의 이벤트를 진행해 제품을 판매할 경우 적정 할인율을 초과한다면 회사에 막대한 손해로 이어져 처음 기획했던 TAG가 대비 실제 판매가에 대한 할인율을 꼭 출력해 봐야 합니다. 또한, 회사에서 매출 실적 추이를 분석할 때 전년, 전월, 전주 대비의 동기간 실적 증감 및 증감률에 대한 수치도 출력해야 합니다. 다음 실적 자료를 바탕으로 할인율과 증감률을 출력해 보겠습니다.

아이템	당해 연도 실적			직전 연도 실적			전년비 증감	
	TAG 금액	실매출	할인율	TAG 금액	실매출	할인율	실매출	증감률
총합계	6,911,915,000	6,303,897,727		5,316,117,000	4,722,006,766		1,581,890,961	
TV	3,043,269,000	2,753,241,306		3,032,156,000	2,643,388,000		109,853,306	
에어컨	32,714,000	29,803,400		28,394,000	22,953,400		6,850,000	
노트북	1,413,222,000	1,296,802,271		523,087,000	473,184,802		823,617,469	
세탁기	52,055,000	47,840,900		73,968,000	63,786,860		15,945,960	
냉장고	517,640,000	495,293,559		398,977,000	378,090,339		117,203,220	
전자레인지	1,853,015,000	1,680,916,291		1,259,535,000	1,140,603,365		540,312,926	

▮ 할인율 구하기

할인율을 구하는 수식은 다음과 같습니다.

`=1-할인가/정상가`

작성 방법을 확인했다면 다음 자료의 할인율을 출력해 보겠습니다.

01 당해년 실적 할인율 E4 셀에 수식을 **=1-D4/C4** 입력하고 Enter 키를 누릅니다.

	A	B	C	D	E	F	G	H
				당해 연도 실적			**직전 연도 실적**	
3		아이템	TAG 금액	실매출	할인율	TAG 금액	실매출	할인율
4		총합계	6,911,915,000	6,303,897,727	=1-D4/C4	[입력 후 Enter]	22,006,766	
5		TV	3,043,269,000	2,753,241,306		3,032,156,000	2,643,388,000	
6		에어컨	32,714,000	29,803,400		28,394,000	22,953,400	
7		노트북	1,413,222,000	1,296,802,271		523,087,000	473,184,802	

(C4 수식 입력줄: `=1-D4/C4`)

02 E4 셀의 결괏값을 확인한 후 [홈] 탭-[표시 형식]-[백분율(%)]을 적용합니다.

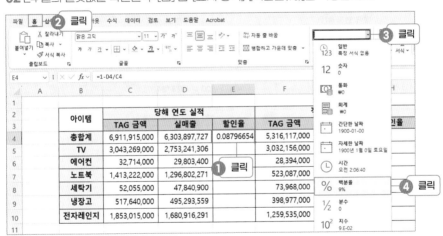

03 아래 방향으로 드래그해 자동 채우기를 합니다.

	A	B	C	D	E	F	G
				당해 연도 실적			**직전 연도 실적**
3		아이템	TAG 금액	실매출	할인율	TAG 금액	실매출
4		총합계	6,911,915,000	6,303,897,727	9%	53,161,177,000	4,722,006,766
5		TV	3,043,269,000	2,753,241,306	[드래그]	3,032,156,000	2,643,388,000
6		에어컨	32,714,000	29,803,400		28,394,000	22,953,400
7		노트북	1,413,222,000	1,296,802,271		523,087,000	473,184,802
8		세탁기	52,055,000	47,840,900		73,968,000	63,786,860
9		냉장고	517,640,000	495,293,559		398,977,000	378,090,339
10		전자레인지	1,853,015,000	1,680,916,291	↓	1,259,535,000	1,140,603,365

이번에는 직전 연도 실적 할인율을 알아보겠습니다.

01 직전 연도 실적 할인율 H4 셀에 수식을 **=1-G4/F4** 입력하고 Enter 키를 누릅니다.

F4		fx	=1-G4/F4					
	A	B	C	D	E	F	G	H
1								
2		아이템	당해 연도 실적			직전 연도 실적		
3			TAG 금액	실매출	할인율	TAG 금액	실매출	할인율
4		총합계	6,911,915,000	6,303,897,727	9%	5,316,117,000	4,722,006,766	=1-G4/F4
5		TV	3,043,269,000	2,753,241,306	10%	3,032,156,000	2,643,388,000	
6		에어컨	32,714,000	29,803,400	9%	28,394,000	22,953,400	클릭
7		노트북	1,413,222,000	1,296,802,271	8%	523,087,000	473,184,802	

02 H4 셀의 결괏값을 확인한 후 [홈] 탭-[표시 형식]-[백분율(%)]을 적용합니다.

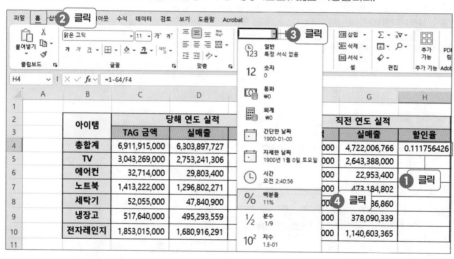

03 아래 방향으로 드래그해 자동 채우기를 합니다.

	A	B	C	D	E	F	G	H
1								
2		아이템	당해 연도 실적			직전 연도 실적		
3			TAG 금액	실매출	할인율	TAG 금액	실매출	할인율
4		총합계	6,911,915,000	6,303,897,727	9%	5,316,117,000	4,722,006,766	11%
5		TV	3,043,269,000	2,753,241,306	10%	3,032,156,000	2,643,388,000	드래그
6		에어컨	32,714,000	29,803,400	9%	28,394,000	22,953,400	
7		노트북	1,413,222,000	1,296,802,271	8%	523,087,000	473,184,802	
8		세탁기	52,055,000	47,840,900	8%	73,968,000	63,786,860	
9		냉장고	517,640,000	495,293,559	4%	398,977,000	378,090,339	
10		전자레인지	1,853,015,000	1,680,916,291	9%	1,259,535,000	1,140,603,365	
11								

2 증감률 구하기

증감률의 수식 작성 방법은 다음과 같습니다.

=현재 실적/비교할 실적-1

작성 방법을 확인했다면 다음 자료의 증감률을 출력해 보겠습니다.

01 전년비 증감률 J4 셀에 E4 셀에 수식을 =D4/G4-1 입력하고 Enter 키를 누릅니다.

아이템	당해 연도 실적			직전 연도 실적			전년비 증감	
	TAG 금액	실매출	할인율	TAG 금액	실매출	할인율	실매출	증감률
총합계	6,911,915,000	6,303,897,727	9%	5,316,117,000	4,722,006,766	11%	1,581,890,961	=D4/G4-1
TV	3,043,269,000	2,753,241,306	10%	3,032,156,000	2,643,388,000	13%	109,853,306	
에어컨	32,714,000	29,803,400	9%	28,394,000	22,953,400	19%	6,850,00	입력 후 Enter
노트북	1,413,222,000	1,296,802,271	8%	523,087,000	473,184,802	10%	823,617,469	

02 J4 셀의 결괏값을 확인한 후 [홈] 탭-[표시 형식]-[백분율(%)] 셀 서식을 적용합니다.

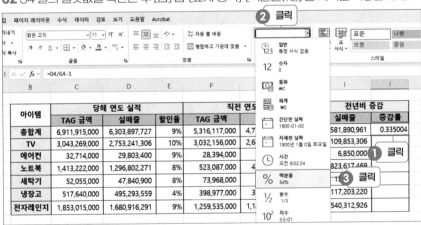

03 아래 방향으로 드래그해 자동 채우기를 합니다.

아이템	당해 연도 실적			직전 연도 실적			전년비 증감		드래그
	TAG 금액	실매출	할인율	TAG 금액	실매출	할인율	실매출	증감률	
총합계	6,911,915,000	6,303,897,727	9%	5,316,117,000	4,722,006,766	11%	1,581,890,961	34%	
TV	3,043,269,000	2,753,241,306	10%	3,032,156,000	2,643,388,000	13%	109,853,306	4%	
에어컨	32,714,000	29,803,400	9%	28,394,000	22,953,400	19%	6,850,000	30%	
노트북	1,413,222,000	1,296,802,271	8%	523,087,000	473,184,802	10%	823,617,469	174%	
세탁기	52,055,000	47,840,900	8%	73,968,000	63,786,860	14%	15,945,960	-25%	
냉장고	517,640,000	495,293,559	4%	398,977,000	378,090,339	5%	117,203,220	31%	
전자레인지	1,853,015,000	1,680,916,291	9%	1,259,535,000	1,140,603,365	9%	540,312,926	47%	

할인율과 증감률에 대한 수식은 매출 및 실적 자료 집계가 중요한 유통, 제조업 분야에서 활발히 사용하는 수식으로 관련 업계 종사자라면 반드시 암기하고 복습해야 합니다.

Chapter 2
퇴근 시간을 앞당기는
실무 생존 함수

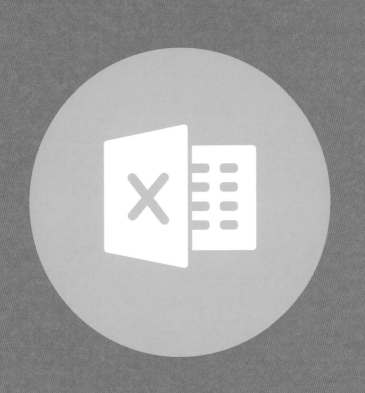

원하는 특정 정보 출력하기 - VLOOKUP 함수

실무에서 사용 빈도가 가장 높은 VLOOKUP 함수는 RAW DATA에서 원하는 특정 정보를 출력해 주는 함수입니다. 이번 섹션에서는 VLOOKUP 함수에 대해 자세히 알아보겠습니다.

📖 실습 예제: Part2_ch02_2-1.xlsx

2024년 11월 01일 오후

점심시간이 다 끝나갈 무렵 정 과장님께서 급히 오시더니 무언가 확인해 달라며 나를 다급하게 불렀다.😊

"하 사원! 10분 후에 리오더 관련 미팅이 잡혔는데 내가 대상 스타일 10개 알려줄 테니까 스타일 별로 아이템,

성별, TAG가, 할인가 정보 기재해서 나한테 보내줘 바로 가능하지?😅"

나는 무슨 자신감이었는지 태연하게 대답했다.

"넵! 가능합니다"

정 과장님에게 공유 받은 스타일 특정 정보를 급하게 기재하는데 사무실로 복귀한 박 대리님이 내 뒤를 지나치며

한숨을 쉬었다.

"하 사원, 지금 RAW DATA에서 하나씩 확인하며 막노동 중인 거야?😮"

"아… 괜히 이것저것 건드렸다가 망칠 거 같아서요. 더 쉬운 방법이 있을까요?"

나는 박 대리님의 말에 주눅이 들었다.

"VLOOKUP 함수를 사용해!😮, VLOOKUP! 함수를 사용하면 스타일의 특정 정보만 가져오니까 쉽게 끝나 이러다

늦으면 과장님에게 더 혼나! 내가 알려 줄게, VLOOKUP 함수는 앞으로 자주 사용하게 될 함수이니 꼭 기억해"

✿ VLOOKUP 함수 실무 사용편

1. VLOOKUP 함수란?

VLOOKUP 함수는 RAW DATA에서 필요한 특정 정보를 빠르게 출력해야 할 때 사용합니다. 작성 방법은 다음과 같습니다.

=VLOOKUP(대상, 범위, 열 번호, -1(TRUE) 또는 0(FALSE))

맨 처음 조회를 원하는 대상을 입력합니다. 예를 들어 패딩 재킷의 데이터를 찾고 싶다면 패딩 재킷이 있는 셀을 가리킵니다. 이어서 전체 데이터에서 찾을 범위를 지정하고 다음 열 번호를 입력합니다(첫 번째 열을 기준으로 대상 열의 번호를 작성합니다). 마지막 정확도를 입력합니다(TRUE(−1)는 근사치를 찾고 FALSE(0)는 완벽히 일치하는 값을 찾습니다). 실무에서 자주 사용되는 만큼 데이터를 효율적으로 정리하고 싶다면 반드시 알아야 하는 함수입니다. 작성 방법을 확인했다면 다음 자료의 스타일 코드 별로 성별 정보를 출력해 보겠습니다.

	A	B	C	D	E	F	G	H	I	J	K
1											
2		스타일코드	아이템	시즌	성별	원가	TAG가	할인가		스타일코드	성별
3		9301FJ290	트레이닝	가을	남성	19,800	109,000	87,200		9301FJ291	
4		9301FJ291	트레이닝	가을	여성	19,100	109,000	87,200		9301JP111	
5		9301JP110	패딩 재킷	겨울	남성	38,700	189,000	179,550		9301PT309	
6		9301JP111	패딩 재킷	겨울	남성	38,700	189,000	179,550		9301TP291	
7		9301JP166	패딩 재킷	겨울	여성	40,100	189,000	179,550		9301TR291	
8		9301JS242	방풍 재킷	가을	남성	41,100	189,000	170,100		9301TZ110	
9		9301JS264	방풍 재킷	여름	여성	27,000	159,000	143,100		9301JS242	
10		9301JS266	방풍 재킷	겨울	여성	28,600	159,000	143,100			
11		9301JS298	방풍 재킷	여름	여성	30,300	139,000	125,100			
12		9301PT110	롱팬츠	봄	남성	23,200	139,000	118,150			
13		9301PT309	롱팬츠	여름	남성	22,700	109,000	92,650			
14		9301PT308	롱팬츠	여름	남성	22,700	109,000	92,650			
15		9301PT294	롱팬츠	가을	여성	32,100	139,000	118,150			
16		9301PT299	롱팬츠	겨울	여성	18,800	109,000	92,650			
17		9301TP110	폴로	봄	남성	12,700	79,000	71,100			
18		9301TP209	폴로	여름	남성	17,400	89,000	80,100			
19		9301TP210	폴로	여름	남성	17,400	89,000	80,100			
20		9301TP291	폴로	가을	여성	19,300	89,000	80,100			
21		9301TR113	라운드	봄	남성	21,100	89,000	84,550			
22		9301TR114	라운드	봄	남성	21,100	89,000	84,550			
23		9301TR206	라운드	여름	남성	12,300	49,000	46,550			

 **TIP RAW DATA**

RAW DATA란 회사 전산 시스템에서 각종 정보 및 실적을 조회하여 엑셀로 가져온 데이터를 말합니다.

1 원하는 특정 정보 출력

01 스타일 코드별 성별 특정 정보를 출력하기 위해 K3 셀에 VLOOKUP 함수를 입력한 후 괄호 안에 수식을 **=VLOOKUP(J3,B:H,4,0)** 작성하고 [Enter] 키를 누릅니다.

	A	B	C	D	E	F	G	H	I	J	K
K3		=VLOOKUP(J3,B:H,4,0)									
1											
2		스타일코드	아이템	시즌	성별	원가	TAG가	할인가		스타일코드	성별
3		9301FJ290	트레이닝	가을	남성	19,800	109,000	87,200		9301FJ291	=VLOOKUP(J3,B:H,4,0)
4		9301FJ291	트레이닝	가을	여성	19,100	109,000	87,200		9301JP111	
5		9301JP110	패딩 재킷	겨울	남성	38,700	189,000	179,550		9301PT309	입력 후 [Enter]
6		9301JP111	패딩 재킷	겨울	남성	38,700	189,000	179,550		9301TP291	
7		9301JP166	패딩 재킷	겨울	여성	40,100	189,000	179,550		9301TR291	
8		9301JS242	방풍 재킷	가을	남성	41,100	189,000	170,100		9301TZ110	
9		9301JS264	방풍 재킷	여름	여성	27,000	159,000	143,100		9301JS242	
10		9301JS266	방풍 재킷	겨울	여성	28,600	159,000	143,100			
11		9301JS298	방풍 재킷	여름	여성	30,300	139,000	125,100			
12		9301PT110	롱팬츠	봄	남성	23,200	139,000	118,150			
13		9301PT309	롱팬츠	여름	남성	22,700	109,000	92,650			
14		9301PT308	롱팬츠	여름	남성	22,700	109,000	92,650			
15		9301PT294	롱팬츠	가을	여성	32,100	139,000	118,150			

02 RAW DATA에서 J4 셀의 스타일 코드와 일치하는 성별 정보가 맞게 출력됐는지 확인합니다.

	A	B	C	D	E	F	G	H	I	J	K
1											
2		스타일코드	아이템	시즌	성별	원가	TAG가	할인가		스타일코드	성별
3		9301FJ290	트레이닝	가을	남성	19,800	109,000	87,200		9301FJ291	여성
4		9301FJ291	트레이닝	가을	여성	19,100	109,000	87,200		9301JP111	
5		9301JP110	패딩 재킷	겨울	남성	38,700	189,000	179,550		9301PT309	
6		9301JP111	패딩 재킷	겨울	남성	38,700	189,000	179,550		9301TP291	
7		9301JP166	패딩 재킷	겨울	여성	40,100	189,000	179,550		9301TR291	
8		9301JS242	방풍 재킷	가을	남성	41,100	189,000	170,100		9301TZ110	
9		9301JS264	방풍 재킷	여름	여성	27,000	159,000	143,100		9301JS242	
10		9301JS266	방풍 재킷	겨울	여성	28,600	159,000	143,100			
11		9301JS298	방풍 재킷	여름	여성	30,300	139,000	125,100			
12		9301PT110	롱팬츠	봄	남성	23,200	139,000	118,150			
13		9301PT309	롱팬츠	여름	남성	22,700	109,000	92,650			
14		9301PT308	롱팬츠	여름	남성	22,700	109,000	92,650			
15		9301PT294	롱팬츠	가을	여성	32,100	139,000	118,150			

TIP 열 범위로 RAW DATA 전체를 선택한 이유

VLOOKUP 함수의 수식에서 RAW DATA 범위를 참조할 때 열 범위 전체를 선택했습니다. 왜 그랬을까요? 그 이유는 계속해서 RAW DATA가 추가 입력되는 걸 대비해 설정한 것인데 열 범위 전체를 참조하면 추후 별도의 수식을 수정할 거 없이 추가 입력된 데이터가 자동으로 자료에 반영되어 빠르게 작업할 수 있습니다.

	A	B	C	D	E	F	G	H
1								
2								
3		스타일코드	아이템	시즌	성별	원가	TAG가	할인가
4		9301FJ290	트레이닝	가을	남성	19,800	109,000	87,200
5		9301FJ291	트레이닝	가을	여성	19,100	109,000	87,200
6		9301JP110	패딩 자켓	겨울	남성	38,700	189,000	179,550
7		9301JP111	패딩 자켓	겨울	남성	38,700	189,000	179,550
8		9301JP166	패딩 자켓	겨울	여성	40,100	189,000	179,550
9		9301JS242	방풍 자켓	가을	남성	41,100	189,000	170,100
10		9301JS264	방풍 자켓	여름	여성	27,000	159,000	143,100
11		9301JS266	방풍 자켓	겨울	여성	28,600	159,000	143,100
12		9301JS298	방풍 자켓	여름	여성	30,300	139,000	125,100
13		9301PT110	롱팬츠	봄	남성	23,200	139,000	118,150
14		9301PT309	롱팬츠	여름	남성	22,700	109,000	92,650
15		9301PT308	롱팬츠	여름	남성	22,700	109,000	92,650
16		9301PT294	롱팬츠	가을	여성	32,100	139,000	118,150
17		9301PT299	롱팬츠	겨울	여성	18,800	109,000	92,650
18		9301TP110	폴로	봄	남성	12,700	79,000	71,100
19		9301TP209	폴로	여름	남성	17,400	89,000	80,100
20		9301TP210	폴로	여름	남성	17,400	89,000	80,100
21		9301TP291	폴로	가을	여성	19,300	89,000	80,100
22		9301TR113	라운드	봄	남성	21,100	89,000	84,550
23		9301TR114	라운드	봄	남성	21,100	89,000	84,550
24		9301TR206	라운드	여름	남성	12,300	49,000	46,550
25		9301TR291	라운드	가을	여성	6,900	42,000	39,900

2 혼합참조를 활용한 여러 특정 정보 출력

VLOOKUP 함수를 이용해 한 개 이상의 여러 가지 특정 정보를 출력할 때 열 기준으로 자동 채우기를 한다면 열 범위는 항상 고정되어 있어야 합니다. 이 점을 참고하여 다음 RAW DATA에서 카테고리별 특정 정보를 출력해 보겠습니다.

01 아이템 정보를 출력하기 위해 K3 셀에 VLOOKUP 함수를 입력한 후 전체 범위를 고정하기 위해 절대참조를 이용하여 수식을 =VLOOKUP(J3,$B:$H,2,0) 작성하고 Enter 키를 누릅니다.

VLOOKUP 함수 수식을 작성한 후 우측으로 자동 채우기를 할 때 대상 범위는 항상 고정되어 있어야 하므로 해당 열 범위 전체를 절대참조 합니다.

02 결괏값을 확인한 후 우측으로 드래그해 자동 채우기를 합니다.

K3 ＝VLOOKUP(J3,$B:$H,2,0)

	스타일코드	아이템	시즌	성별	원가	TAG가	할인가		스타일코드	아이템	성별	TAG가	할인가
	9301FJ290	트레이닝	가을	남성	19,800	109,000	87,200		9301FJ291	트레이닝			
	9301FJ291	트레이닝	가을	여성	19,100	109,000	87,200		9301JP111				
	9301JP110	패딩 재킷	겨울	남성	38,700	189,000	179,550		9301PT309				
	9301JP111	패딩 재킷	겨울	남성	38,700	189,000	179,550		9301TP291		드래그		
	9301JP166	패딩 재킷	겨울	여성	40,100	189,000	179,550		9301TR291				
	9301JS242	방풍 재킷	가을	여성	41,100	189,000	170,100		9301TZ110				
	9301JS264	방풍 재킷	여름	여성	27,000	159,000	143,100		9301JS242				
	9301JS266	방풍 재킷	겨울	여성	28,600	159,000	143,100						

03 그런데 아이템 카테고리를 제외한 나머지 카테고리에 오류 값이 반환되었습니다. 수식을 살펴보니 열 방향으로 자동 채우기를 하며 대상이 변경되었습니다. 열 고정으로 해결해 보겠습니다.

fx ＝VLOOKUP(K3,$B:$H,2,0)

스타일코드	아이템	시즌	성별	원가	TAG가	할인가		스타일코드	아이템	성별	TAG가	할인가
9301FJ290	트레이닝	가을	남성	19,800	109,000	87,200		9301FJ291	트레이닝⚠	#N/A	#N/A	#N/A
9301FJ291	트레이닝	가을	여성	19,100	109,000	87,200		9301JP111				
9301JP110	패딩 재킷	겨울	남성	38,700	189,000	179,550		9301PT309				
9301JP111	패딩 재킷	겨울	남성	38,700	189,000	179,550		9301TP291				
9301JP166	패딩 재킷	겨울	여성	40,100	189,000	179,550		9301TR291				
9301JS242	방풍 재킷	가을	여성	41,100	189,000	170,100		9301TZ110				
9301JS264	방풍 재킷	여름	여성	27,000	159,000	143,100		9301JS242				
9301JS266	방풍 재킷	겨울	여성	28,600	159,000	143,100						

04 VLOOKUP 함수 수식을 **=VLOOKUP($J3,$B:$H,2,0)** 열 고정으로 수정한 후 [Enter] 키를 누릅니다.

스타일코드	아이템	성별	TAG가	할인가
9301FJ291	=VLOOKUP($J3,$B:$H,2,0)	트레이닝	트레이닝	트레이닝
9301JP111				
9301PT309				
9301TP291				
9301TR291				
9301TZ110				
9301JS242				

수식을 우측으로 드래그해 자동 채우기를 진행한다면 스타일 코드의 J3 셀은 움직이면 안 됩니다. 항상 J 열에 고정되어야 알맞은 값을 출력할 수 있으므로 [F4] 키를 세 번 눌러 $J3로 열 고정합니다. 행은 아래 방향으로 자동 채우기 시 따라 움직여야 하기 때문에 별도로 행 고정 하지 않습니다.

05 성별의 L3 셀에 VLOOKUP 함수 세 번째 인수를 RAW DATA의 성별 순서에 맞게 수정합니다(성별 정보가 RAW DATA에서 네 번째 순서이기에 열 번호는 기존의 2에서 4로 수정합니다).

06 TAG가의 M3 셀에 VLOOKUP 함수 세 번째 인수도 RAW DATA의 TAG가 순서에 맞게 수정합니다.

	A	B	C	D	E	F	G	H	I	J	K	L	M	N
2		스타일코드	아이템	시즌	성별	원가	TAG가	할인가		스타일코드	아이템	성별	TAG가	할인가
3		9301FJ290	트레이닝	가을	남성	19,800	109,000	87,200		9301FJ291	트레이닝	여성	=VLOOKUP($J3,$B:$H,6,0)	트레이닝
4		9301FJ291	트레이닝	가을	여성	19,100	109,000	87,200		9301JP111				
5		9301JP110	패딩 재킷	겨울	남성	38,700	189,000	179,550		9301PT309			수정 후 [Enter]	
6		9301JP111	패딩 재킷	겨울	남성	38,700	189,000	179,550		9301TP291				
7		9301JP166	패딩 재킷	겨울	여성	40,100	189,000	179,550		9301TR291				
8		9301JS242	방풍 재킷	가을	여성	41,100	189,000	170,100		9301TZ110				
9		9301JS264	방풍 재킷	여름	여성	27,000	159,000	143,100		9301JS242				
10		9301JS266	방풍 재킷	겨울	여성	28,600	159,000	143,100						

07 N3 셀까지 수식 수정이 모두 완료되면 결괏값을 확인한 후 아래 방향으로 자동 채우기를 합니다.

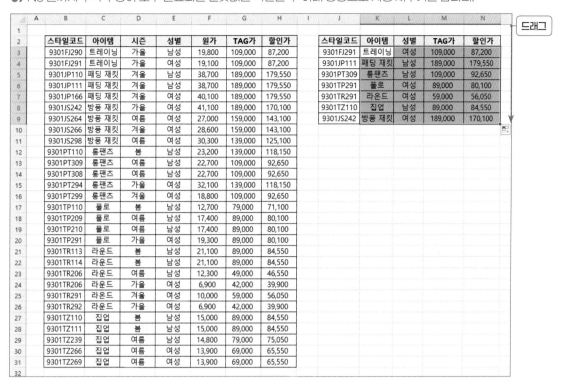

	스타일코드	아이템	시즌	성별	원가	TAG가	할인가		스타일코드	아이템	성별	TAG가	할인가
3	9301FJ290	트레이닝	가을	남성	19,800	109,000	87,200		9301FJ291	트레이닝	여성	109,000	87,200
4	9301FJ291	트레이닝	가을	여성	19,100	109,000	87,200		9301JP111	패딩 재킷	남성	189,000	179,550
5	9301JP110	패딩 재킷	겨울	남성	38,700	189,000	179,550		9301PT309	롱팬츠	남성	109,000	92,650
6	9301JP111	패딩 재킷	겨울	남성	38,700	189,000	179,550		9301TP291	폴로	여성	89,000	80,100
7	9301JP166	패딩 재킷	겨울	여성	40,100	189,000	179,550		9301TR291	라운드	여성	59,000	56,050
8	9301JS242	방풍 재킷	가을	여성	41,100	189,000	170,100		9301TZ110	집업	남성	89,000	84,550
9	9301JS264	방풍 재킷	여름	여성	27,000	159,000	143,100		9301JS242	방풍 재킷	여성	189,000	170,100
10	9301JS266	방풍 재킷	겨울	여성	28,600	159,000	143,100						
11	9301JS298	방풍 재킷	여름	여성	30,300	139,000	125,100						
12	9301PT110	롱팬츠	봄	남성	23,200	139,000	118,150						
13	9301PT309	롱팬츠	여름	남성	22,700	109,000	92,650						
14	9301PT308	롱팬츠	여름	남성	22,700	109,000	92,650						
15	9301PT294	롱팬츠	가을	여성	32,100	139,000	118,150						
16	9301PT299	롱팬츠	겨울	남성	18,800	109,000	92,650						
17	9301TP110	폴로	봄	남성	12,700	79,000	71,100						
18	9301TP209	폴로	여름	남성	17,400	89,000	80,100						
19	9301TP210	폴로	여름	남성	17,400	89,000	80,100						
20	9301TP291	폴로	가을	여성	19,300	89,000	80,100						
21	9301TR113	라운드	봄	남성	21,100	89,000	84,550						
22	9301TR114	라운드	봄	남성	21,100	89,000	84,550						
23	9301TR206	라운드	여름	남성	12,300	49,000	46,550						
24	9301TR206	라운드	가을	여성	6,900	42,000	39,900						
25	9301TR291	라운드	겨울	여성	10,000	59,000	56,050						
26	9301TR292	라운드	가을	여성	6,900	42,000	39,900						
27	9301TZ110	집업	봄	남성	15,000	89,000	84,550						
28	9301TZ111	집업	봄	남성	15,000	89,000	84,550						
29	9301TZ239	집업	여름	남성	14,800	79,000	75,050						
30	9301TZ266	집업	여름	여성	13,900	69,000	65,550						
31	9301TZ269	집업	여름	여성	13,900	69,000	65,550						

드래그

 실무 팁   RAW DATA 상단에 열 번호 표시

필자는 VLOOKUP 함수를 실무에서 사용할 때 항상 RAW DATA 상단에 열 번호를 미리 작성해 놓습니다. 이유는 VLOOKUP 함수에 혼합참조를 사용해야 하는 경우 편집 순서를 즉각적으로 확인할 수 있어 쉽고 빠른 수정이 가능하기 때문입니다.

		1	2	3	4	5	6	7		
3		스타일코드	아이템	시즌	성별	원가	TAG가	할인가		스타일코드
4		9301FJ290	트레이닝	가을	남성	19,800	109,000	87,200		9301FJ291
5		9301FJ291	트레이닝	가을	여성	19,100	109,000	87,200		9301JP111
6		9301JP110	패딩 재킷	겨울	남성	38,700	189,000	179,550		9301PT309
7		9301JP111	패딩 재킷	겨울	남성	38,700	189,000	179,550		9301TP291
8		9301JP166	패딩 재킷	겨울	여성	40,100	189,000	179,550		9301TR291
9		9301JS242	방풍 재킷	가을	여성	41,100	189,000	170,100		9301TZ110
10		9301JS264	방풍 재킷	여름	여성	27,000	159,000	143,100		9301JS242

2. VLOOKUP 함수 실무 활용

이번에는 VLOOKUP 함수의 실무 활용 방법을 학습하고 VLOOKUP 함수 사용 시 발생한 오류 해결 방법에는 무엇이 있는지 알아보겠습니다.

▌1 참조 열 번호 작성

01 K2 셀에 RAW DATA의 C2 셀과 똑같이 표현해 달라는 의미로 기본 수식을 =C2 입력하고 Enter 키를 누릅니다.

	A	B	C	D	E	F	G	H	I	J	K	L	M	N
1														
2		1	2	3	4	5	6	7			=C2			
3		스타일코드	아이템	시즌	성별	원가	TAG가	할인가		스타일코드	아이템	성별	TAG가	할인가
4		9301FJ290	트레이닝	가을	남성	19,800	109,000	87,200		9301FJ291				
5		9301FJ291	트레이닝	가을	여성	19,100	109,000	87,200		9301JP111				
6		9301JP110	패딩 재킷	겨울	남성	38,700	189,000	179,550		9301PT309				
7		9301JP111	패딩 재킷	겨울	남성	38,700	189,000	179,550		9301TP291				
8		9301JP166	패딩 재킷	겨울	여성	40,100	189,000	179,550		9301TR291				
9		9301JS242	방풍 재킷	가을	여성	41,100	189,000	170,100		9301TZ110				
10		9301JS264	방풍 재킷	여름	여성	27,000	159,000	143,100		9301JS242				
11		9301JS266	방풍 재킷	겨울	여성	28,600	159,000	143,100		9301JP110				
12		9301JS298	방풍 재킷	여름	여성	30,300	139,000	125,100		9301TP209				
13		9301PT110	롱팬츠	봄	남성	23,200	139,000	118,150		9301TP291				
14		9301PT309	롱팬츠	여름	남성	22,700	109,000	92,650		9301TZ266				
15		9301PT308	롱팬츠	여름	남성	22,700	109,000	92,650						

입력 후 Enter

02 나머지 L, M, N 셀에도 RAW DATA의 열 번호를 참조하는 수식을 입력하고 Enter 키를 누릅니다.

	A	B	C	D	E	F	G	H	I	J	K	L	M	N
1														
2		1	2	3	4	5	6	7			2	4	6	7
3		스타일코드	아이템	시즌	성별	원가	TAG가	할인가		스타일코드	아이템	성별	TAG가	할인가
4		9301FJ290	트레이닝	가을	남성	19,800	109,000	87,200		9301FJ291				
5		9301FJ291	트레이닝	가을	여성	19,100	109,000	87,200		9301JP111				
6		9301JP110	패딩 재킷	겨울	남성	38,700	189,000	179,550		9301PT309				
7		9301JP111	패딩 재킷	겨울	남성	38,700	189,000	179,550		9301TP291				
8		9301JP166	패딩 재킷	겨울	여성	40,100	189,000	179,550		9301TR291				
9		9301JS242	방풍 재킷	가을	여성	41,100	189,000	170,100		9301TZ110				
10		9301JS264	방풍 재킷	여름	여성	27,000	159,000	143,100		9301JS242				
11		9301JS266	방풍 재킷	겨울	여성	28,600	159,000	143,100		9301JP110				
12		9301JS298	방풍 재킷	여름	여성	30,300	139,000	125,100		9301TP209				
13		9301PT110	롱팬츠	봄	남성	23,200	139,000	118,150		9301TP291				
14		9301PT309	롱팬츠	여름	남성	22,700	109,000	92,650		9301TZ266				
15		9301PT308	롱팬츠	여름	남성	22,700	109,000	92,650						

N2 =H2

입력 후 Enter

03 K4 셀에 VLOOKUP 함수를 입력한 후 수식의 세 번째 인수는 RAW DATA 기준 열 번호가 아닌 K2 셀을 추가해 수식을 =VLOOKUP($J4,$B:H,K2,0) 작성하고 Enter 키를 누릅니다.

SUM =VLOOKUP($J4,$B:H,K2,0)

	A	B	C	D	E	F	G	H	I	J	K	L
1												
2		1	2	3	4	5	6	7			2	4
3		스타일코드	아이템	시즌	성별	원가	TAG가	할인가		스타일코드	아이템	성별
4		9301FJ290	트레이닝	가을	남성	19,800	109,000	87,200		9301FJ291	=VLOOKUP($J4,$B:H,K2,0)	
5		9301FJ291	트레이닝	가을	여성	19,100	109,000	87,200		9301JP111		
6		9301JP110	패딩 재킷	겨울	남성	38,700	189,000	179,550		9301PT309		
7		9301JP111	패딩 재킷	겨울	남성	38,700	189,000	179,550		9301TP291		
8		9301JP166	패딩 재킷	겨울	여성	40,100	189,000	179,550		9301TR291		
9		9301JS242	방풍 재킷	가을	여성	41,100	189,000	170,100		9301TZ110		
10		9301JS264	방풍 재킷	여름	여성	27,000	159,000	143,100		9301JS242		

입력 후 Enter

04 VLOOKUP 함수의 세 번째 인수에 열 번호가 아닌 K2 셀을 입력해도 결괏값이 잘 출력된 것을 확인할 수 있습니다. 이어서 우측으로 드래그해 자동 채우기를 합니다.

K2 셀의 경우 우측으로 자동 채우기 시 열은 위치에 따라 움직이는게 맞지만 행은 고정되어야 오류 값을 반환하지 않기 때문에 행 고정을 했습니다.

05 다음 아래 방향으로 드래그해 자동 채우기를 합니다.

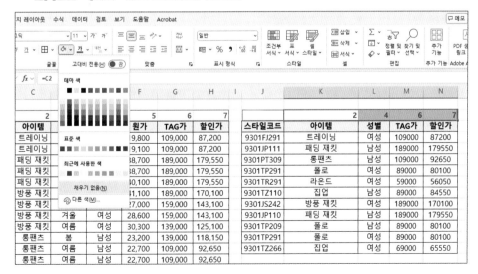

06 결괏값을 확인한 후 RAW DATA 상단의 열 번호는 데이터 공유 시 팀원에게 혼란을 줄 수도 있어 [홈] 탭-[글꼴]-[글꼴 색]에서 색상을 변경해 숨겨줍니다.

실무에서 VLOOKUP 함수 사용 시 셀에 다음과 같은 오류 값이 반환되었다면 어떻게 해결해야 할까요?

	AC	AD	AE	AF	AG	AH	AI	AJ	AK	AL	AM	AN	AO	AP
1														
2			1	2	3	4	5	6	7			2	4	6	7
3		스타일코드	아이템	시즌	성별	원가	TAG가	할인가		스타일코드	아이템	성별	원가	할인가
4		9301FJ290	트레이닝	가을	남성	19,800	109,000	87,200		9301FJ291	트레이닝	여성	19,100	87,200
5		9301FJ291	트레이닝	가을	여성	19,100	109,000	87,200		9301TR114	라운드	남성	21,100	84,550
6		9301JP110	패딩 자켓	겨울	남성	38,700	189,000	179,550		9301PT121	#N/A	#N/A	#N/A	#N/A
7		9301JP111	패딩 자켓	겨울	남성	38,700	189,000	179,550		9301TZ111	집업	15,000	84,550	
8		9301JP166	패딩 자켓	겨울	여성	40,100	189,000	179,550		9301JP110	패딩 자켓	남성	38,700	179,550
9		9301JS242	방풍 자켓	가을	여성	41,100	189,000	170,100		9301TP291	폴로	여성	19,300	80,100
10		9301JS264	방풍 자켓	여름	여성	27,000	159,000	143,100		9301TZ199	#N/A	#N/A	#N/A	#N/A
11		9301JS266	방풍 자켓	겨울	여성	28,600	159,000	143,100		9301JP159	#N/A	#N/A	#N/A	#N/A
12		9301JS298	방풍 자켓	여름	여성	30,300	139,000	125,100		9301TP291	폴로	여성	19,300	80,100
13		9301PT110	롱팬츠	봄	남성	23,200	139,000	118,150		9301TR113	라운드	남성	21,100	84,550
14		9301PT309	롱팬츠	여름	남성	22,700	109,000	92,650		9301JS192	#N/A	#N/A	#N/A	#N/A
15		9301PT308	롱팬츠	여름	남성	22,700	109,000	92,650		9301PT294	롱팬츠	여성	32,100	118,150
16		9301PT294	롱팬츠	가을	여성	32,100	139,000	118,150						
17		9301PT299	롱팬츠	겨울	여성	18,800	109,000	92,650						

자료의 셀을 살펴보니 AL4 셀의 값과 일치하는 정보가 RAW DATA에 존재하지 않아 오류 값이 반환되었습니다. 그럼 오류 값을 없애기 위해 Delete 키를 누르면 해결할 수 있을까요? 실무에서는 참 어려운 이야기입니다. 왜냐하면 RAW DATA는 계속해서 업데이트될 것이고 그 사이에 AL4 셀의 값과 일치하는 정보가 추가되면 셀의 수식을 Delete 키로 삭제했기 때문에 특정 정보가 반영되지 않아 영원히 빈 셀이 될 것입니다. 따라서 업데이트가 활발히 진행되는 RAW DATA 자료의 오류 값 반환은 VLOOKUP 함수와 함께 IFERROR 함수를 사용할 것을 권장합니다. IFERROR 함수는 수식의 결괏값이 오류 값으로 반환되면 지정한 값으로 반환 처리하는 함수입니다. IFERROR 함수의 작성 방법은 다음과 같습니다.

=IFERROR(수식, 수식 오류 시 반환할 값)

기존에 VLOOKUP 함수가 입력된 셀에 IFERROR 함수 수식을 추가하여 **=IFERROR(VLOOKUP($AL4,$AD:AJ, AM2,0),"")** 작성합니다(큰따옴표는 엑셀 함수에서 공란으로 처리하라는 의미입니다).

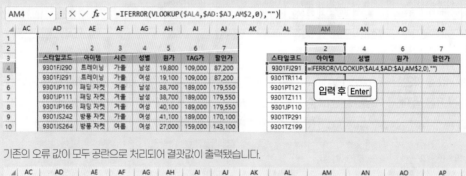

기존의 오류 값이 모두 공란으로 처리되어 결괏값이 출력됐습니다.

	AC	AD	AE	AF	AG	AH	AI	AJ	AK	AL	AM	AN	AO	AP
1														
2			1	2	3	4	5	6	7			2	4	6	7
3		스타일코드	아이템	시즌	성별	원가	TAG가	할인가		스타일코드	아이템	성별	원가	할인가
4		9301FJ290	트레이닝	가을	남성	19,800	109,000	87,200		9301FJ291	트레이닝	여성	109,000	87,200
5		9301FJ291	트레이닝	가을	여성	19,100	109,000	87,200		9301TR114	라운드	남성	89,000	84,550
6		9301JP110	패딩 자켓	겨울	남성	38,700	189,000	179,550		9301PT121				
7		9301JP111	패딩 자켓	겨울	남성	38,700	189,000	179,550		9301TZ111	집업	남성	89,000	84,550
8		9301JP166	패딩 자켓	겨울	여성	40,100	189,000	179,550		9301JP110	패딩 자켓	남성	189,000	179,550
9		9301JS242	방풍 자켓	가을	여성	41,100	189,000	170,100		9301TP291	폴로	여성	89,000	80,100
10		9301JS264	방풍 자켓	여름	여성	27,000	159,000	143,100		9301TZ199				
11		9301JS266	방풍 자켓	겨울	여성	28,600	159,000	143,100		9301JP159				
12		9301JS298	방풍 자켓	여름	여성	30,300	139,000	125,100		9301TP291	폴로	여성	89,000	80,100
13		9301PT110	롱팬츠	봄	남성	23,200	139,000	118,150		9301TR113	라운드	남성	89,000	84,550
14		9301PT309	롱팬츠	여름	남성	22,700	109,000	92,650		9301JS192				
15		9301PT308	롱팬츠	여름	남성	22,700	109,000	92,650		9301PT294	롱팬츠	여성	139,000	118,150
16		9301PT294	롱팬츠	가을	여성	32,100	139,000	118,150						

2 나만의 기준값 만들기

이번에는 VLOOKUP 함수를 사용해 사번만으로 RAW DATA에서 해당 직원의 이름, 부서명, 근무지의 특정 정보를 출력해 보겠습니다. 그런데 앞의 예제와 다르게 기준값이 사번이라 VLOOKUP 함수의 세 번째 인수에 이름열을 포함하여 열 번호를 '2'로 입력해야 하는지 아니면 무시하고 사번을 시작 지점으로 설정해 '1'을 입력해야 하는지 헷갈립니다. 마음 같아서는 AT 열을 통째로 삭제해 버리고 싶지만 데이터를 계속해서 업데이트할 예정이라 RAW DATA의 범위를 함부로 삭제하거나 이동해서는 안 됩니다. 이럴 때 나만의 기준값을 작성해 고민을 해결해 보겠습니다.

▲	AR	AS	AT	AU	AV	AW	AX	AY	AZ	BA	BB	BC	BD	BE
1														
2														
3				1	2	3	4							
4			이름	사번	부서명	직급	근무지		사번	이름	부서명	근무지		
5			이수정	333518	구매팀	사원	울산		333518	=VLOOKUP($AZ5,$AU:$AX,				
6			고유나	127220	마케팅팀	주임	대전		772721	VLOOKUP(검색할_값, 표_범위, 열_인덱스_번호, [범위_검색])				
7			강하나	731202	CS팀	사원	목포		111712					
8			이유정	742411	마케팅팀	사원	서울		737112					
9			박하정	204327	구매팀	과장	원주		177021					
10			민혜인	111712	기획팀	대리	고성		234111					
11			방재은	156847	구매팀	대리	경산		171011					
12			배은솔	103373	총무팀	사원	제주							
13			백주연	124023	영업팀	부장	인천							
14			성하나	413073	생산팀	과장	청주							
15			손채민	101107	영업팀	대리	대전							

01 AS5 셀에 기본 수식을 **=AU5** 입력하고 [Enter]키를 누릅니다(작성한 수식은 RAW DATA에 있는 AU 열의 사번과 똑같이 반영하라는 의미입니다). 결괏값을 확인한 후 아래 방향으로 드래그해 자동 채우기를 합니다.

앞으로 RAW DATA의 업데이트로 사번 정보가 추가되어도 AS 열에 자동 반영되기 때문에 함수 수식에도 문제없습니다.

02 나만의 기준값을 포함해 RAW DATA 상단의 열 번호를 다시 조정해 줍니다.

	AR	AS	AT	AU	AV	AW	AX	AY	AZ	BA	BB	BC
1												
2												
3			**1**	**2**	**3**	**4**	**5**	**6**				
4		나만의 기준값	**이름**	**사번**	**부서명**	**직급**	**근무지**		**사번**	**이름**	**부서명**	**근무지**
5		333518	이수정	333518	구매팀	사원	울산		333518			
6		127220	고유나	127220	마케팅팀	주임	대전		772721			
7		731202	강하나	731202	CS팀	사원	목포		111712			
8		742411	이유정	742411	마케팅팀	사원	서울		737112			
9		204327	박하정	204327	구매팀	과장	원주		177021			
10		111712	민혜인	111712	기획팀	대리	고성		234111			
11		156847	방재은	156847	구매팀	대리	경산		171011			
12		103373	배은솔	103373	총무팀	사원	제주					
13		124023	백주연	124023	영업팀	부장	인천					
14		413073	성하나	413073	생산팀	과장	청주					
15		101107	손채민	101107	영업팀	대리	대전					

03 BA5 셀에 VLOOKUP 함수를 입력한 후 괄호 안에 수식을 =VLOOKUP($AZ5,$AS:$AX,2,0) 작성하고
Enter 키를 누릅니다.

	AR	AS	AT	AU	AV	AW	AX	AY	AZ	BA	BB	BC
1												
2												
3			**1**	**2**	**3**	**4**	**5**	**6**				
4		나만의 기준값	**이름**	**사번**	**부서명**	**직급**	**근무지**		**사번**	**이름**	**부서명**	**근무지**
5		333518	이수정	333518	구매팀	사원	울산		333518	=VLOOKUP($AZ5,$AS:$AX,2,0)		
6		127220	고유나	127220	마케팅팀	주임	대전		772721			
7		731202	강하나	731202	CS팀	사원	목포		111712	입력 후 Enter		
8		742411	이유정	742411	마케팅팀	사원	서울		737112			
9		204327	박하정	204327	구매팀	과장	원주		177021			
10		111712	민혜인	111712	기획팀	대리	고성		234111			
11		156847	방재은	156847	구매팀	대리	경산		171011			
12		103373	배은솔	103373	총무팀	사원	제주					
13		124023	백주연	124023	영업팀	부장	인천					
14		413073	성하나	413073	생산팀	과장	청주					
15		101107	손채민	101107	영업팀	대리	대전					

04 결괏값을 확인한 후 우측으로 드래그해 자동 채우기를 합니다.

	AR	AS	AT	AU	AV	AW	AX	AY	AZ	BA	BB	BC
1												
2												
3			**1**	**2**	**3**	**4**	**5**	**6**				
4		나만의 기준값	**이름**	**사번**	**부서명**	**직급**	**근무지**		**사번**	**이름**	**부서명**	**근무지**
5		333518	이수정	333518	구매팀	사원	울산		333518	이수정	구매팀	울산
6		127220	고유나	127220	마케팅팀	주임	대전		772721			
7		731202	강하나	731202	CS팀	사원	목포		111712			
8		742411	이유정	742411	마케팅팀	사원	서울		737112	드래그		
9		204327	박하정	204327	구매팀	과장	원주		177021			
10		111712	민혜인	111712	기획팀	대리	고성		234111			
11		156847	방재은	156847	구매팀	대리	경산		171011			
12		103373	배은솔	103373	총무팀	사원	제주					
13		124023	백주연	124023	영업팀	부장	인천					
14		413073	성하나	413073	생산팀	과장	청주					
15		101107	손채민	101107	영업팀	대리	대전					

05 이어서 아래 방향으로 드래그해 자동 채우기를 합니다.

⊿	AR	AS	AT	AU	AV	AW	AX	AY	AZ	BA	BB	BC
1												
2												
3		1	2	3	4	5	6					
4		나만의 기준값	이름	사번	부서명	직급	드래그		사번	이름	부서명	근무지
5		333518	이수정	333518	구매팀	사원			333518	이수정	구매팀	울산
6		127220	고유나	127220	마케팅팀	주임	대전		772721	유예주	정보개발팀	부산
7		731202	강하나	731202	CS팀	사원	목포		111712	민혜인	기획팀	고성
8		742411	이유정	742411	마케팅팀	사원	서울		737112	우윤슬	CS팀	남원
9		204327	박하정	204327	구매팀	과장	원주		177021	전현아	인사팀	인천
10		111712	민혜인	111712	기획팀	대리	고성		234111	차태연	생산팀	충주
11		156847	방재은	156847	구매팀	대리	경산		171011	허가영	영업팀	속초
12		103373	배은솔	103373	총무팀	사원	제주					
13		124023	백주연	124023	영업팀	부장	인천					
14		413073	성하나	413073	생산팀	과장	청주					
15		101107	손채민	101107	영업팀	대리	대전					
16		114711	신하람	114711	CS팀	주임	여수					
17		711171	심유리	711171	정보개발팀	주임	양양					
18		117071	양유하	117071	영업팀	주임	부산					
19		737112	우윤슬	737112	CS팀	차장	남원					
20		772721	유예주	772721	정보개발팀	사원	부산					
21		724304	임다혜	724304	CS팀	사원	광양					
22		237121	전다솜	237121	기획팀	차장	순천					
23		177021	전현아	177021	인사팀	차장	인천					
24		212771	정하진	212771	마케팅팀	과장	인천					
25		172722	조봄	172722	영업팀	차장	서울					
26		234111	차태연	234111	생산팀	사원	충주					
27		171011	허가영	171011	영업팀	사원	속초					
28		121471	홍하늘	121471	총무팀	과장	경기					
29												

RAW DATA가 업데이트되면 따라서 입력한 수식도 알아서 변경되기 때문에 오류 값을 반환하지 않는 데이터 관리가 가능합니다.

특정 조건을 만족하는 셀 개수 구하기
- COUNTIF 함수

셀의 개수를 구하는 COUNTIF 함수는 RAW DATA에서 대상의 인원수, 업체 수 등을 출력할 때 자주 사용합니다.
이번 섹션에서는 COUNTIF 함수에 대해 자세히 알아보겠습니다.

📖 실습 예제: Part2_ch02_2-2.xlsx

2024년 10월 20일 오후

내년 S/S 기획 준비로 한창 바쁜 나날을 보내고 있는 요즘. 유 팀장님께서 갑작스럽게 나를 자리로 호출하셨다.

"하 사원, 내년 카테고리별, 성별 기준으로 몇 개의 스타일을 기획해야 할지 검토해야 하니까 올해 판매 제품 중에 카테고리별, 성별 기준으로 스타일 수 출력해서 보내주세요~!"

"네! 알겠습니다.😊 서둘러 작업해서 드리겠습니다!"

나는 자리로 복귀한 후 회사 전산 시스템에서 카테고리별, 성별 스타일을 조회하여 엑셀로 가져왔다. 그런데 어떤 함수를 사용하는 게 맞는 건지 단박에 떠오르지 않아 일단 기준에 맞춰 스타일 수를 하나씩 세고 있었다.😵 그러자 박 대리님께서 모니터만 뚫어져라 쳐다보는 내가 불안했는지 탕비실로 나를 조용히 불렀다.

"하 사원~? 설마 지금 카테고리별 데이터를 눈 대중으로 확인하며 직접 입력하고 있는 거 아니지?😀 이런 경우는 COUNTIF 함수를 사용하면 쉽게 해결할 수 있어, 모르면 물어보지! 매우 간단한 함수이니까 자리에 가서 알려줄게 앞으로 스타일 수 출력할 때 계속 사용해."

❀ COUNTIF(S) 함수 실무 사용편

1. COUNTIF 함수란?

COUNTIF 함수는 RAW DATA에서 특정 조건과 일치하는 셀의 개수를 구할 때 사용합니다. 작성 방법은 다음과 같습니다.

=COUNTIF(대상 범위, 특정 조건)

맨 처음 대상 범위를 선택합니다. 예를 들어 아이스크림 데이터의 판매 개수가 알고 싶다면 판매 상품명이 있는 열을 가리킵니다. 이어서 찾아야 하는 특정 조건을 입력합니다. 실무에서 데이터의 개수를 빠르게 확인할 때 자주 사용하는 만큼 반드시 기억해야 하는 함수입니다. 작성 방법을 확인했다면 다음 자료의 부서별 인원수를 출력해 보겠습니다.

사번	부서명	직급	이름		부서명	인원수
377313	인사팀	사원	송한별		인사팀	
177021	인사팀	차장	전현아		영업팀	
214273	인사팀	과장	유소희		총무팀	
774342	영업팀	대리	고휴주		정보개발팀	
123114	영업팀	과장	문유림		마케팅팀	
117071	영업팀	주임	양유하		생산팀	
101107	영업팀	사원	손채민		기획팀	
103373	총무팀	사원	배은솔		구매팀	
171011	총무팀	대리	허가영			
172724	정보개발팀	주임	남소이			

01 H3 셀에 COUNTIF 함수를 입력한 후 괄호 안에 수식을 =COUNTIF(C:C,G3) 작성하고 Enter 키를 누릅니다.

02 결괏값을 확인한 후 아래 방향으로 드래그 해 자동 채우기를 합니다.

> 부서명의 열 범위 C:C는 행이 모두 포함된 상태이기에 범위를 따로 고정할 필요가 없고, 자동 채우기 시 G 열의 셀도 함께 움직여야 해 역시나 혼합참조 및 절대참조를 할 필요가 없습니다.

2. COUNTIFS 함수 실무 활용

실무에서 여러 특정 조건을 만족하는 셀의 개수를 구할 때 조건이 한 개 이상이라면 COUNTIFS 함수를 사용하고 있습니다. 작성 방법은 다음과 같습니다.

=COUNTIFS(대상 범위, 특정 조건, 대상 범위, 특정 조건)

COUNTIFS 함수는 COUNTIF 함수의 복수 형태로 맨 처음 대상 범위를 선택한 후 이어서 찾아야 하는 특정 조건을 입력합니다. 그런 다음 입력한 수식을 한 번 더 추가해 줍니다. 복수 형태이기에 수식을 한 번 더 입력한다고 생각하면 이해하기 쉽습니다. 실무에서 활발히 사용되는 만큼 원하는 정보를 빠르게 확인하고 싶다면 반드시 알고 넘어가야 하는 부분입니다. 작성 방법을 확인했다면 다음 자료의 카테고리별, 성별 스타일 개수를 출력해 보겠습니다.

01 U4 셀에 COUNTIFS 함수를 입력한 후 괄호 안에 수식을 **=COUNTIFS(M:M,S4,O:O,T4)** 작성하고 Enter 키를 누릅니다.

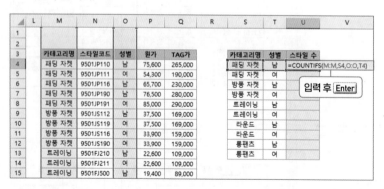

카테고리명과 성별의 열 범위에 해당하는 M:M과 O:O는 카테고리와 성별 행이 모두 포함된 상태이기에 위치값의 범위를 고정할 필요가 없고, 자동 채우기 시 S, T열의 셀도 함께 움직여야해 역시나 혼합참조 및 절대참조를 할 필요가 없습니다.

02 결괏값을 확인한 후 아래 방향으로 드래그해 자동 채우기를 합니다.

03 U 열에 출력된 카테고리별, 성별 스타일 개수의 결괏값을 확인합니다.

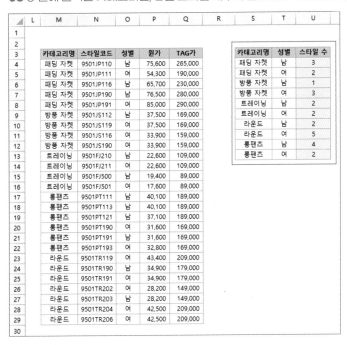

특정 조건을 만족하는 합계 구하기
- SUMIF 함수

특정 조건의 합계를 구하는 SUMIF 함수는 RAW DATA에서 셀의 합계를 출력할 때 자주 사용합니다. 이번 섹션에서는 SUMIF 함수에 대해 자세히 알아보겠습니다.

📖 실습 예제: Part2_ch02_2-3.xlsx

2024년 10월 25일 오후

오늘은 10월 마지막 날! 😊 매월 마지막 주는 당월 해외 수출 실적을 집계해 보고하는 날이다.

"하 사원, 내가 지금 메신저로 RAW DATA 하나 보내줄 테니깐 이번 달 국가별로 수출한 매출 실적 합계 구해서 알려주세요! 😊"

'합계라면 SUM 함수를 사용하면 되는 거잖아' 나는 재빨리 대답했다.

"알겠습니다. 서둘러 작업해서 보내드리겠습니다."

아뿔싸 그런데 정 과장님께서 보내준 자료는 당월 수출한 제품 기준으로 국가별 수출 내역이 작성된 RAW DATA 였다. 제품 기준으로 국가명이 중복되어 나오는 자료였는데 어떻게 처리해야 할지 몰라 수출 국가를 하나씩 눈으로 확인하며 매출액을 더했다. 업무 속도가 너무 느렸던 탓인지 나를 곁눈질로 흘끗 쳐다보고 있던 박 대리님과 눈이 마주쳤다. 황급히 눈길을 피하자 곧이어 메신저 알림 창이 떴다. 박 대리님이었다.

[하 사원, 설마 지금 중복 국가 매출까지 정성스레 더하고 있는 거 아니지? 😳 이럴 땐 SUMIF 함수를 사용하면 쉽게 집계할 수 있어 이건 정말 중요한 함수이니깐 잘 이해해서 앞으로 실적 집계할 때 사용해]

⚙ SUMIF(S) 함수 실무 사용편

1. SUMIF 함수란?

SUMIF 함수는 RAW DATA에서 특정 조건을 만족하는 셀의 합계를 구할 때 사용합니다. 작성 방법은 다음과 같습니다.

> **SUMIF(조건 범위, 조건, 합계 범위)**

맨 처음 합계를 적용할 조건 범위를 설정합니다. 예를 들어 국가별 상품의 판매 합계가 알고 싶다면 국가가 있는 전체 열을 가리킵니다. 이어서 합계를 구할 특정 조건을 입력합니다. 마지막 합계를 구할 숫자 범위를 입력합니다. 실무에서 자주 사용되는 만큼 조건부 합계를 빠르게 구하고 싶다면 반드시 기억해야 하는 부분입니다. 작성 방법을 확인했다면 다음 자료의 국가별 수출 매출액 합계를 구해보겠습니다.

	A	B	C	D	E	F	G
1							
2		수출품	수출 국가	매출액		수출 국가	매출액
3		코팅장갑	스페인	1,896,624		캐나다	
4		마스크	미국	1,082,786		미국	
5		보안경	미국	1,383,641		스페인	
6		보호구	그리스	1,185,402		프랑스	
7		보호복	프랑스	2,144,993		그리스	
8		호흡기	프랑스	1,269,213		총합계	
9		브러시	그리스	2,208,569			
10		스티커	미국	1,333,581			
11		사포	캐나다	2,805,661			
12		세정제	캐나다	1,131,477			
13		테이프	그리스	2,211,500			
14		코팅장갑	캐나다	2,215,530			
15		보안경	미국	2,208,826			
16		마스크	캐나다	1,273,276			
17		브릿	스페인	2,609,593			
18		스티커	프랑스	2,932,450			
19		보호구	캐나다	1,891,394			
20		보호복	미국	1,739,173			
21		보안경	그리스	2,499,929			

01 G3 셀에 SUMIF 함수를 입력한 후 괄호 안에 수식을 **= SUMIF(C:C,F3,D:D)** 작성하고 [Enter] 키를 누릅니다.

SUM		✕ ✓ fx ✓	=SUMIF(C:C,F3,D:D)			
	A	B	C	D	E	F	G
1							
2		수출품	수출 국가	매출액		수출 국가	매출액
3		코팅장갑	스페인	1,896,624		캐나다	=SUMIF(C:C,F3,D:D)
4		마스크	미국	1,082,786		미국	
5		보안경	미국	1,383,641		스페인	입력 후 [Enter]
6		보호구	그리스	1,185,402		프랑스	
7		보호복	프랑스	2,144,993		그리스	
8		호흡기	프랑스	1,269,213		총합계	
9		브러시	그리스	2,208,569			
10		스티커	미국	1,333,581			

> 수출 국가와 매출액에 해당하는 C:C 와 D:D는 행이 모두 포함된 상태이기에 범위를 따로 고정할 필요가 없고, 자동 채우기 시 G 열의 셀도 함께 움직여야 해 역시나 혼합참조 및 절대참조를 할 필요가 없습니다.

02 결괏값을 확인한 후 G7 셀까지 아래 방향으로 드래그해 자동 채우기를 합니다.

	A	B	C	D	E	F	G
1							
2		수출품	수출 국가	매출액		수출 국가	매출액
3		코팅장갑	스페인	1,896,624		캐나다	9,317,338
4		마스크	미국	1,082,786		미국	드래그
5		보안경	미국	1,383,641		스페인	
6		보호구	그리스	1,185,402		프랑스	
7		보호복	프랑스	2,144,993		그리스	
8		호흡기	프랑스	1,269,213		총합계	
9		브러시	그리스	2,208,569			
10		스티커	미국	1,333,581			

03 마지막 총합계는 G8 셀에 SUM 함수를 이용해 구해줍니다.

G8 f_x =SUM(G3:G7)

	A	B	C	D	E	F	G
1							
2		수출품	수출 국가	매출액		수출 국가	매출액
3		코팅장갑	스페인	1,896,624		캐나다	9,317,338
4		마스크	미국	1,082,786		미국	7,748,007
5		보안경	미국	1,383,641		스페인	4,506,217
6		보호구	그리스	1,185,402		프랑스	6,346,656
7		보호복	프랑스	2,144,993		그리스	8,105,400
8		호흡기	프랑스	1,269,213		총합계	=SUM(G3:G7)
9		브러시	그리스	2,208,569			
10		스티커	미국	1,333,581			입력 후 Enter

04 수출 국가별 매출액 실적 합계 자료가 완성됐습니다.

	A	B	C	D	E	F	G
1							
2		수출품	수출 국가	매출액		수출 국가	매출액
3		코팅장갑	스페인	1,896,624		캐나다	9,317,338
4		마스크	미국	1,082,786		미국	7,748,007
5		보안경	미국	1,383,641		스페인	4,506,217
6		보호구	그리스	1,185,402		프랑스	6,346,656
7		보호복	프랑스	2,144,993		그리스	8,105,400
8		호흡기	프랑스	1,269,213		총합계	36,023,618
9		브러시	그리스	2,208,569			
10		스티커	미국	1,333,581			
11		사포	캐나다	2,805,661			
12		세정제	캐나다	1,131,477			
13		테이프	그리스	2,211,500			
14		코팅장갑	캐나다	2,215,530			
15		보안경	미국	2,208,826			
16		마스크	캐나다	1,273,276			
17		브럿	스페인	2,609,593			
18		스티커	프랑스	2,932,450			
19		보호구	캐나다	1,891,394			
20		보호복	미국	1,739,173			
21		보안경	그리스	2,499,929			
22							

2. SUMIFS 함수 실무 활용 ①

실무에서 여러 특정 조건을 만족하는 셀의 합계를 구할 때 SUMIFS 함수를 사용하고 있습니다. 작성 방법은 다음과 같습니다.

=SUMIFS(조건 범위, 합계 범위, 조건, 조건 범위, 합계 범위, 조건)

SUMIFS 함수는 SUMIF 함수의 복수 형태로 맨 처음 합계를 적용할 조건 범위를 선택하고 다음 합계를 구할 특정 조건을 입력한 후 마지막 합계 범위를 선택합니다. 그리고 이어서 입력한 수식을 한 번 더 추가해 줍니다. 복수 형태이기에 수식을 한 번 더 입력해 주는 거라고 이해하면 쉽습니다. 실무에서 활발히 사용되는 만큼 조건부 합계를 빠르게 구하고 싶다면 반드시 기억해야 하는 부분입니다. 작성 방법을 확인했다면 다음 자료를 바탕으로 부서별 영업 담당자의 매출액 합계를 출력해 보겠습니다.

	부서	영업 담당자	거래처	구분	매출액		부서	영업 담당자	매출액
3	영업1팀	추자연	아연가구	단체	15,460,000		영업1팀	추자연	
4	영업2팀	김아중	고려상사	일반	9,200,000		영업1팀	이금회	
5	영업1팀	이금회	스페어	단체	5,870,000		영업2팀	이금회	
6	영업1팀	추자연	아티제	단체	21,190,000		영업2팀	김아중	
7	영업2팀	김아중	명가	단체	22,940,000		영업3팀	주영훈	
8	영업1팀	이금회	금일전자	일반	9,950,000		영업3팀	박아람	
9	영업2팀	이금회	기래전자	일반	18,200,000				
10	영업3팀	주영훈	상구유통	일반	4,220,000				
11	영업3팀	박아람	가람타워	단체	18,980,000				
12	영업1팀	추자연	이현기재	단체	24,750,000				
13	영업2팀	김아중	하인자기	단체	27,200,000				
14	영업1팀	이금회	기천필터	일반	11,320,000				
15	영업2팀	이금회	구례화인	일반	6,060,000				
16	영업1팀	추자연	조선가	일반	8,670,000				
17	영업1팀	이금회	세일금속	일반	7,200,000				
18	영업2팀	이금회	사안금속	일반	8,100,000				
19	영업3팀	주영훈	이현기재	일반	3,200,000				
20	영업3팀	박아람	가황주	일반	1,950,000				
21	영업2팀	김아중	기현금속	일반	6,240,000				

01 J3 셀에 SUMIFS 함수를 입력한 후 괄호 안에 수식을 **SUMIFS(F:F, B:B, H3, C:C, I3)** 작성하고 Enter 키를 누릅니다.

SUM		fx	=SUMIFS(F:F,B:B,H3,C:C,I3)						
	부서	영업 담당자	거래처	구분	매출액		부서	영업 담당자	매출액
3	영업1팀	추자연	아연가구	단체	15,460,000		영업1팀	추자연	=SUMIFS(F:F,B:B,H3,C:C,I3)
4	영업2팀	김아중	고려상사	일반	9,200,000		영업1팀	이금회	
5	영업1팀	이금회	스페어	단체	5,870,000		영업2팀	이금회	입력 후 Enter
6	영업1팀	추자연	아티제	단체	21,190,000		영업2팀	김아중	
7	영업2팀	김아중	명가	단체	22,940,000		영업3팀	주영훈	
8	영업1팀	이금회	금일전자	일반	9,950,000		영업3팀	박아람	
9	영업2팀	이금회	기래전자	일반	18,200,000				
10	영업3팀	주영훈	상구유통	일반	4,220,000				
11	영업3팀	박아람	가람타워	단체	18,980,000				
12	영업1팀	추자연	이현기재	단체	24,750,000				
13	영업2팀	김아중	하인자기	단체	27,200,000				
14	영업1팀	이금회	기천필터	일반	11,320,000				

02 J4 셀의 결괏값을 확인한 후 아래 방향으로 드래그해 자동 채우기를 합니다.

		=SUMIFS(F:F,B:B,H3,C:C,I3)						
부서	**영업 담당자**	**거래처**	**구분**	**매출액**		**부서**	영업 담당자	**매출액**
영업1팀	추자연	아연가구	단체	15,460,000		영업1팀		70,070,000
영업2팀	김아중	고려상사	일반	9,200,000		영업1팀	이금희	34,340,000
영업1팀	이금희	스페어	단체	5,870,000		영업2팀	이금희	32,360,000
영업1팀	추자연	아티제	단체	21,190,000		영업2팀	김아중	65,580,000
영업2팀	김아중	명가	단체	22,940,000		영업3팀	주영훈	7,420,000
영업1팀	이금희	금일전자	일반	9,950,000		영업3팀	박아람	20,930,000
영업2팀	이금희	기래전자	일반	18,200,000				
영업3팀	주영훈	상구유통	일반	4,220,000				

> 매출액과 부서 그리고 영업 담당자에 해당하는 F:F와 B:B, C:C 열은 행이 모두 포함된 상태이기에 범위를 따로 고정할 필요가 없고 자동 채우기 시 H열과 I열의 셀도 함께 움직여야 해 역시나 혼합참조 및 절대참조를 할 필요가 없습니다.

실무 팁 실무에서는 SUMIFS

실무에서는 SUMIF보다 SUMIFS 함수를 더 자주 사용하게 되는데 왜 그럴까요? SUMIFS 함수는 조건이 한 개 이상의 복수 형태일 때만 사용한다고 많이 알고 있지만 조건이 한 개이더라도 사용할 수 있습니다. 그러다보니 변수가 잦은 실무 데이터에서는 조건부 합계를 구할 때 SUMIFS 함수의 사용을 권장합니다.

3. SUMIFS 함수 실무 활용 ②

이번에는 조건이 여러 개일 때 SUMIFS 함수를 사용하는 방법을 알아보고 나아가 혼합참조를 반영한 SUMIFS 함수의 수식에 대해 살펴보겠습니다. 먼저 다음 자료의 부서, 영업담당, 구분별 판매량과 매출액 실적 합계를 구해보겠습니다.

부서	**영업 담당자**	**거래처**	**구분**	**판매량**	**매출액**		**부서**	**영업 담당자**	**구분**	**판매량**	**매출액**
영업1팀	추자연	아연가구	단체	225	15,460,000		영업1팀	추자연	단체		
영업2팀	김아중	고려상사	일반	134	9,200,000		영업1팀	이금희	일반		
영업1팀	이금희	스페어	단체	85	5,870,000		영업2팀	이금희	일반		
영업1팀	추자연	아티제	단체	308	21,190,000		영업2팀	김아중	단체		
영업2팀	김아중	명가	단체	333	22,940,000		영업3팀	주영훈	일반		
영업1팀	이금희	금일전자	일반	144	9,950,000		영업3팀	박아람	단체		
영업2팀	이금희	기래전자	일반	265	18,200,000						
영업3팀	주영훈	상구유통	일반	61	4,220,000						
영업3팀	박아람	가람타워	단체	276	18,980,000						
영업1팀	추자연	이현기재	단체	360	24,750,000						
영업2팀	김아중	하인자기	단체	395	27,200,000						
영업1팀	이금희	기천필터	일반	165	11,320,000						
영업2팀	이금희	구례화인	일반	88	6,060,000						
영업1팀	추자연	조선가	일반	126	8,670,000						
영업1팀	이금희	세일금속	일반	104	7,200,000						
영업2팀	이금희	사안금속	일반	118	8,100,000						
영업3팀	주영훈	이현기재	일반	47	3,200,000						
영업3팀	박아람	가황주	일반	28	1,950,000						
영업2팀	김아중	기현금속	일반	91	6,240,000						

1 나만의 기준값 만들기

RAW DATA의 조건이 너무 많아 수식에 조건을 하나씩 다 입력하다 보면 수식이 길어져 복잡해지기 때문에 COUNTIFS 함수에서처럼 나만의 기준값을 만들어 진행해 보겠습니다. 방법은 다음과 같습니다.

01 H3 셀에 연결 연산자를 입력해 기본 수식을 **=I3&J3&K3** 작성하고 Enter 키를 누릅니다.

부서	영업 담당자	거래처	구분	판매량	매출액		부서	영업 담당자	구분	판매량	매출액
영업1팀	추자연	아연가구	단체	225	15,460,000	=I3&J3&K3	영업1팀	추자연	단체		
영업2팀	김아중	고려상사	일반	134	9,200,000		영업1팀	이금희	일반		
영업1팀	이금희	스페어	단체	85	5,870,000		영업2팀	이금희	일반		
영업1팀	추자연	아티제	단체	308	21,190,000		영업2팀	김아중	단체		
영업2팀	김아중	명가	단체	333	22,940,000		영업3팀	주영훈	일반		
영업1팀	이금희	금일전자	일반	144	9,950,000		영업3팀	박아람	단체		
영업2팀	이금희	기래전자	일반	265	18,200,000						
영업3팀	주영훈	상구유통	일반	61	4,220,000						
영업3팀	박아람	가람타워	단체	276	18,980,000						
영업1팀	추자연	이현기재	단체	360	24,750,000						
영업2팀	김아중	하인자기	단체	395	27,200,000						
영업1팀	이금희	기천필터	일반	165	11,320,000						
영업2팀	이금희	구례화인	일반	88	6,060,000						
영업1팀	추자연	조선가	일반	126	8,670,000						
영업1팀	이금희	세일금속	일반	104	7,200,000						
영업2팀	이금희	사안금속	일반	118	8,100,000						
영업3팀	주영훈	이현기재	일반	47	3,200,000						
영업3팀	박아람	가황주	일반	28	1,950,000						
영업2팀	김아중	기현금속	일반	91	6,240,000						

02 결괏값을 확인한후 아래 방향으로 드래그해 자동 채우기를 합니다. 부서, 영업담당, 구분의 순서로 기준값이 만들어졌습니다.

조건의 범위가 서로 일치하기 위해서는 RAW DATA에도 나만의 기준값을 만들어줘야 합니다. 실적 자료와 동일한 순서로 RAW DATA에도 나만의 기준값을 만듭니다. 이렇게 시트에 나만의 기준값을 정리하면 추후 내가 알고 싶은 조건이 몇 개든지 상관없이 한 번에 작업할 수 있습니다.

03 A3 셀에 연결 연산자를 입력해 기본 수식을 =B3&C3&E3 입력하고 [Enter] 키를 누릅니다.

A	부서	영업 담당자	거래처	구분	판매량	매출액	H	부서	영업 담당자	구분	판매량	매출액
=B3&C3&E3	영업1팀	추자연	아연가구	단체	225	15,460,000	영업1팀추자연단체	영업1팀	추자연	단체		
	영업2팀	김아중	고려상사	일반	134	9,200,000	영업1팀이금회일반	영업1팀	이금회	일반		
	영업1팀	이금회	스페어	단체	85	5,870,000	영업2팀이금회일반	영업2팀	이금회	일반		
	영업1팀	추자연	아티제	단체	308	21,190,000	영업2팀김아중단체	영업2팀	김아중	단체		
	영업2팀	김아중	명가	단체	333	22,940,000	영업3팀주영훈일반	영업3팀	주영훈	일반		
	영업1팀	이금회	금일전자	일반	144	9,950,000	영업3팀박아람단체	영업3팀	박아람	단체		
	영업2팀	이금회	기래전자	일반	265	18,200,000						
	영업3팀	주영훈	상구유통	일반	61	4,220,000						

입력 후 [Enter]

04 결괏값을 확인한 후 아래 방향으로 드래그해 자동 채우기를 합니다.

A3 ✕ ✓ fx =B3&C3&E3

A	부서	영업 담당자	거래처	구분	판매량	매출액	H	부서	영업 담당자	구분	판매량	매출액
영업1팀추자연단체	영업1팀	추자연	아연가구	단체	225	15,460,000	영업1팀추자연단체	영업1팀	추자연	단체		
	영업2팀	김아중	고려상사	일반	134	9,200,000	영업1팀이금회일반	영업1팀	이금회	일반		
	영업1팀	이금회	스페어	단체	85	5,870,000	영업2팀이금회일반	영업2팀	이금회	일반		
	영업1팀	추자연	아티제	단체	308	21,190,000	영업2팀김아중단체	영업2팀	김아중	단체		
	영업2팀	김아중	명가	단체	333	22,940,000	영업3팀주영훈일반	영업3팀	주영훈	일반		
	영업1팀	이금회	금일전자	일반	144	9,950,000	영업3팀박아람단체	영업3팀	박아람	단체		
	영업2팀	이금회	기래전자	일반	265	18,200,000						
	영업3팀	주영훈	상구유통	일반	61	4,220,000						

드래그

2 혼합참조를 반영한 SUMIF 함수

이번에는 SUMIF 함수 수식에 혼합참조를 반영해 최종 결괏값을 출력해 보겠습니다. 방법은 다음과 같습니다.

01 Z4 셀에 SUMIFS 함수를 입력한 후 괄호 안에 수식을 =SUMIFS(S:S, $N:$N,$V4) 작성하고 [Enter] 키를 누릅니다. 나머지 AA4 셀에도 첫 번째 인수만 T:T로 변경해 수식을 =SUMIFS(T:T,$N:$N,$V4) 작성하고 [Enter] 키를 누릅니다.

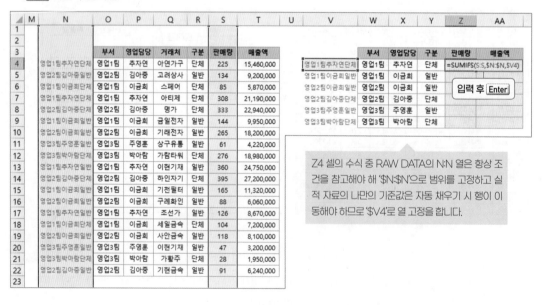

Z4 셀의 수식 중 RAW DATA의 N:N 열은 항상 조건을 참고해야 해 '$N:$N'으로 범위를 고정하고 실적 자료의 나만의 기준값은 자동 채우기 시 행이 이동해야 하므로 '$V4'로 열 고정을 합니다.

02 결괏값을 확인한 후 아래 방향으로 드래그해 자동 채우기를 합니다.

드래그

	부서	영업담당	거래처	구분	판매량	매출액			부서	영업담당	구분	판매량	매출액
영업1팀추자연단체	영업1팀	추자연	아연가구	단체	225	15,460,000		영업1팀추자연단체	영업1팀	추자연	단체	533	36,650,000
영업2팀김아중일반	영업2팀	김아중	고려상사	일반	134	9,200,000		영업1팀이금희일반	영업1팀	이금희	일반	309	21,270,000
영업1팀이금희단체	영업1팀	이금희	스페어	단체	85	5,870,000		영업2팀이금희일반	영업2팀	이금희	일반	471	32,360,000
영업1팀추자연단체	영업1팀	추자연	아티제	단체	308	21,190,000		영업2팀김아중단체	영업2팀	김아중	단체	728	50,140,000
영업2팀김아중단체	영업2팀	김아중	명가	단체	333	22,940,000		영업3팀주영훈일반	영업3팀	주영훈	일반	108	7,420,000
영업1팀이금희일반	영업1팀	이금희	금일전자	일반	144	9,950,000		영업3팀박아람단체	영업3팀	박아람	단체	304	20,930,000
영업2팀이금희일반	영업2팀	이금희	기래전자	일반	265	18,200,000							
영업3팀주영훈일반	영업3팀	주영훈	상구유통	일반	61	4,220,000							
영업3팀박아람단체	영업3팀	박아람	가람타워	단체	276	18,980,000							
영업1팀추자연일반	영업1팀	추자연	이현기재	일반	360	24,750,000							
영업2팀김아중단체	영업2팀	김아중	하인자기	단체	395	27,200,000							
영업1팀이금희일반	영업1팀	이금희	기천필터	일반	165	11,320,000							
영업2팀이금희일반	영업2팀	이금희	구례화인	일반	88	6,060,000							
영업1팀추자연일반	영업1팀	추자연	조선가	일반	126	8,670,000							
영업1팀이금희단체	영업1팀	이금희	세일금속	단체	104	7,200,000							
영업2팀이금희일반	영업2팀	이금희	사안금속	일반	118	8,100,000							
영업3팀주영훈일반	영업3팀	주영훈	이현기재	일반	47	3,200,000							
영업3팀박아람단체	영업3팀	박아람	가황주	단체	28	1,950,000							
영업2팀김아중일반	영업2팀	김아중	기현금속	일반	91	6,240,000							

03 마지막으로 RAW DATA에 작성한 나만의 기준값은 데이터 공유 시 팀원에게 혼란을 줄 수 있어 [홈] 탭-[글 꼴]-[글꼴색]에서 글자색을 변경해 숨겨줍니다.

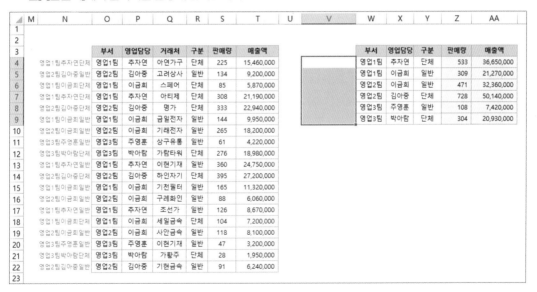

	부서	영업담당	거래처	구분	판매량	매출액			부서	영업담당	구분	판매량	매출액
영업1팀추자연단체	영업1팀	추자연	아연가구	단체	225	15,460,000			영업1팀	추자연	단체	533	36,650,000
영업2팀김아중일반	영업2팀	김아중	고려상사	일반	134	9,200,000			영업1팀	이금희	일반	309	21,270,000
영업1팀이금희단체	영업1팀	이금희	스페어	단체	85	5,870,000			영업2팀	이금희	일반	471	32,360,000
영업1팀추자연단체	영업1팀	추자연	아티제	단체	308	21,190,000			영업2팀	김아중	단체	728	50,140,000
영업2팀김아중단체	영업2팀	김아중	명가	단체	333	22,940,000			영업3팀	주영훈	일반	108	7,420,000
영업1팀이금희일반	영업1팀	이금희	금일전자	일반	144	9,950,000			영업3팀	박아람	단체	304	20,930,000
영업2팀이금희일반	영업2팀	이금희	기래전자	일반	265	18,200,000							
영업3팀주영훈일반	영업3팀	주영훈	상구유통	일반	61	4,220,000							
영업3팀박아람단체	영업3팀	박아람	가람타워	단체	276	18,980,000							
영업1팀추자연일반	영업1팀	추자연	이현기재	일반	360	24,750,000							
영업2팀김아중단체	영업2팀	김아중	하인자기	단체	395	27,200,000							
영업1팀이금희일반	영업1팀	이금희	기천필터	일반	165	11,320,000							
영업2팀이금희일반	영업2팀	이금희	구례화인	일반	88	6,060,000							
영업1팀추자연일반	영업1팀	추자연	조선가	일반	126	8,670,000							
영업1팀이금희단체	영업1팀	이금희	세일금속	단체	104	7,200,000							
영업2팀이금희일반	영업2팀	이금희	사안금속	일반	118	8,100,000							
영업3팀주영훈일반	영업3팀	주영훈	이현기재	일반	47	3,200,000							
영업3팀박아람단체	영업3팀	박아람	가황주	단체	28	1,950,000							
영업2팀김아중일반	영업2팀	김아중	기현금속	일반	91	6,240,000							

특정 조건을 반영해 결괏값 출력하기 –IF 함수

특정 조건이나 기준을 반영해 원하는 데이터를 출력해 주는 IF 함수는 실무에서 다중 조건을 만족하는 결괏값을 출력할 때 자주 사용합니다. 이번 섹션에서는 IF 함수에 대해 자세히 알아보겠습니다.

🎞 실습 예제: Part2_ch02_2-4.xlsx

2024년 11월 01일 오후

주말은 왜 이렇게 짧은 걸까?😵

순식간에 지나간 휴일을 아쉬워하며 출근해 시즌별로 스타일 정보를 정리하는데 난관에 부딪혔다. 전산에서 조회한 스타일별 시즌 데이터는 봄, 여름, 가을, 겨울이고 이 데이터를 바탕으로 봄과 여름은 SS, 가을과 겨울은 FW로 구분하여 특정 정보를 정리해야 하는데 스타일 가짓 수만 200개가 넘었다.😩 시즌 정보까지 상세히 확인하며 SS/FW로 조건을 직접 입력해야 하는 걸까? 쉽게 처리할 수 있는 방법이 있을 거 같은데 왜 하필 또 이런 날 박 대리님은 휴가인 걸까. 고요한 월요일 아침. 내 한숨 소리만이 사무실의 적막을 깰 뿐이었다.😔

✿ IF 함수 실무 사용 편

1. IF 함수

IF 함수는 RAW DATA에서 특정 조건을 반영해 원하는 데이터를 출력할 때 사용합니다. 작성 방법은 다음과 같습니다.

=IF(조건, TRUE 실행 값, FALSE 실행 값)

맨 처음 조건을 입력합니다. 조건은 예를 들어 식음료 데이터로 식사 또는 음료를 분류하고 싶다면 식음료의 이름이 조건이 됩니다. 다음 조건이 일치하면 실행할 값(예 콜라 라면 '음료')을 입력하고 이어서 조건과 불일치할 경우 실행할 값(예 콜라가 아니면 '식사')을 입력합니다. 실무에서 자주 사용되는 만큼 원하는 데이터를 빠르게 출력하고 싶다면 반드시 기억해야 하는 부분입니다. 작성 방법을 확인했다면 다음 자료의 생산 공장이 '한국'이면 '국내생산' 그 외의 경우 '해외생산'으로 결괏값을 출력해 보겠습니다.

▲	A	B	C	D	E	F	G
1							
2		생산공장	시즌	스타일코드	판매수량	실매출	결과산출
3		한국	겨울	ZCS801	2,600	62,000,000	
4		중국	봄	CPS211	310	10,850,000	
5		베트남	여름	VVR903	260	5,200,000	
6		대만	겨울	ZTT309	915	36,785,000	
7		한국	여름	CBS919	1,800	45,000,000	
8		한국	봄	VIW410	650	31,850,000	
9		베트남	가을	ZSD511	470	11,750,000	
10		중국	봄	CSW320	770	31,570,000	
11		베트남	겨울	DIL114	860	38,680,000	
12		대만	겨울	DZT421	1,500	41,400,000	
13		일본	봄	PMK904	740	19,980,000	
14		베트남	여름	ZSK811	260	9,100,000	
15		중국	가을	CLT915	750	20,250,000	
16		중국	봄	PSC415	1,000	27,087,000	
17		일본	가을	ZCS502	2,100	56,000,000	

1 IF 함수 기본형

01 G3 셀에 IF 함수를 입력한 후 괄호 안에 수식을 =IF(B3="한국","국내생산","해외생산") 작성하고 Enter 키를 누릅니다.

▲	A	B	C	D	E	F	G	H
1								
2		생산공장	시즌	스타일코드	판매수량	실매출	결과산출	
3		한국	겨울	ZCS801	2,600	62,000,000	=IF(B3="한국","국내생산","해외생산")	
4		중국	봄	CPS211	310	10,850,000		
5		베트남	여름	VVR903	260	5,200,000	입력 후 Enter	
6		대만	겨울	ZTT309	915	36,785,000		
7		한국	여름	CBS919	1,800	45,000,000		
8		한국	봄	VIW410	650	31,850,000		
9		베트남	가을	ZSD511	470	11,750,000		
10		중국	봄	CSW320	770	31,570,000		
11		베트남	겨울	DIL114	860	38,680,000		
12		대만	겨울	DZT421	1,500	41,400,000		
13		일본	봄	PMK904	740	19,980,000		
14		베트남	여름	ZSK811	260	9,100,000		
15		중국	가을	CLT915	750	20,250,000		
16		중국	봄	PSC415	1,000	27,087,000		
17		일본	가을	ZCS502	2,100	56,000,000		
18								

수식에 문자나 기호를 입력할 경우 문자 또는 기호의 양 끝에 반드시 큰따옴표를 붙여줘야 합니다.

02 결괏값을 확인한 후 아래 방향으로 드래그해 자동 채우기를 합니다.

	생산공장	시즌	스타일코드	판매수량	실매출	결과산출
3	한국	겨울	ZCS801	2,600	62,000,000	국내생산
4	중국	봄	CPS211	310	10,850,000	해외생산
5	베트남	여름	VVR903	260	5,200,000	해외생산
6	대만	겨울	ZTT309	915	36,785,000	해외생산
7	한국	여름	CBS919	1,800	45,000,000	국내생산
8	한국	봄	VIW410	650	31,850,000	국내생산
9	베트남	가을	ZSD511	470	11,750,000	해외생산
10	중국	봄	CSW320	770	31,570,000	해외생산
11	베트남	겨울	DIL114	860	38,680,000	해외생산
12	대만	겨울	DZT421	1,500	41,400,000	해외생산
13	일본	봄	PMK904	740	19,980,000	해외생산
14	베트남	여름	ZSK811	260	9,100,000	해외생산
15	중국	가을	CLT915	750	20,250,000	해외생산
16	중국	봄	PSC415	1,000	27,087,000	해외생산
17	일본	가을	ZCS502	2,100	56,000,000	해외생산

드래그

2 IF 함수 중첩형(다중구조)

IF 함수의 중첩형은 특정 조건이 여러 개이면서 동시에 출력해야 하는 실행 값이 각각 다를 때 사용하는 함수입니다. 작성 방법은 다음과 같습니다.

=IF(첫 번째 조건, TRUE 실행 값, IF(두 번째 조건, TRUE 실행 값, 모든 조건에 불일치하는 FALSE 실행 값))

IF 함수의 기본형은 수식 구조가 매우 간단했지만 중첩형은 다중구조라는 이름에 맞게 조금 복잡합니다. 맨 처음 첫 번째 조건을 입력하고 다음 조건 일치 시 실행할 값을 입력합니다. 다음 IF 함수를 한 번 더 입력하고 이어서 두 번째 조건의 TRUE 실행 값과 나열된 조건을 모두 불일치할 경우 실행할 FALSE 값을 입력합니다. 작성 방법을 확인했다면 다음 자료의 판매 수량이 1,000개 이상일 경우 "판매호조", 500개 이상일 경우 "일반", 500개 미만일 경우 "부진"으로 결괏값을 출력해 보겠습니다.

생산공장	시즌	스타일코드	판매수량	실매출	결과산출
한국	겨울	ZCS801	2,600	62,000,000	
중국	봄	CPS211	310	10,850,000	
베트남	여름	VVR903	260	5,200,000	
대만	겨울	ZTT309	915	36,785,000	
한국	여름	CBS919	1,800	45,000,000	
한국	봄	VIW410	650	31,850,000	
베트남	가을	ZSD511	470	11,750,000	
중국	봄	CSW320	770	31,570,000	

01 G3 셀에 IF 함수를 입력한 후 괄호 안에 수식을 =IF(E3>=1000,"판매호조",IF(E3>=500,"일반","부진")) 작성하고 Enter 키를 누릅니다(앞의 모든 조건에 포함되지 않으면 부진의 조건은 자동으로 500 미만이 됩니다).

	A	B	C	D	E	F	G	H	I
1									
2		생산공장	시즌	스타일코드	판매수량	실매출	결과산출		
3		한국	겨울	ZCS801	2,600	62,000,000	=IF(E3>=1000,"판매호조",IF(E3>=500,"일반","부진"))		
4		중국	봄	CPS211	310	10,850,000		입력 후 Enter	
5		베트남	여름	VVR903	260	5,200,000			
6		대만	겨울	ZTT309	915	36,785,000			
7		한국	여름	CBS919	1,800	45,000,000			
8		한국	봄	VIW410	650	31,850,000			
9		베트남	가을	ZSD511	470	11,750,000			
10		중국	봄	CSW320	770	31,570,000			

TIP IF 함수 중첩형 FALSE 실행 값

IF 함수는 조건마다 원하는 실행 값을 입력한 후 어디에도 해당하지 못한 조건은 FALSE로 출력되게 실행 값만 입력합니다.

02 결괏값을 확인한 후 아래 방향으로 드래그해 자동 채우기를 합니다.

	A	B	C	D	E	F	G
1							
2		생산공장	시즌	스타일코드	판매수량	실매출	결과산출
3		한국	겨울	ZCS801	2,600	62,000,000	판매호조
4		중국	봄	CPS211	310	10,850,000	부진
5		베트남	여름	VVR903	260	5,200,000	부진
6		대만	겨울	ZTT309	915	36,785,000	일반
7		한국	여름	CBS919	1,800	45,000,000	판매호조
8		한국	봄	VIW410	650	31,850,000	일반
9		베트남	가을	ZSD511	470	11,750,000	부진
10		중국	봄	CSW320	770	31,570,000	일반
11		베트남	겨울	DIL114	860	38,680,000	일반
12		대만	겨울	DZT421	1,500	41,400,000	판매호조
13		일본	봄	PMK904	740	19,980,000	일반
14		베트남	여름	ZSK811	260	9,100,000	부진
15		중국	가을	CLT915	750	20,250,000	일반
16		중국	봄	PSC415	1,000	27,087,000	판매호조
17		일본	가을	ZCS502	2,100	56,000,000	판매호조
18							

드래그

2. IF 함수와 AND 또는 OR 논리 연산자

IF 함수는 단독으로 사용될 때도 있지만 AND 또는 OR 연산자와 함께 사용할 때가 더 많습니다. IF 함수와 AND 또는 OR 연산자를 사용한 수식 작성 방법은 다음과 같습니다.

❶ =AND(논리1,논리2,…)
❷ =OR(논리1,논리2…)
❸ =IF(AND(논리1,논리2,…))
❹ =IF(OR(논리1,논리2,…))

❶번의 AND 논리 연산자 수식은 나열된 논리가 모두 일치하면 TRUE, 불일치하면 FALSE를 출력하고, ❷번의 OR 논리 연산자 수식은 나열된 논리 중 한 가지만 일치해도 TRUE, 불일치하면 FALSE를 출력합니다. ❸번의 IF 함수와 AND 연산자 수식은 작성한 논리가 모두 일치하면 TRUE, 실행 값이 하나라도 불일치한다면 FALSE 실행 값을 출력하고 ❹번의 IF 함수와 OR 연산자 수식은 작성한 논리 중 하나라도 일치하면 TRUE 모두 틀리면 FALSE 실행 값을 출력합니다. 작성 방법을 확인했다면 다음 자료의 판매수량이 1,000개 이상이면서 매출이 35,000,000원 이상인 제품은 "전략제품"으로 결괏값을 출력해 보겠습니다.

🔢 AND 연산자

AND 연산자를 사용하여 수식을 작성해 보겠습니다. 방법은 다음과 같습니다.

01 G3 셀에 AND 연산자를 입력한 후 괄호 안에 조건을 **=AND(E3>=1000,F3>=35000000)** 작성하고 Enter 키를 누릅니다.

	A	B	C	D	E	F	G	H
1								
2		생산공장	시즌	스타일코드	판매수량	실매출	결과산출	
3		한국	겨울	ZCS801	2,600	62,000,000	=AND(E3>=1000,F3>=35000000)	
4		중국	봄	CPS211	310	10,850,000		
5		베트남	여름	VVR903	260	5,200,000	입력 후 Enter	
6		대만	겨울	ZTT309	915	36,785,000		
7		한국	여름	CBS919	1,800	45,000,000		
8		한국	봄	VIW410	650	31,850,000		
9		베트남	가을	ZSD511	470	11,750,000		
10		중국	봄	CSW320	770	31,570,000		
11		베트남	겨울	DIL114	860	38,680,000		
12		대만	겨울	DZT421	1,500	41,400,000		
13		일본	봄	PMK904	740	19,980,000		
14		베트남	여름	ZSK811	260	9,100,000		
15		중국	가을	CLT915	750	20,250,000		
16		중국	봄	PSC415	1,000	27,087,000		
17		일본	가을	ZCS502	2,100	56,000,000		
18								

G3 셀에 입력한 수식은 E3 셀의 값이 1,000 이상이고 F3 셀의 값도 35,000,000 이상이면 결과는 TRUE, 하나라도 틀리면 FALSE로 출력하라는 의미입니다.

	A	B	C	D	E	F	G
1							
2		생산공장	시즌	스타일코드	판매수량	실매출	결과산출
3		한국	겨울	ZCS801	2,600	62,000,000	TRUE
4		중국	봄	CPS211	310	10,850,000	FALSE
5		베트남	여름	VVR903	260	5,200,000	FALSE

02 이어서 G 열의 'TRUE'와 'FALSE' 값을 "전략제품"과 "공란"으로 변경하겠습니다. G3 셀에 IF 함수를 입력한 후 괄호 안에 AND 연산자 수식을 =IF(AND(E3>=1000,F3>=35000000),"전략제품","") 작성하고 [Enter] 키를 누릅니다.

	A	B	C	D	E	F	G	H	I
1									
2		생산공장	시즌	스타일코드	판매수량	실매출	결과산출		
3		한국	겨울	ZCS801	2,600	62,000,000	=IF(AND(E3>=1000,F3>=35000000),"전략제품","")		
4		중국	봄	CPS211	310	10,850,000			
5		베트남	여름	VVR903	260	5,200,000	입력 후 [Enter]		
6		대만	겨울	ZTT309	915	36,785,000			
7		한국	여름	CBS919	1,800	45,000,000			
8		한국	봄	VIW410	650	31,850,000			
9		베트남	가을	ZSD511	470	11,750,000			
10		중국	봄	CSW320	770	31,570,000			
11		베트남	겨울	DIL114	860	38,680,000			
12		대만	겨울	DZT421	1,500	41,400,000			
13		일본	봄	PMK904	740	19,980,000			
14		베트남	여름	ZSK811	260	9,100,000			
15		중국	가을	CLT915	750	20,250,000			
16		중국	봄	PSC415	1,000	27,087,000			
17		일본	가을	ZCS502	2,100	56,000,000			
18									

TIP IF AND 함수 팁

TRUE 실행 값을 입력할 때 반드시 AND 연산자 수식의 닫기 괄호가 잘 작성되었는지 확인해야 합니다. 그렇지 않으면 TRUE 실행 값이 반영되지 않고 AND 연산자의 논리로 반영되어 잘못된 결괏값이 출력됩니다. 또한, FALSE의 실행 값으로 추가할 내용이 없다면 항상 공란으로 표시해 주세요. 별도로 지정하지 않으면 늘 FALSE로 표시됩니다.

03 결괏값을 확인한 후 아래 방향으로 드래그해 자동 채우기를 합니다.

	A	B	C	D	E	F	G
1							
2		생산공장	시즌	스타일코드	판매수량	실매출	결과산출
3		한국	겨울	ZCS801	2,600	62,000,000	전략제품
4		중국	봄	CPS211	310	10,850,000	
5		베트남	여름	VVR903	260	5,200,000	
6		대만	겨울	ZTT309	915	36,785,000	
7		한국	여름	CBS919	1,800	45,000,000	전략제품
8		한국	봄	VIW410	650	31,850,000	
9		베트남	가을	ZSD511	470	11,750,000	
10		중국	봄	CSW320	770	31,570,000	
11		베트남	겨울	DIL114	860	38,680,000	
12		대만	겨울	DZT421	1,500	41,400,000	전략제품
13		일본	봄	PMK904	740	19,980,000	
14		베트남	여름	ZSK811	260	9,100,000	
15		중국	가을	CLT915	750	20,250,000	
16		중국	봄	PSC415	1,000	27,087,000	
17		일본	가을	ZCS502	2,100	56,000,000	전략제품
18							

드래그

2 OR 연산자

이번에는 OR 연산자를 사용해 봄이나 여름은 'SS'로 가을이나 겨울은 'FW'로 출력해 보겠습니다. 방법은 다음과 같습니다.

01 G3 셀에 IF 함수를 입력한 후 괄호 안에 OR 연산자 수식을 =IF(OR(C3="봄",C3="여름"),"SS","FW") 작성하고 Enter 키를 누릅니다.

	A	B	C	D	E	F	G	H
1								
2		생산공장	시즌	스타일코드	판매수량	실매출	결과산출	
3		한국	겨울	ZCS801	2,600	62,000,000	=IF(OR(C3="봄",C3="여름"),"SS","FW")	
4		중국	봄	CPS211	310	10,850,000		
5		베트남	여름	VVR903	260	5,200,000	입력 후 Enter	
6		대만	겨울	ZTT309	915	36,785,000		
7		한국	여름	CBS919	1,800	45,000,000		
8		한국	봄	VIW410	650	31,850,000		
9		베트남	가을	ZSD511	470	11,750,000		
10		중국	봄	CSW320	770	31,570,000		
11		베트남	겨울	DIL114	860	38,680,000		
12		대만	겨울	DZT421	1,500	41,400,000		
13		일본	봄	PMK904	740	19,980,000		
14		베트남	여름	ZSK811	260	9,100,000		
15		중국	가을	CLT915	750	20,250,000		
16		중국	봄	PSC415	1,000	27,087,000		
17		일본	가을	ZCS502	2,100	56,000,000		
18								

02 결괏값을 확인한 후 아래 방향으로 드래그해 자동 채우기를 합니다.

	A	B	C	D	E	F	G	
1								
2		생산공장	시즌	스타일코드	판매수량	실매출	결과산출	
3		한국	겨울	ZCS801	2,600	62,000,000	FW	드래그
4		중국	봄	CPS211	310	10,850,000	SS	
5		베트남	여름	VVR903	260	5,200,000	SS	
6		대만	겨울	ZTT309	915	36,785,000	FW	
7		한국	여름	CBS919	1,800	45,000,000	SS	
8		한국	봄	VIW410	650	31,850,000	SS	
9		베트남	가을	ZSD511	470	11,750,000	FW	
10		중국	봄	CSW320	770	31,570,000	SS	
11		베트남	겨울	DIL114	860	38,680,000	FW	
12		대만	겨울	DZT421	1,500	41,400,000	FW	
13		일본	봄	PMK904	740	19,980,000	SS	
14		베트남	여름	ZSK811	260	9,100,000	SS	
15		중국	가을	CLT915	750	20,250,000	FW	
16		중국	봄	PSC415	1,000	27,087,000	SS	
17		일본	가을	ZCS502	2,100	56,000,000	FW	
18								

Special Training
팀장님 미션에서 살아남기

실습 예제
Part2_Special Training.xlsx

🔧 실무 엑셀 함수 미션과 해결 방법

1. VLOOKUP 함수 미션

미션 부서별 동명이인의 이름을 구별하여 사번과 직급 데이터를 출력해 주세요.

이름	사번	부서명	직급	근무지		이름	부서명	사번	직급
김민정	774342	영업팀	대리	광주		김민정	영업팀		
김민정	333518	구매팀	사원	울산		김민정	구매팀		
고유나	127220	마케팅팀	주임	대전		고유나	마케팅팀		
고유나	731202	CS팀	사원	목포		고유나	CS팀		
이유림	172724	정보개발팀	대리	울산		이유림	정보개발팀		
이유림	742411	마케팅팀	사원	서울		이유림	마케팅팀		
박하정	204327	구매팀	과장	원주		박하정	구매팀		
박하정	123114	영업팀	과장	대구		박하정	영업팀		
민혜인	111712	기획팀	대리	고성					
방재은	156847	구매팀	대리	경산					
배은솔	103373	총무팀	사원	제주					
백주연	124023	영업팀	부장	인천					
성하나	413073	생산팀	과장	청주					
손채민	101107	영업팀	대리	대전					
송한별	377313	인사팀	사원	서울					
신하람	114711	CS팀	주임	여수					
심유리	711171	정보개발팀	주임	양양					
양유하	117071	영업팀	주임	부산					
우윤솔	737112	CS팀	차장	남원					
유소희	214273	총무팀	과장	서울					
유예주	772721	정보개발팀	사원	부산					
유지혜	112110	기획팀	부장	강릉					
임다혜	724304	CS팀	사원	광양					
전다솜	237121	기획팀	차장	순천					

해결 방법

자료를 살펴보니 '김민정', '고유나' 등 다수의 동명이인이 존재합니다. 이럴 때 어떻게 해결해야 좋을까요? 별다른 고민 없이 동명이인은 무시한 채 이름을 조건으로 설정하여 VLOOKUP 함수를 사용해도 될까요? 아마도 신뢰도 높은 결괏값을 기대하기는 어려울 겁니다. 정확한 결과를 출력하기 위해서는 영업팀 김민정과 구매팀 김민정을 먼저 구별해 줘야 하고 이어서 고유나, 이유림, 박하정도 동일하게 부서별 구분을 해줘야 합니다. 방법은 다음과 같습니다.

01 먼저 빠른 출력을 위해 나만의 기준값을 만들어보겠습니다. I5 셀에 연결 연산자를 입력해 기본 수식을 =J5&K5 입력하고 Enter 키를 누릅니다. 결괏값을 확인한 후 자동 채우기를 합니다.

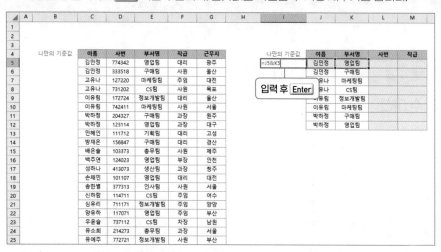

02 RAW DATA에도 나만의 기준값과 일치하는 또 다른 기준값을 만들어 줍니다. B5 셀에 연결 연산자를 입력해 기본 수식을 =C5&E5 입력하고 Enter 키를 누릅니다. 결괏값을 확인한 후 자동 채우기를 합니다.

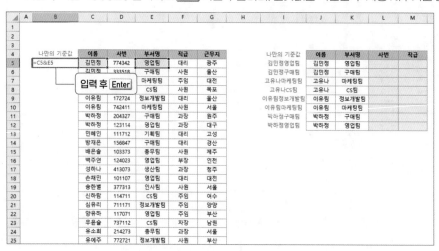

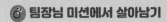

03 L5 셀에 VLOOKUP 함수를 입력한 후 괄호 안에 수식을 =VLOOKUP($I5,$B:$G,3,0) 작성합니다.

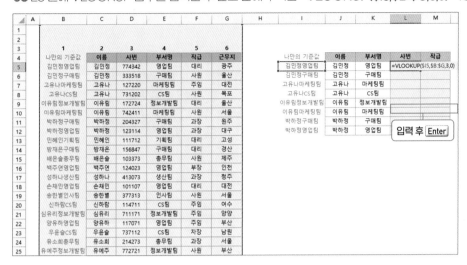

04 이어서 M5 셀에 VLOOKUP 함수를 입력한 후 괄호 안에 수식을 =VLOOKUP($I5,$B:$G,5,0) 작성합니다.

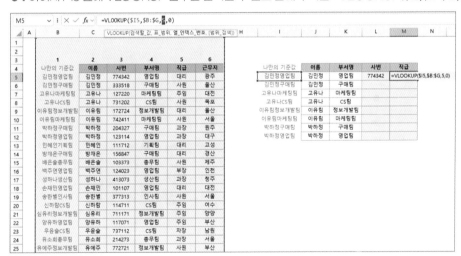

05 결괏값을 확인한 후 아래 방향으로 드래그해 자동 채우기를 합니다.

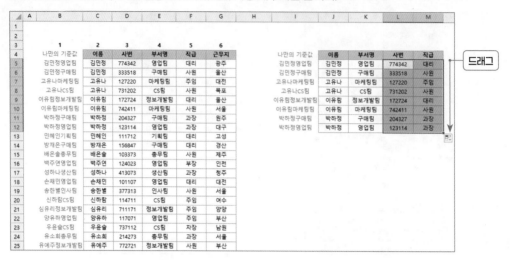

06 팀원과 데이터 공유 시 혼란을 막기 위해 RAW DATA에 입력한 나만의 기준값은 [홈] 탭-[글꼴]-[글꼴색]에서 글자색을 변경해 숨겨줍니다.

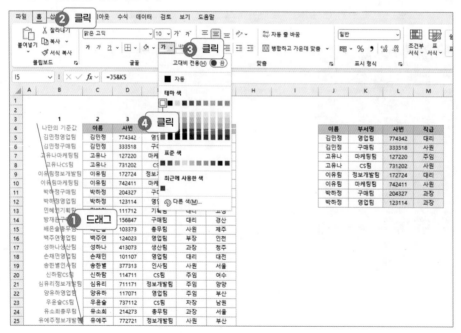

2. SUMIFS 함수 미션

미션 특정 조건에 맞춰 1분기 계정 및 월별 예상 비용의 합계를 구하세요.

	A	B	C	D	E	F	G	H	I	J	K
1											
2											단위 : 원
3		월	부서	계정	예상비용 금액		계정	1월	2월	3월	합계
4		1월	영업본부	교육비	44,500		교육비				
5		1월	기획본부	교육비	44,500		소모품비				
6		1월	경영지원팀	소모품비	190,000		통신비				
7		1월	영업본부	소모품비	133,000		총합계				
8		1월	인사팀	소모품비	170,000						
9		1월	경영지원팀	통신비	550,000						
10		1월	영업본부	통신비	56,000						
11		1월	인사팀	통신비	475,000						
12		2월	영업본부	교육비	62,400						
13		2월	인사팀	교육비	71,500						
14		2월	경영지원팀	소모품비	119,200						
15		2월	영업본부	소모품비	150,000						
16		2월	인사팀	소모품비	93,200						
17		2월	경영지원팀	통신비	567,100						
18		2월	영업본부	통신비	90,000						
19		2월	인사팀	통신비	490,300						
20		3월	영업본부	교육비	47,200						
21		3월	인사팀	교육비	54,800						
22		3월	경영지원팀	소모품비	101,800						
23		3월	영업본부	소모품비	133,900						
24		3월	인사팀	소모품비	77,400						
25		3월	경영지원팀	통신비	551,300						
26		3월	영업본부	통신비	67,700						
27		3월	인사팀	통신비	473,400						

해결 방법

자료를 살펴보니 세로로 계정별 조건이 있고 가로로 월별 조건이 작성되어 있습니다. 조건이 가로와 세로 방향으로 작성되어 RAW DATA를 비교할 때 혼합참조의 사용이 매우 중요해 보입니다. VLOOKUP 함수보다는 수식 구조가 조금 복잡하니 잘 따라오세요.

01 H4 셀에 SUMIFS 함수를 입력한 후 괄호 안에 자동 채우기를 고려해 조건 범위인 열은 절대참조를 사용하고 조건 및 합계 범위인 행은 계정별 조건에 따라 값이 변경되어야 해 혼합참조를 사용해 수식을 =SUMIFS($E:$E,$D:$D,$G4,$B:B,H3) 작성하고 Enter 키를 누릅니다.

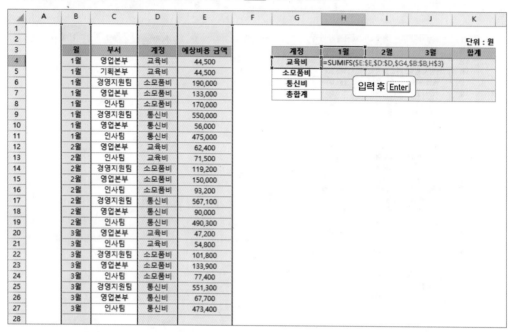

우측으로 자동 채우기 시 특정 조건인 예상비용 금액과 계정 그리고 월의 E:E, B:B, D:D 열은 이동되지 않도록 열 고정을 했고 자료의 특정 조건인 G4 셀도 아래 방향으로 자동 채우기 시 해당 조건에 맞게 값이 변경되어야 하므로 혼합참조를 사용해 열 고정만 했습니다. 합계 범위인 H3 셀은 우측으로 자동 채우기 해당 조건에 맞게 값이 입력되어야 하고 아래 방향으로 자동 채우기 시 3행의 머리글은 이동되면 안 되어 혼합참조로 행 고정만 합니다.

02 결괏값을 확인한 후 우측과 아래 방향으로 드래그해 자동 채우기를 합니다.

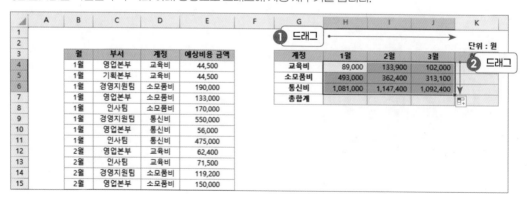

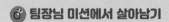

03 다음 합계 및 총합계 값을 출력하기 위해 K4 셀에 SUM 함수를 입력한 후 괄호 안에 수식을 SUM(H4:J4) 작성하고 Enter 키를 누릅니다. 결괏값을 확인한 후 아래 방향으로 드래그해 자동 채우기를 합니다.

04 나머지 H7 셀에도 SUM 함수를 입력한 후 괄호 안에 수식을 =SUM(H4:H6) 작성하고 Enter 키를 누릅니다. 결괏값을 확인하고 우측으로 드래그해 자동 채우기를 합니다.

05 1분기 계정 및 월별 예상비용 합계 자료가 완성됐습니다.

	A	B	C	D	E	F	G	H	I	J	K
1											
2										단위 : 원	
3		월	부서	계정	예상비용 금액		계정	1월	2월	3월	합계
4		1월	영업본부	교육비	44,500		교육비	89,000	133,900	102,000	324,900
5		1월	기획본부	교육비	44,500		소모품비	493,000	362,400	313,100	1,168,500
6		1월	경영지원팀	소모품비	190,000		통신비	1,081,000	1,147,400	1,092,400	3,320,800
7		1월	영업본부	소모품비	133,000		총합계	1,663,000	1,643,700	1,507,500	4,814,200
8		1월	인사팀	소모품비	170,000						
9		1월	경영지원팀	통신비	550,000						
10		1월	영업본부	통신비	56,000						
11		1월	인사팀	통신비	475,000						
12		2월	영업본부	교육비	62,400						
13		2월	인사팀	교육비	71,500						
14		2월	경영지원팀	소모품비	119,200						
15		2월	영업본부	소모품비	150,000						

3. IF 함수 미션

미션 스타일코드 네 번째 문자에 8 또는 9의 숫자가 있을 경우 "온라인 전용"으로 구분해 주세요.

해결 방법

RAW DATA의 스타일 코드를 살펴보니 데이터에 영문과 숫자가 섞여 있습니다. 이를 구분해 특정 조건을 만족하는 결괏값을 출력하고 싶다면 IF 함수를 사용해야 하는데 실무에서는 IF 함수의 단독 사용만으로는 원하는 결괏값을 출력하기 힘듭니다. 이런 경우 연산자를 함께 사용하면 좋습니다. 현재 미션을 해결하기에는 MID 함수와 OR 연산자가 딱입니다. 먼저 MID 함수부터 수식을 입력하겠습니다.

01 G3 셀에 MID 함수를 입력한 후 괄호 안에 수식을 =MID(D3,4,1)="8" 작성합니다.

02 이어서 수식의 맨 뒤에 MID 함수를 한 번 더 입력하고 이번에는 출력 조건을 숫자 '8'이 아닌 '9'를 추가한 후 수식의 맨 앞에 OR 연산자를 입력해 수식을 =OR(MID(D3,4,1)="8", MID(D3,4,1)="9") 완성합니다.

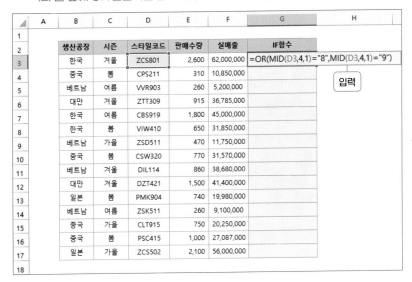

D3 셀의 문자열 중 네 번째 순서부터 한 개의 문자를 출력하고 네 번째 문자가 8 또는 9라면 결괏값이 TRUE, 그렇지 않으면 FALSE를 출력하라는 의미입니다.

03 G3 셀에 OR 연산자 추가를 완료했다면 마지막으로 수식의 맨 앞에 IF 함수를 입력해 최종 수식을 =IF(OR(MID(D3,4,1)="8", MID(D3,4,1)="9"), "온라인 전용", "") 작성합니다.

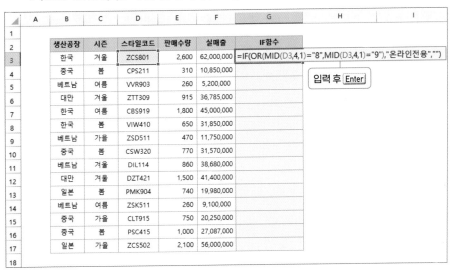

177

04 결괏값을 확인한 후 아래 방향으로 드래그해 자동 채우기를 합니다. 스타일코드의 네 번째 문자가 8 또는 9라면 "온라인 전용" 그렇지 않으면 " " 공란으로 처리된 자료가 완성됐습니다.

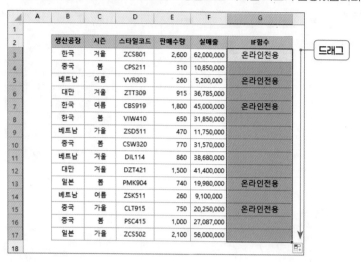

생산공장	시즌	스타일코드	판매수량	실매출	IF함수
한국	겨울	ZCS801	2,600	62,000,000	온라인전용
중국	봄	CPS211	310	10,850,000	
베트남	여름	VVR903	260	5,200,000	온라인전용
대만	겨울	ZTT309	915	36,785,000	
한국	여름	CBS919	1,800	45,000,000	온라인전용
한국	봄	VIW410	650	31,850,000	
베트남	가을	ZSD511	470	11,750,000	
중국	봄	CSW320	770	31,570,000	
베트남	겨울	DIL114	860	38,680,000	
대만	겨울	DZT421	1,500	41,400,000	
일본	봄	PMK904	740	19,980,000	온라인전용
베트남	여름	ZSK511	260	9,100,000	
중국	가을	CLT915	750	20,250,000	온라인전용
중국	봄	PSC415	1,000	27,087,000	
일본	가을	ZCS502	2,100	56,000,000	

드래그

 TIP 숫자에 큰따옴표

함수 수식에 문자나 기호를 입력할 때만 큰따옴표를 추가했었는데 왜? 8 또는 9의 숫자에도 큰따옴표를 추가한 걸까요? 이유는 D3 셀의 스타일 코드가 문자, 기호, 숫자 등이 함께 작성된 코드라 이럴 때 숫자는 문자와 동일 시 되기 때문에 예외 없이 숫자의 양쪽에도 "8" 또는 "9"와 같이 큰따옴표를 추가했습니다.

Epilogue
함수 수식 작성만 잘하면
오늘 하루도 끝이난다.

[Part 2. 실무 함수 활용]을 통해 실무에서 필요한 함수들의 활용 과정에 대해 학습했습니다. 실무에서는 정말 다양한 목적으로 함수를 응용해야 하는 상황이 계속 발생합니다. 따라서 본문의 내용을 열심히 복습한 후 사수가 만든 자료를 꼼꼼히 살펴보며 그곳에 구성된 함수들을 분석해 보는 시간을 가지세요. 아직 방대한 데이터의 자료를 해석하는 게 어렵다면 우리 팀의 팀원은 함수를 어떻게 응용하고 있는지 살피는 것도 엑셀 함수의 역량을 기르는 유의미한 시간이 될 겁니다.

[Part 1. 데이터 관리]는 회사에서 만든 자료를 바탕으로 실무자가 꼭 알아야 하는 데이터 관리 기본 기능의 내용이었다면, [Part 2. 실무 함수 활용]은 방대한 RAW DATA에서 원하는 데이터를 목적에 맞게 직접 출력하고 관리하는 방법과 활용 방법의 내용이 담겨 있습니다.

그런데 여러분 이렇게 힘들게 만든 데이터를 팀장님, 이사님, 본부장님 등 상사에게 잘 보고할 수 있어야 진정한 일·잘·러로 인정받을 수 있지 않을까요!?

여러분은 [Part 2. 실무 함수 활용]을 통해 데이터를 다루는 힘이 생겼습니다. 이제 [Part 3. 보고서 작성]을 통하여 데이터를 생기 있고 돋보이게 해줄 시각화 기능을 활용하는 실력까지 갖추길 기대해 보겠습니다.

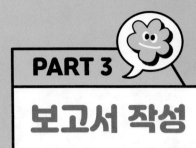

PART 3

보고서 작성

"팀장님, 프리 패스하는 보고서의 비밀"

여러분은 매일 회사에서 방대한 양의 RAW DATA로 주제별, 유형별 수많은 실적 결과물을 만들어 내고 있습니다. 그 결과물을 상사에게 어떻게 보고하고 있나요? 혹시 한 번이라도 '뭔가 복잡해 보이는데?', '어디에 초점을 두어야 할지 잘 모르겠어'라는 피드백을 받은 적이 있나요? 원하는 데이터를 잘 출력해도 강조 표시 하나 없이 숫자만 가득한 엑셀 보고서는 누구에게도 환영받지 못합니다.

[Part_3 보고서 작성]에서는 보고서의 가독성을 높이는 유형별 서식 작업과 차트 사용법을 배우며 RAW DATA의 레이아웃을 편집해 자료를 빠르게 분석하는 피벗의 사용법을 실무 예제로 학습합니다.

이제는 엑셀의 시각화 도구를 잘 몰라 인터넷을 검색했던 과거와 이별하세요. 이 파트를 끝내면 어느 상황에서든지 엑셀을 활용해 데이터의 가독성을 높이는 보고서를 작성할 수 있습니다.

Chapter 1
**보고서의 이해를 높여주는
셀 서식 활용법**

제대로 이해하고 사용하는, 날짜 서식

날짜 서식은 실무에서 보고서 작성 시 자주 사용하는 기능인데 정확한 사용 방법을 몰라 어려워하는 분들이 많습니다. 이번 섹션에서는 날짜 서식에 대해 자세히 알아보겠습니다.

■ 실습 예제: Part3_ch01_1-1.xlsx

2024년 11월 11일 오후

오늘은 참 이상한 날이었다. 왜 그런 날 있지 않은가? 생각했던 대로 일이 잘 풀리지 않는 날. 아침부터 뜬금 없이 정 과장님에게 자리 정리 정돈으로 잔소리를 듣고 점심에 기분 전환 겸 찾아간 단골 맛집은 휴무이고 대충 아무거나 먹고 들어와 보고서를 작성하는데 특정 일자별 실적 현황을 파악하던 중 날짜 서식을 변경하려고 셀 서식을 선택하면 무슨 영문인지 자료에 반영되지 않았다.

무언가 잘못하고 있는 것 같은데 쉽사리 해결할 방법을 찾을 수 없었던 나는 끝내 하나씩 원하는 형태로 날짜를 입력하기 시작했다. 나의 요란한 키보드 소리가 거슬렸던 것일까? 박 대리님이 조용히 내 자리로 오셨다.

"하 사원 잘 기억해 날짜처럼 보이는 일반 숫자 데이터는 셀 서식 메뉴에서 날짜 서식을 반영할 수 없어 이런 경우 먼저 날짜 서식에 맞는 데이터로 변경한 후 원하는 날짜 서식 형태로 반영하면 돼"

나는 속으로 유레카를 외쳤다. 셀 서식 정도야 이제 식은 죽 먹기라고 생각했는데 아직 갈 길이 멀었구나

"네, 대리님 말씀 참고하여 다시 작업해 보겠습니다."

❀ 날짜 서식 실무 활용편

1. 일반, 숫자, 날짜 서식의 차이점

일반 서식이 반영된 상태로 2050-12-30과 같이 하이픈으로 연도와 날짜를 구분해 셀에 입력하면 셀 서식은 날짜 서식으로 자동 변경되는데 2050.12.30과 같이 온점으로 연도와 날짜를 구분해 셀에 입력하면 자동 변경 없이 일반 서식이 유지됩니다.

일반 서식과 날짜 서식이 각각 다르게 적용된 상태에서 자동 채우기를 해보면 날짜 서식이 적용된 데이터는 연, 월, 일을 기준으로 자동 채우기가 잘 되지만, 일반 서식이 반영된 데이터는 연, 월, 일을 기준으로 자동 채우기가 되지 않습니다. 날짜 서식의 사용 방법을 잘 모르고 자동 채우기를 했을 때 흔히 발생하는 상황으로 셀에 날짜 입력 시 꼭 하이픈을 사용해 주세요.

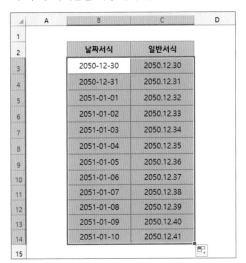

TIP 오늘의 날짜

셀에 날짜를 직접 입력하지 않고 쉽게 불러오는 방법이 있습니다.

❶ TODAY 함수

TODAY 함수는 오늘 날짜를 반환해 주는 엑셀 함수로 셀에 TODAY함수를 입력한 후 괄호 안에 수식을 **=TODAY()** 작성하면 사용자의 시스템에 설정된 오늘의 날짜가 반환됩니다.

❷ Ctrl + ;

오늘 날짜 반환 단축키를 누르면 TODAY 함수 및 날짜를 셀에 직접 입력하지 않아도 사용자의 시스템에 설정된 오늘의 날짜를 반환해 줍니다.

2. 날짜 서식에서 요일 표시하기

셀에 작성된 기본 날짜에 셀 서식의 다양한 요일 서식을 추가하여 편집해 보겠습니다. 방법은 다음과 같습니다.

원본	유형
날짜	요일 서식
2050-12-20	2050-12-20
2050-12-21	2050-12-21
2050-12-22	2050-12-22
2050-12-23	2050-12-23
2050-12-24	2050-12-24
2050-12-25	2050-12-25

■ 기본 요일 표시하기

01 서식을 반영할 셀의 범위를 선택한 후 Ctrl+1 키를 누릅니다. 화면에 셀 서식 창이 나타나면 [표시 형식] 탭-[사용자 지정]을 클릭합니다. [형식(T)] 입력란에 **yyyy-mm-dd aaa**를 입력하고 [확인] 버튼을 클릭합니다(y는 year, m은 month, d는 day를 의미합니다).

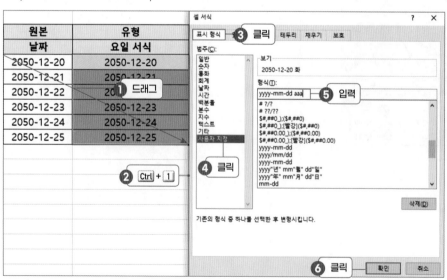

02 다음과 같이 입력한 날짜에 해당하는 요일이 함께 표시됩니다.

원본	유형
날짜	요일 서식
2050-12-20	2050-12-20 화
2050-12-21	2050-12-21 수
2050-12-22	2050-12-22 목
2050-12-23	2050-12-23 금
2050-12-24	2050-12-24 토
2050-12-25	2050-12-25 일

2 요일 괄호 표시하기

01 서식을 반영할 셀의 범위를 선택한 후 Ctrl + 1 키를 누릅니다. 화면에 셀 서식 창이 나타나면 [표시 형식] 탭-[사용자 지정]을 클릭합니다. [형식(T)] 입력란에 **yyyy-mm-dd (aaa)**를 입력하고 [확인] 버튼을 클릭합니다.

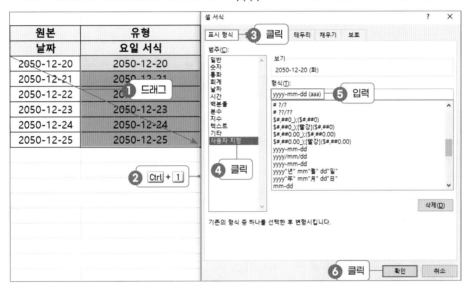

02 다음과 같이 괄호 안에 요일이 함께 표시됩니다.

원본	유형
날짜	요일 서식
2050-12-20	2050-12-20 (화)
2050-12-21	2050-12-21 (수)
2050-12-22	2050-12-22 (목)
2050-12-23	2050-12-23 (금)
2050-12-24	2050-12-24 (토)
2050-12-25	2050-12-25 (일)

3 요일명 괄호 표시하기

01 서식을 반영할 셀의 범위를 선택한 후 `Ctrl` + `1` 키를 누릅니다. 화면에 셀 서식 창이 나타나면 [표시 형식] 탭-[사용자 지정]을 클릭합니다. [형식(T)] 입력란에 **yyyy-mm-dd (aaaa)**를 입력하고 [확인] 버튼을 클릭합니다.

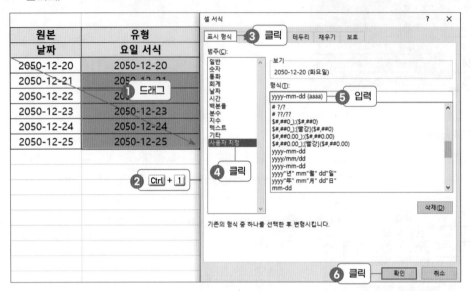

02 다음과 같이 괄호 안에 요일명이 함께 표시됩니다.

원본	유형
날짜	요일 서식
2050-12-20	2050-12-20 (화요일)
2050-12-21	2050-12-21 (수요일)
2050-12-22	2050-12-22 (목요일)
2050-12-23	2050-12-23 (금요일)
2050-12-24	2050-12-24 (토요일)
2050-12-25	2050-12-25 (일요일)

4 요일명만 표시하기

01 서식을 반영할 셀의 범위를 지정한 후 `Ctrl` + `1` 키를 누릅니다. 화면에 셀 서식 창이 나타나면 [표시 형식] 탭-[사용자 지정]을 클릭합니다. [형식(T)] 입력란에 **aaaa**를 입력하고 [확인] 버튼을 클릭합니다.

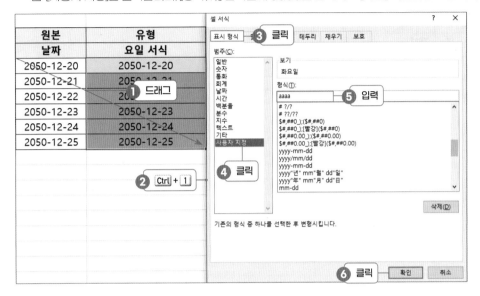

02 다음과 같이 요일명만 표시됩니다.

원본	유형
날짜	요일 서식
2050-12-20	화요일
2050-12-21	수요일
2050-12-22	목요일
2050-12-23	금요일
2050-12-24	토요일
2050-12-25	일요일

3. 날짜 연도, 월, 일 별로 분리하기

다음 자료의 날짜 열에 입력된 기본 날짜를 연도, 월, 일로 분리해 표시하겠습니다. 방법은 다음과 같습니다.

날짜	연도	월	일
2050-01-14			
2051-02-02			
2055-03-01			
2056-03-22			
2050-04-27			
2059-05-01			
2052-07-19			
2057-08-13			
2051-09-21			

1 연도(YEAR) 출력하기

01 연도를 출력할 C3 셀에 YEAR 함수를 입력한 후 괄호 안에 수식을 **=YEAR(B3)** 작성하고 Enter 키를 누릅니다.

	A	B	C	D	E
1					
2		날짜	연도	월	일
3		2050-01-14	=YEAR(B3)	입력 후 Enter	
4		2051-02-02			
5		2055-03-01			
6		2056-03-22			
7		2050-04-27			

02 날짜에서 연도만 분리되어 출력됩니다.

	A	B	C	D	E
1					
2		날짜	연도	월	일
3		2050-01-14	2050		
4		2051-02-02			
5		2055-03-01			
6		2056-03-22			
7		2050-04-27			

2 월(MONTH)만 출력하기

01 월을 출력할 D3 셀에 MONTH 함수를 입력한 후 괄호 안에 수식을 **=MONTH(B3)** 작성하고 Enter 키를 누릅니다.

	A	B	C	D	E
1					
2		날짜	연도	월	일
3		2050-01-14	2050	=MONTH(B3)	
4		2051-02-02		입력 후 Enter	
5		2055-03-01			
6		2056-03-22			
7		2050-04-27			

02 날짜에서 월만 분리되어 출력됩니다.

	A	B	C	D	E
1					
2		날짜	연도	월	일
3		2050-01-14	2050	1	
4		2051-02-02			
5		2055-03-01			
6		2056-03-22			
7		2050-04-27			

3 일(DAY)만 출력 하기

01 일을 출력할 E3 셀에 DAY 함수를 입력한 후 괄호 안에 수식을 =DAY(B3) 작성하고 [Enter] 키를 누릅니다.

	A	B	C	D	E	
1						
2		**날짜**	**연도**	**월**	**일**	
3		2050-01-14	2050	1	=DAY(B3)	← 입력 후 [Enter]
4		2051-02-02				
5		2055-03-01				
6		2056-03-22				
7		2050-04-27				

02 날짜에서 일만 분리되어 출력됩니다. 연도, 월, 일이 모두 분리되어 출력했다면 아래 방향으로 드래그해 자동 채우기를 합니다.

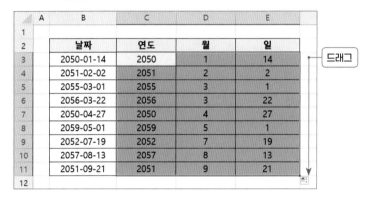

	A	B	C	D	E	
1						
2		**날짜**	**연도**	**월**	**일**	
3		2050-01-14	2050	1	14	← 드래그
4		2051-02-02	2051	2	2	
5		2055-03-01	2055	3	1	
6		2056-03-22	2056	3	22	
7		2050-04-27	2050	4	27	
8		2059-05-01	2059	5	1	
9		2052-07-19	2052	7	19	
10		2057-08-13	2057	8	13	
11		2051-09-21	2051	9	21	
12						

4. 일반 숫자를 날짜로 변환하기

회사 전산 시스템에서 자료를 다운로드해 살펴보니 셀에 날짜를 의미하는 숫자가 입력되어 있는 것을 발견했습니다. 일반 숫자를 날짜 서식으로 편집하려면 우선 날짜 형식으로 변경해 줘야 합니다. DATE 함수를 사용해 일반 숫자를 날짜 서식이 반영된 데이터로 변경해 보겠습니다. 작성 방법은 다음과 같습니다.

> =DATE(LEFT(좌측에서 출력할 셀, 출력 개수),MID(특정 위치의 출력할 셀, 셀 특정 위치, 출력 개수),RIGHT(우측에서 출력할 셀, 출력 개수))

DATE 함수의 기본 구조는 DATE(YEAR,MONTH,DAY)이지만 연, 월, 일이 셀에 한꺼번에 작성된 숫자를 각각 분리해 출력해야 하는 상황이므로 LEFT, MID, RIGHT 함수를 함께 사용하려고 합니다. 작성 방법을 확인했다면 다음 자료의 일반 숫자를 날짜 서식으로 변환해 보겠습니다.

일반 숫자	날짜 서식 변환하기
20300101	
20300102	
20300103	
20300104	
20300105	
20300106	
20300107	
20300108	
20300109	
20300110	

01 C3 셀에 DATE 함수를 입력한 후 괄호 안에 수식을 =DATE(LEFT(B3,4),MID(B3,5,2),RIGHT(B3,2)) 작성하고 Enter 키를 누릅니다.

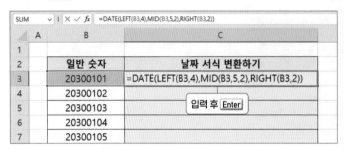

LEFT(B3,4) : B3 셀의 맨 좌측 첫 번째에서부터 네 번째 문자까지 출력합니다.
MID(B3,5,2) : B3 셀의 좌측 다섯 번째 문자에서부터 두 개의 문자를 출력합니다.
RIGHT(B3,2) : B3 셀의 기준값 맨 우측 두 번째 문자까지 출력합니다.

02 셀에 출력된 결괏값을 확인하고 아래 방향으로 드래그해 자동 채우기를 합니다.

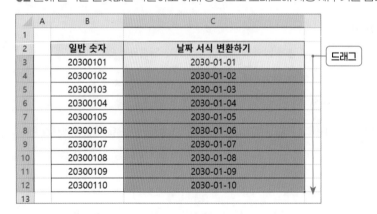

5. 알아두면 유용한 날짜 서식

1 날짜 서식 형식 변경하기

01 날짜 서식의 형식을 변경할 셀의 범위를 선택한 후 Ctrl + 1 키를 누릅니다. 화면에 셀 서식 창이 나타나면 [표시 형식] 탭-[날짜]를 클릭합니다. [형식(T)] 영역에서 원하는 형식을 선택한 후 [확인] 버튼을 클릭합니다.

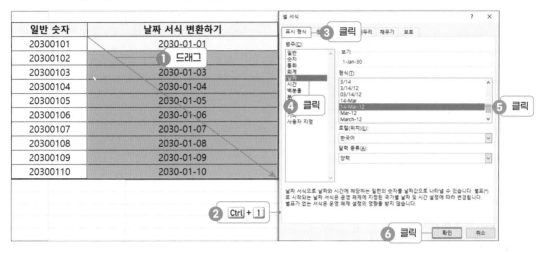

02 다음과 같이 선택한 형식으로 날짜 서식이 적용됐습니다.

일반 숫자	날짜 서식 변환하기
20300101	1-Jan-30
20300102	2-Jan-30
20300103	3-Jan-30
20300104	4-Jan-30
20300105	5-Jan-30
20300106	6-Jan-30
20300107	7-Jan-30
20300108	8-Jan-30
20300109	9-Jan-30
20300110	10-Jan-30

2 불규칙한 날짜 표기에 날짜 서식 적용하기

셀에 날짜가 모두 불규칙하게 작성되어 있다면 DATE 함수를 사용하는 데 한계가 있습니다. 이럴 때는 텍스트 나누기 기능으로 날짜 형식을 통일할 수 있는데요. 다음 자료의 불규칙한 날짜를 텍스트 나누기로 해결해 보겠습니다. 방법은 다음과 같습니다.

불규칙 표기	텍스트 나누기로 날짜 변환
2031.3.15	2031.3.15
2028.04.10	2028.04.10
2035.11.09	2035.11.09
2026.07.07	2026.07.07
2037.5.3	2037.5.3

01 텍스트 나누기를 적용할 셀의 범위를 선택한 후 [데이터] 탭-[데이터 도구]-[텍스트 나누기]를 클릭합니다.

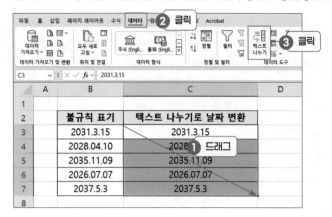

02 화면에 텍스트 마법사 창이 나타나면 [다음(N)] 버튼을 연속으로 클릭해 3단계로 이동하고 [열 데이터 서식]의
[날짜(D)]를 선택한 후 [마침(F)] 버튼을 클릭합니다.

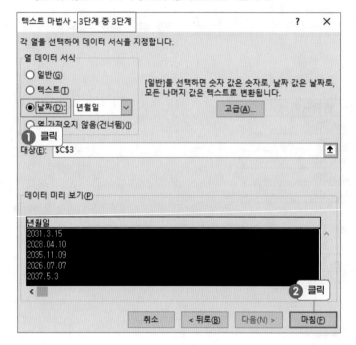

03 불규칙했던 날짜 형식이 통일되어 출력됐습니다.

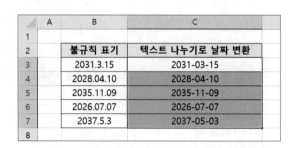

	A	B	C
1			
2		불규칙 표기	텍스트 나누기로 날짜 변환
3		2031.3.15	2031-03-15
4		2028.04.10	2028-04-10
5		2035.11.09	2035-11-09
6		2026.07.07	2026-07-07
7		2037.5.3	2037-05-03
8			

텍스트 나누기 기능을 사용하지 않아도 간편하게 날짜 형식을 변환할 수 있습니다.

01 날짜 셀의 범위를 선택한 후 Ctrl + F 키를 누릅니다. 화면에 찾기 및 바꾸기 창이 나타나면 [찾을 내용(N)] 란에 온점을 입력하고 [바꿀 내용(E)] 란에 하이픈을 입력한 후 [모두 바꾸기(A)] 버튼을 클릭합니다.

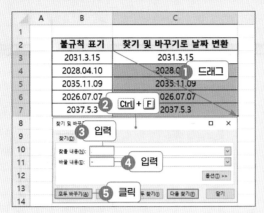

02 [찾기 및 바꾸기]으로 날짜 형식이 통일성 있게 변환되었습니다.

	불규칙 표기	찾기 및 바꾸기로 날짜 변환
3	2031.3.15	2031-03-15
4	2028.04.10	2028-04-10
5	2035.11.09	2035-11-09
6	2026.07.07	2026-07-07
7	2037.5.3	2037-05-03

자료의 완성도를 높여주는, 사용자 지정 서식

셀 서식은 작성한 자료의 완성도를 높여주는 든든한 보조 기능으로 엑셀의 여러 부분에서 다방면으로 활약하고 있습니다. 이번 섹션에서는 엑셀 사용자 지정 서식에 대해 자세히 알아보겠습니다.

🏛 실습 예제: Part3_ch01_1-2.xlsx

2024년 11월 13일 오후

매출 실적 자료를 다 만들고 팀장님에게 보고까지 완료했더니 급 긴장이 풀리면서 졸음이 밀려왔다.😴 잠을 쫓기 위해 자리에서 일어나 탕비실로 가려는데 팀장님에게 메신저가 왔다.💬

"하 사원, 방금 보내준 자료 매출 실적 백만 원단위로 수정해서 다시 공유해 줘요."

"넵! 바로 수정해서 드리겠습니다."

빠르게 답변을 드리고 자료를 다시 열어 확인했다. 셀의 매출 실적을 백만 원단위로 어떻게 바꿔야 하지? 하나씩 작업하면 되나? 고민에 빠졌다. 괜히 대리님에게 걸리면 크게 야단맞을 거 같은데 어쩌면 좋을까? 지금이라도 팀장님에게 알려달라고 말해야 하나? 뭔가 좋은 방법이 없을까?

✿ 사용자 지정 서식 실무 활용편

1. 금액 단위 조정하기

매출 실적 자료의 원단위로 표기된 매출액 단위를 천 원단위로 변경해 보겠습니다. 방법은 다음과 같습니다.

구분	매출액(원)	매출액(천원)
코팅장갑	6,519,702,000	6,519,702,000
마스크	7,791,611,000	7,791,611,000
보안경	1,183,433,000	1,183,433,000
보호복	3,230,358,500	3,230,358,500
호흡기	2,685,624,500	2,685,624,500
브러시	2,745,380,500	2,745,380,500
코팅장갑	12,439,340,000	12,439,340,000
마스크	5,428,355,000	5,428,355,000
스티커	8,036,006,500	8,036,006,500
보호구	3,478,036,000	3,478,036,000

01 매출액 단위를 변경할 셀의 범위를 선택한 후 Ctrl + 1 키를 누릅니다. 화면에 셀 서식 창이 나타나면 [표시 형식] 탭-[사용자 지정]을 클릭합니다. [형식(T)] 입력란에 #,##0, 을 입력하면 [보기]에서 값이 천원 단위로 변경된 것을 알 수 있습니다. [확인] 버튼을 클릭합니다.

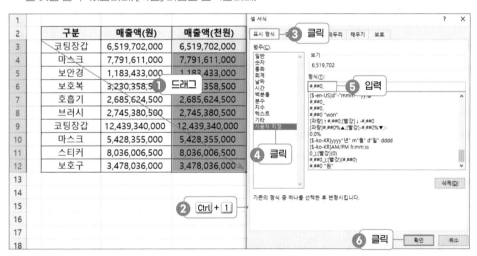

#,##0는 숫자 자릿수를 나타내는 형식으로 #은 0에서 9까지의 숫자를 대체해 표기하는 형식이고 콤마는 천 단위로 구분해 표기하는 겁니다.

02 매출액 단위가 천 원단위로 변경된 된 것을 확인할 수 있습니다.

	구분	매출액(원)	매출액(천원)
D3		fx	6519702000

	A	B	C	D
1				
2		구분	매출액(원)	매출액(천원)
3		코팅장갑	6,519,702,000	6,519,702
4		마스크	7,791,611,000	7,791,611
5		보안경	1,183,433,000	1,183,433
6		보호복	3,230,358,500	3,230,359
7		호흡기	2,685,624,500	2,685,625
8		브러시	2,745,380,500	2,745,381
9		코팅장갑	12,439,340,000	12,439,340
10		마스크	5,428,355,000	5,428,355
11		스티커	8,036,006,500	8,036,007
12		보호구	3,478,036,000	3,478,036
13				

😮 **TIP** #,##0과 #,###의 차이점

마지막 일의 자리에 0이 표시된 #,##0 형식은 [사용자 지정] 서식이 반영된 셀에 0이 있다면 그대로 노출하라는 의미로 결괏값에 0이 표시됩니다. 반면 모든 자릿수를 #으로 처리한 #,### 형식은 [사용자 지정] 서식이 반영된 셀에 0이 있다면 0을 표시하지 말라는 의미로 결괏값에 0이 생략됩니다.

2. 금액 표시에 '원' 추가하기

매출 실적 자료의 매출액 셀에 '원'을 추가해 보겠습니다. 방법은 다음과 같습니다.

사업소	매출액
서부사업소	42,165,843
남부사업소	15,165,165
북부사업소	22,535,483
동부사업소	355,566,984
강원사업소	213,245,658
인천사업소	15,151,351
경남사업소	58,126,513
경북사업소	351,746,351
제주사업소	11,115,484
전라사업소	101,810,315

01 '원'을 추가할 매출액 셀의 범위를 선택한 후 Ctrl + 1 키를 누릅니다. 화면에 셀 서식 창이 나타나면 [표시 형식] 탭-[사용자 지정]을 클릭합니다. [형식(T)] 입력란에 #,##0 원을 입력하고 [확인] 버튼을 클릭합니다.

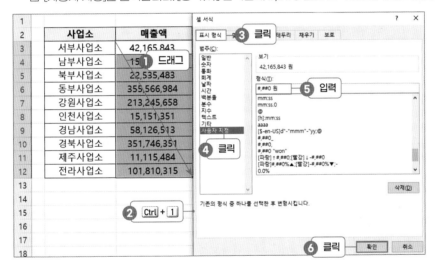

02 매출액 열에 '원'이 추가된 것을 확인할 수 있습니다.

	A	B	C
			C3 ✓ ⋮ ✕ ✓ *fx* 42165843
1			
2		사업소	매출액
3		서부사업소	42,165,843 원
4		남부사업소	15,165,165 원
5		북부사업소	22,535,483 원
6		동부사업소	355,566,984 원
7		강원사업소	213,245,658 원
8		인천사업소	15,151,351 원
9		경남사업소	58,126,513 원
10		경북사업소	351,746,351 원
11		제주사업소	11,115,484 원
12		전라사업소	101,810,315 원

 TIP 숫자 데이터에 영문 추가하기

매출액 열에 영문 'won'을 추가해 보겠습니다. 방법은 다음과 같습니다.

01 매출액 셀의 범위를 선택한 후 `Ctrl` + `1` 키를 누릅니다. 화면에 셀 서식 창이 나타나면 [표시 형식] 탭-[사용자 지정]을 클릭합니다. [형식(T)] 입력란의 #,##0 원을 삭제하고 #,##0 "won"을 입력한 후 [확인] 버튼을 클릭합니다(한글은 큰따옴표가 자동 추가되지만, 영문은 별도로 입력해 줘야 합니다).

02 매출액 열에 영문 'won'이 추가된 것을 확인할 수 있습니다.

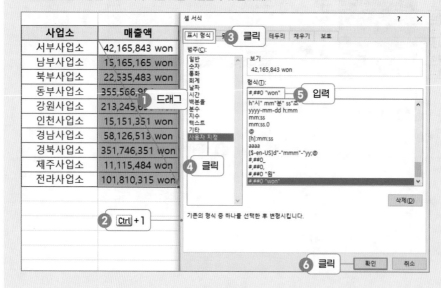

3. 증감 실적 강조하기

실적 증감 자료입니다. 현재 셀의 증감 값만으로도 대략적인 폭을 알 수 있지만 강조 표시를 추가해 직관적인 확인이 가능하도록 수정해 보겠습니다. 방법은 다음과 같습니다.

성명	실적		증감	증감률
	금년도	전년도		
신강민	235,370	332,055	-96,685	-29%
권정현	172,453	125,015	47,438	38%
황우주	852,281	852,281	0	0%
안태준	59,197	52,647	6,550	12%
문도영	17,177	22,694	-5,517	-24%
전주호	77,447	77,447	0	0%
홍성빈	82,447	79,449	5,998	8%
유주안	17,244	26,684	-9,440	-35%
고민서	47,918	27,456	20,462	75%

■ 증감폭 강조 표시

01 증감 셀의 범위를 선택한 후 [Ctrl] + [1] 키를 누릅니다. 화면에 셀 서식 창이 나타나면 [표시 형식] 탭-[사용자 지정]을 클릭합니다. [형식(T)] 입력란에 **[파랑]#,##0;[빨강]-#,##0**을 작성합니다

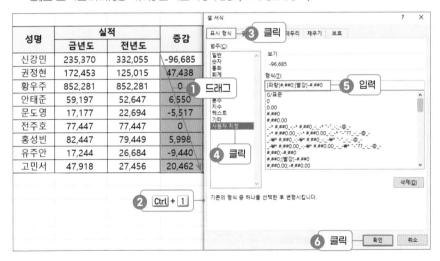

[형식(T)] 입력란의 세미콜론(;)을 기준점이라고 생각해 주세요. 세미콜론을 기준으로 좌측은 양수, 우측은 음수 숫자의 자릿수 형식입니다.

02 이어서 더 빠른 확인이 가능하도록 특수 기호를 추가해 표시 형식을 **[파랑]↑#,##0;[빨강]↓-#,##0;** 수정하고 [확인] 버튼을 클릭합니다.

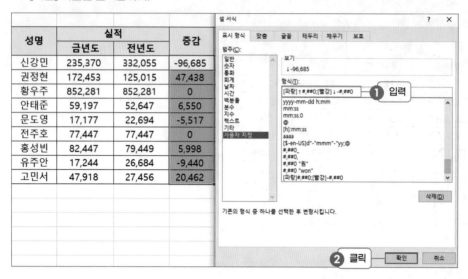

2 증감률 강조 표시

이번에는 증감률 폭을 확인하고 강조 표시를 해보겠습니다.

01 증감률 셀의 범위를 선택한 후 Ctrl + 1 키를 누릅니다. 화면에 셀 서식 창이 나타나면 [표시 형식] 탭-[사용자 지정]을 클릭합니다. [형식(T)] 입력란에 **[파랑]#,##0%▲;[빨강]-#,##0%▼;-** 을 작성하고 [확인] 버튼을 클릭합니다.

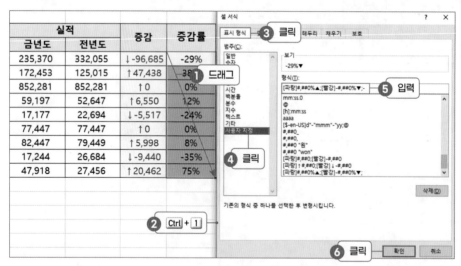

특수 기호를 숫자 형식 앞에 입력하면 앞으로 표시되고, 숫자 형식 뒤에 입력하면 뒤로 표시됩니다. 또한 0을 나타내는 자리에 하이픈을 입력하면 셀에 데이터가 없는 경우 하이픈으로 대체되어 표시됩니다.

02 강조 표시로 전년대비 실적의 증감폭을 한눈에 이해할 수 있는 자료가 완성됐습니다(이렇게 한 번 만 적용하면 앞으로 데이터가 업데이트되어 변경된다 하더라도 결과가 양수와 음수, 0에 해당하는 서식으로 자동 수정됩니다).

성명	실적		증감	증감률
	금년도	전년도		
신강민	235,370	332,055	↓ -96,685	-29%▼
권정현	172,453	125,015	↑ 47,438	38%▲
황우주	852,281	852,281	↑ 0	-
안태준	59,197	52,647	↑ 6,550	12%▲
문도영	17,177	22,694	↓ -5,517	-24%▼
전주호	77,447	77,447	↑ 0	-
홍성빈	82,447	79,449	↑ 5,998	8%▲
유주안	17,244	26,684	↓ -9,440	-35%▼
고민서	47,918	27,456	↑ 20,462	75%▲

4. 문자 서식 반영하기

지역 매장별 실적 현황 및 매장 환경 자료입니다. 그런데 매장명에 해당 지역 이름만 기재되어 혼란을 야기해 '지점'이라는 단어를 추가해 편집해 보겠습니다. 방법은 다음과 같습니다.

		실적 정보		비고
지역	매장명	2주 전	1주 전	매장 환경
서울	강남	260,480,000	336,310,000	57평, 전면 15, 2층 매장
강원	강릉	322,190,000	438,914,000	78평, 전면 23, 3층 매장
경북	경주	463,774,000	405,480,000	51평 전면 12, 2층 매장
부산	광복	283,990,000	378,900,000	46평, 전면 10, 1층 매장
전남	광양	537,650,000	539,650,000	22평, 전면 6, 1층 매장
전남	광주	527,565,000	597,103,000	41평, 전면 9, 1층 매장
서울	구로	409,220,000	379,260,000	37평, 전면 8, 1층 매장
전북	군산	433,760,000	534,770,000	33평, 전면 7, 1층 매장
대구	동성로	155,870,000	232,910,000	24평, 전면 5, 1층 매장
울산	무거	316,580,000	316,580,000	65평, 전면 11, 2층 매장

01 매장명 셀의 범위를 선택한 후 Ctrl + 1 키를 누릅니다. 화면에 셀 서식 창이 나타나면 [표시 형식] 탭-[사용자 지정]을 클릭합니다. [형식(T)] 입력란에 @ **지점**을 작성하고 [확인] 버튼을 클릭합니다.

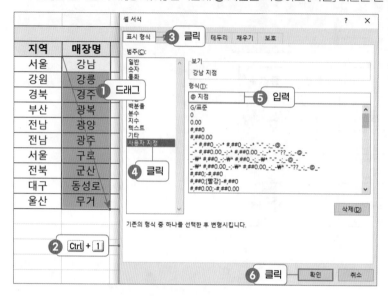

> @ 표시는 선택한 셀에 입력된 모든 문자들을 대치하는 표시 형식으로 선택한 범위의 @ 뒤에 문자 서식을 반영하겠다는 의미입니다.

02 매장명 열에 '지점'이 추가된 것을 확인할 수 있습니다.

	A	B	C	D	E	F
1						
2				실적 정보		비고
3		지역	매장명	2주 전	1주 전	매장 환경
4		서울	강남 지점	260,480,000	336,310,000	57평, 전면 15, 2층 매장
5		강원	강릉 지점	322,190,000	438,914,000	78평, 전면 23, 3층 매장
6		경북	경주 지점	463,774,000	405,480,000	51평 전면 12, 2층 매장
7		부산	광복 지점	283,990,000	378,900,000	46평, 전면 10, 1층 매장
8		전남	광양 지점	537,650,000	539,650,000	22평, 전면 6, 1층 매장
9		전남	광주 지점	527,565,000	597,103,000	41평, 전면 9, 1층 매장
10		서울	구로 지점	409,220,000	379,260,000	37평, 전면 8, 1층 매장
11		전북	군산 지점	433,760,000	534,770,000	33평, 전면 7, 1층 매장
12		대구	동성로 지점	155,870,000	232,910,000	24평, 전면 5, 1층 매장
13		울산	무거 지점	316,580,000	316,580,000	65평, 전면 11, 2층 매장
14						

5. 셀 병합처럼 데이터 편집하기

강남 매장의 실적과 매장 환경의 특정 정보를 출력하기 위해 VLOOKUP 함수를 작성했는데 대상 범위가 '실적정보'라는 상위 셀에 병합되어 인수로 필요한 셀을 개별 선택할 수 없습니다.

	A	B	C	D	E	F	G	H	I
1									
2				실적 정보		비고		매장명	매장 환경
3		지역	매장명	2주 전	1주 전	매장 환경		강남	=VLOOKUP(B:E
4		서울	강남	260,480,000	336,310,000	57평, 전면 15, 2층 매장			VLOOKUP(검색할_값, 표_범위, 열_인
5		강원	강릉	322,190,000	438,914,000	78평, 전면 23, 3층 매장			
6		경북	경주	463,774,000	405,480,000	51평 전면 12, 2층 매장			
7		부산	광복	283,990,000	378,900,000	46평, 전면 10, 1층 매장			
8		전남	광양	537,650,000	539,650,000	22평, 전면 6, 1층 매장			
9		전남	광주	527,565,000	597,103,000	41평, 전면 9, 1층 매장			
10		서울	구로	409,220,000	379,260,000	37평, 전면 8, 1층 매장			
11		전북	군산	433,760,000	534,770,000	33평, 전면 7, 1층 매장			
12		대구	동성로	155,870,000	232,910,000	24평, 전면 5, 1층 매장			
13		울산	무거	316,580,000	316,580,000	65평, 전면 11, 2층 매장			

정확한 열 범위를 선택하기 위해 셀 병합을 해제했지만 생각했던 대로 자료가 정리되지 않고 또 다른 난관에 봉착하게 되었습니다. 이럴 때는 셀 서식 기능으로 해결할 수 있습니다. 방법은 다음과 같습니다.

	A	B	C	D	E	F	G	H	I
1									
2		실적 정보				비고			
3		지역	매장명	2주 전	1주 전	매장 환경		매장명	매장 환경
4		서울	강남	260,480,000	336,310,000	57평, 전면 15, 2층 매장		강남	
5		강원	강릉	322,190,000	438,914,000	78평, 전면 23, 3층 매장			
6		경북	경주	463,774,000	405,480,000	51평 전면 12, 2층 매장			
7		부산	광복	283,990,000	378,900,000	46평, 전면 10, 1층 매장			
8		전남	광양	537,650,000	539,650,000	22평, 전면 6, 1층 매장			
9		전남	광주	527,565,000	597,103,000	41평, 전면 9, 1층 매장			
10		서울	구로	409,220,000	379,260,000	37평, 전면 8, 1층 매장			
11		전북	군산	433,760,000	534,770,000	33평, 전면 7, 1층 매장			
12		대구	동성로	155,870,000	232,910,000	24평, 전면 5, 1층 매장			
13		울산	무거	316,580,000	316,580,000	65평, 전면 11, 2층 매장			

01 셀 병합으로 꾸밀 셀의 범위를 선택한 후 Ctrl + 1 키를 누릅니다. 화면에 셀 서식 창이 나타나면 [맞춤] 탭-[선택 영역의 가운데로]를 선택하고 [확인] 버튼을 클릭합니다.

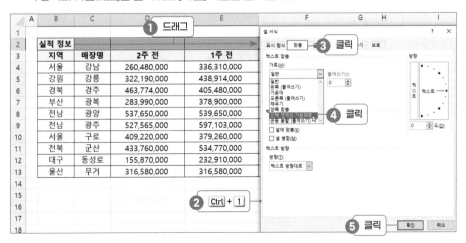

02 실적 정보 셀은 눈으로 보기에 셀 병합처럼 보이지만 클릭하면 셀이 나누어져 있습니다. 즉, VLOOKUP 함수의 사용에 문제가 없다는 뜻입니다.

지역	매장명	실적 정보		비고
		2주 전	1주 전	매장 환경
서울	강남	260,480,000	336,310,000	57평, 전면 15, 2층 매장
강원	강릉	322,190,000	438,914,000	78평, 전면 23, 3층 매장
경북	경주	463,774,000	405,480,000	51평 전면 12, 2층 매장
부산	광복	283,990,000	378,900,000	46평, 전면 10, 1층 매장
전남	광양	537,650,000	539,650,000	22평, 전면 6, 1층 매장
전남	광주	527,565,000	597,103,000	41평, 전면 9, 1층 매장
서울	구로	409,220,000	379,260,000	37평, 전면 8, 1층 매장
전북	군산	433,760,000	534,770,000	33평, 전면 7, 1층 매장
대구	동성로	155,870,000	232,910,000	24평, 전면 5, 1층 매장
울산	무거	316,580,000	316,580,000	65평, 전면 11, 2층 매장

03 이어서 I4 셀에 VLOOKUP 함수를 입력하고 괄호 안에 수식을 **=VLOOKUP(H4,C:F,4,0)** 작성한 후 [Enter] 키를 누릅니다.

fx =VLOOKUP(H4,C:F,4,0)

지역	매장명	실적 정보		비고		매장명	
		2주 전	1주 전	매장 환경			
서울	강남	260,480,000	336,310,000	57평, 전면 15, 2층 매장		강남	=VLOOKUP(H4,C:F,4,0)
강원	강릉	322,190,000	438,914,000	78평, 전면 23, 3층 매장			입력 후 [Enter]
경북	경주	463,774,000	405,480,000	51평 전면 12, 2층 매장			
부산	광복	283,990,000	378,900,000	46평, 전면 10, 1층 매장			
전남	광양	537,650,000	539,650,000	22평, 전면 6, 1층 매장			
전남	광주	527,565,000	597,103,000	41평, 전면 9, 1층 매장			
서울	구로	409,220,000	379,260,000	37평, 전면 8, 1층 매장			
전북	군산	433,760,000	534,770,000	33평, 전면 7, 1층 매장			
대구	동성로	155,870,000	232,910,000	24평, 전면 5, 1층 매장			
울산	무거	316,580,000	316,580,000	65평, 전면 11, 2층 매장			

04 강남의 매장 환경 정보가 오류 값의 반환 없이 출력된 것을 확인할 수 있습니다.

fx =VLOOKUP(H4,C:F,4,0)

지역	매장명	실적 정보		비고		매장명	매장 환경
		2주 전	1주 전	매장 환경			
서울	강남	260,480,000	336,310,000	57평, 전면 15, 2층 매장		강남	57평, 전면 15, 2층 매장
강원	강릉	322,190,000	438,914,000	78평, 전면 23, 3층 매장			
경북	경주	463,774,000	405,480,000	51평 전면 12, 2층 매장			
부산	광복	283,990,000	378,900,000	46평, 전면 10, 1층 매장			
전남	광양	537,650,000	539,650,000	22평, 전면 6, 1층 매장			
전남	광주	527,565,000	597,103,000	41평, 전면 9, 1층 매장			
서울	구로	409,220,000	379,260,000	37평, 전면 8, 1층 매장			
전북	군산	433,760,000	534,770,000	33평, 전면 7, 1층 매장			
대구	동성로	155,870,000	232,910,000	24평, 전면 5, 1층 매장			
울산	무거	316,580,000	316,580,000	65평, 전면 11, 2층 매장			

6. 셀 너비에 맞춰 데이터 조정하기

보통 셀 너비를 조정할 때 자료의 데이터 길이에 맞춰 진행하는 경우가 많은데 만약 선택한 범위를 일정하게 맞추고 싶어 임의로 조정한다면 데이터 길이가 긴 셀은 일부 데이터가 잘려서 표시되거나 숫자는 ###으로 처리될 수 있습니다. 셀 서식 기능을 이용해 문제를 해결해 보겠습니다. 방법은 다음과 같습니다.

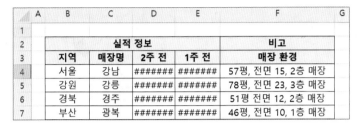

01 셀 너비의 조정을 원하는 셀의 범위를 선택한 후 Ctrl + 1 키를 누릅니다. 화면에 셀 서식 창이 나타나면 [맞춤] 탭-[셀에 맞춤(K)]을 선택하고 [확인] 버튼을 클릭합니다.

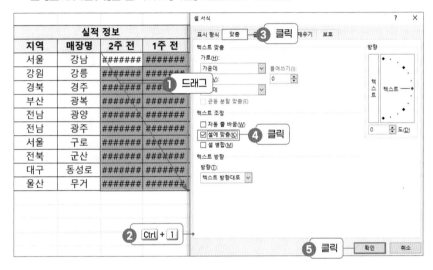

02 셀의 데이터가 자동으로 셀 너비에 맞춰 조정됩니다.

A	B	실적 정보			비고	G
	지역	매장명	2주 전	1주 전	매장 환경	
	서울	강남	260,480,000	336,310,000	57평, 전면 15, 2층 매장	
	강원	강릉	322,190,000	438,914,000	78평, 전면 23, 3층 매장	
	경북	경주	463,774,000	405,480,000	51평 전면 12, 2층 매장	
	부산	광복	283,990,000	378,900,000	46평, 전면 10, 1층 매장	
	전남	광양	537,650,000	539,650,000	22평, 전면 6, 1층 매장	
	전남	광주	527,565,000	597,103,000	41평, 전면 9, 1층 매장	
	서울	구로	409,220,000	379,260,000	37평, 전면 8, 1층 매장	
	전북	군산	433,760,000	534,770,000	33평, 전면 7, 1층 매장	
	대구	동성로	155,870,000	232,910,000	24평, 전면 5, 1층 매장	
	울산	무거	316,580,000	316,580,000	65평, 전면 11, 2층 매장	

원하는 것만 빠르게 출력하는, 조건부 서식

조건부 서식은 사용자가 원하는 조건을 선택한 셀 범위에 반영하는 기능으로 데이터가 업데이트되어도 설정한 조건에 맞게 자동 반영합니다. 이번 섹션에서는 조건부 서식에 대해 자세히 알아보겠습니다.

📖 실습 예제: Part3_ch01_1-3.xlsx

2024년 11월 15일 오후

오늘 영업본부 직원들의 연차 사용 현황 자료를 만들고 팀장님께 보고드리려는데 어딘가 부족한 느낌이 들었다.😓 일단 숫자가 많다 보니 자료를 빠르게 이해하기 어려운 거 같아 가독성을 높이기 위해 5일 이상 연차가 남은 직원에게 음영 표시를 하기로 했다.😤 직원의 셀 범위를 하나씩 확인하며 색상 별로 음영을 넣기 시작했는데 옆에서 지켜보던 박 대리님이 그럴 줄 알았다는 톤으로 나에게 말을 거셨다.🙄

"또 막노동 작업으로 조건에 맞는 범위를 색칠하려고요? 데이터 업데이트되면 또 수정하고?"

나는 당황하며 자신 없는 말투로 대답했다.

"음.. 그럼 다른 방법이 있을까요?"

"이럴 땐 조건부 서식을 사용해야 해요. 내가 강조하고 싶은 서식을 간편하게 반영할 수 있고 자료가 업데이트되어도 자동으로 서식이 반영되어 한 번 적용하면 끝이거든!"

✿ 조건부 서식 실무 활용편

1. 셀 강조 규칙

다음 자료에서 인센티브 지급 대상자를 빠르게 확인할 수 있도록 합격자에게 음영 표시를 하여 셀을 강조해 보겠습니다. 방법은 다음과 같습니다.

이름	직급	업무 협조도	정성평가	정량평가	합격여부
송다원	사원	77	87	99	합격
전하음	과장	66	79	86	
고은빈	주임	77	79	81	합격
문다율	사원	77	89	83	
양서원	과장	73	60	74	합격
손유리	과장	74	82	60	
배세인	사원	89	98	95	
조효은	사원	72	73	86	
백연지	사원	50	72	74	합격
허준희	과장	50	100	76	
유재희	사원	79	94	87	합격
심채희	사원	70	65	91	
하다경	대리	91	93	95	합격
성채빈	과장	79	87	60	

🔲 규칙 적용

01 강조 표시할 셀의 범위를 선택한 후 [홈] 탭-[스타일]-[조건부 서식]을 클릭합니다.

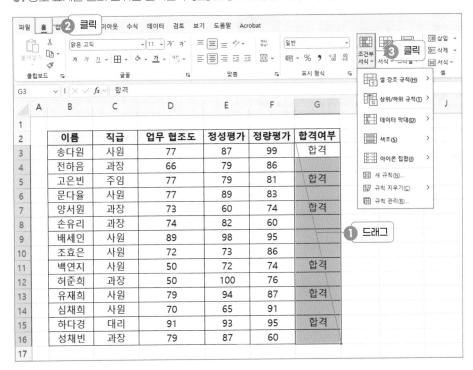

02 [셀 강조 규칙(H)]을 클릭하고 셀 강조 규칙 항목이 나타나면 [텍스트 포함(T)]을 선택합니다.

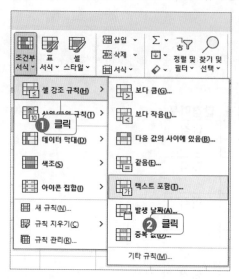

03 화면에 텍스트 포함 창이 나타나고 [다음 텍스트를 포함하는 셀의 서식 지정] 입력란에 **합격**을 입력한 후 [적용할 서식]은 [사용자 지정 서식]을 선택합니다.

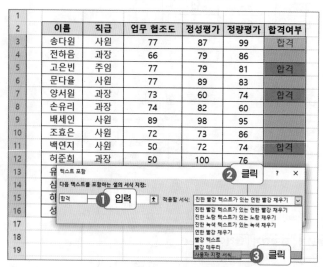

04 셀 서식 창에서 [채우기] 탭을 클릭하고 원하는 색상을 선택한 후 [확인] 버튼을 클릭합니다.

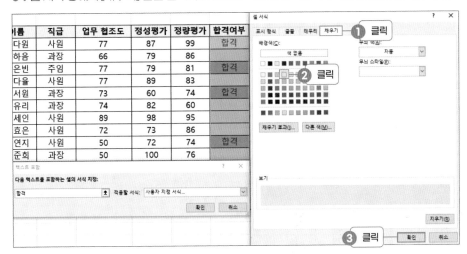

05 셀 색상이 변경된 것을 확인한 후 텍스트 포함 창의 [확인] 버튼을 클릭해 종료합니다.

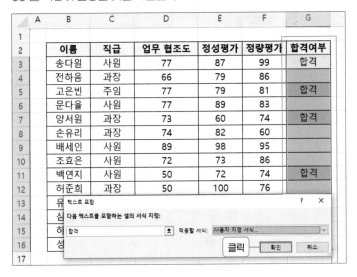

2 규칙 편집

조건부 서식의 규칙을 편집하고 싶다면 방법은 다음과 같습니다.

01 조건부 서식을 편집할 셀의 범위를 선택한 후 [홈] 탭-[스타일]-[조건부 서식]을 클릭하고 조건부 서식 항목이
나타나면 [규칙 관리(R)]를 선택합니다.

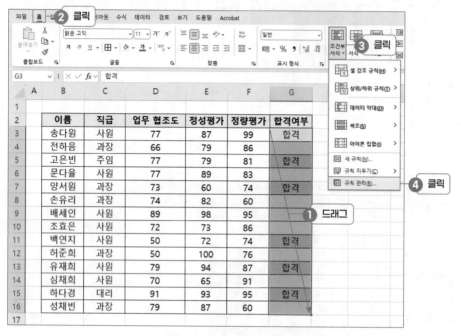

02 조건부 서식 규칙 관리자 창이 나타나고 편집을 원하는 항목을 더블클릭합니다.

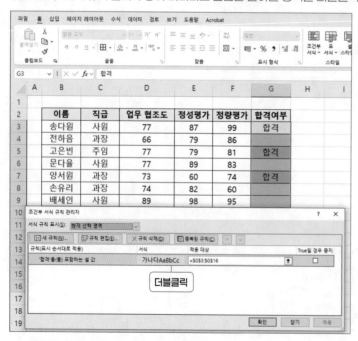

03 서식 규칙 편집 창의 [규칙 유형 선택(S)]에서 수정을 원하는 규칙 조건을 클릭하고 [확인] 버튼을 클릭합니다.

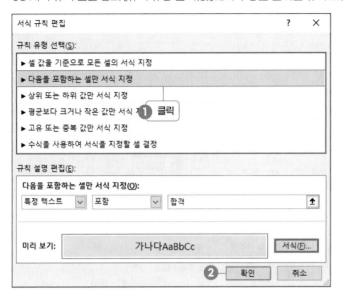

😊 **TIP 규칙 지우기**

셀에 적용한 조건부 서식을 삭제하고 싶다면 방법은 다음과 같습니다.

01 [홈] 탭-[스타일]-[조건부 서식]을 클릭하고 조건부 서식 항목이 나타나면 [규칙 지우기(C)]를 선택합니다.

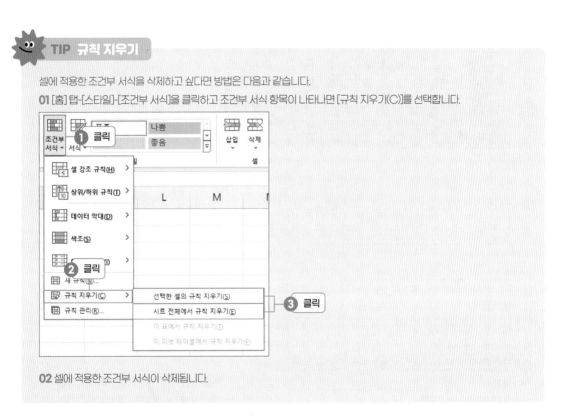

02 셀에 적용한 조건부 서식이 삭제됩니다.

2. 새 규칙

이번에는 새 규칙으로 [합격] 셀의 행 전체에 음영을 추가해 보겠습니다. 혼합참조를 이용해 수식을 입력할 예정이오니 천천히 잘 따라와 주시길 바랍니다. 방법은 다음과 같습니다.

01 조건부 서식을 적용할 데이터의 전체 범위를 선택한 후 [홈] 탭-[스타일]-[조건부 서식]을 클릭하고 조건부 서식 항목이 나타나면 [새 규칙(N)]을 선택합니다.

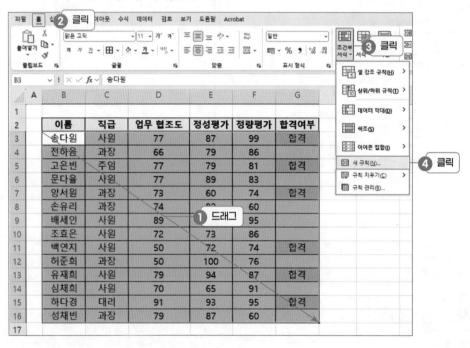

02 새 서식 규칙 창이 나타나면 [규칙 유형 선택(S)]에서 [수식을 사용하여 서식을 지정할 셀 결정]을 선택하고 [다음 수식이 참인 값의 서식 지정(O)] 입력란에 수식을 **=$G3="합격"** 입력한 후 [확인] 버튼을 클릭합니다.

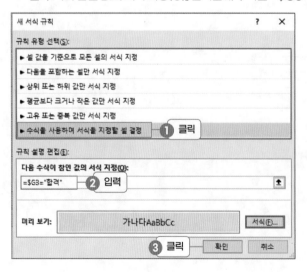

이후 자료가 업데이트되어도 기준값은 움직이지 못하도록 혼합참조를 사용해 G 열만 고정합니다.

03 '합격'이 있는 셀의 행 전체가 모두 음영 표시되어 새 규칙이 성공적으로 적용됐습니다.

	이름	직급	업무 협조도	정성평가	정량평가	합격여부
	송다원	사원	77	87	99	합격
	전하음	과장	66	79	86	
	고은빈	주임	77	79	81	합격
	문다율	사원	77	89	83	
	양서원	과장	73	60	74	합격
	손유리	과장	74	82	60	
	배세인	사원	89	98	95	
	조효은	사원	72	73	86	
	백연지	사원	50	72	74	합격
	허준희	과장	50	100	76	
	유재희	사원	79	94	87	합격
	심채희	사원	70	65	91	
	하다경	대리	91	93	95	합격
	성채빈	과장	79	87	60	

🔲 새 규칙 활용

학습한 내용을 활용해 연차 현황 자료의 잔여 연차가 5일 이상인 직원 셀에 음영 표시를 해보겠습니다. 방법은 다음과 같습니다.

사원번호	성명	팀명	직급	연차 현황		
				전체	사용	잔여
H991	강준모	영업2팀	과장	20	13	7
H992	조현재	영업3팀	사원	15	13	2
H998	이찬유	영업1팀	사원	16	15	1
H999	박재환	영업2팀	사원	15	11	4
H919	최호윤	영업3팀	부장	25	17	8
H911	강태희	영업1팀	과장	20	17	3
H912	조건하	영업2팀	과장	19	13	6
H913	윤상혁	영업3팀	과장	19	17	2
H914	장성욱	영업1팀	부장	24	20	4
H915	임영찬	영업1팀	부장	23	13	10

01 음영을 적용할 셀의 범위를 선택한 후 [홈] 탭-[스타일]-[조건부 서식]을 클릭하고 조건부 서식 항목이 나타나면 [새 규칙(N)]을 선택합니다.

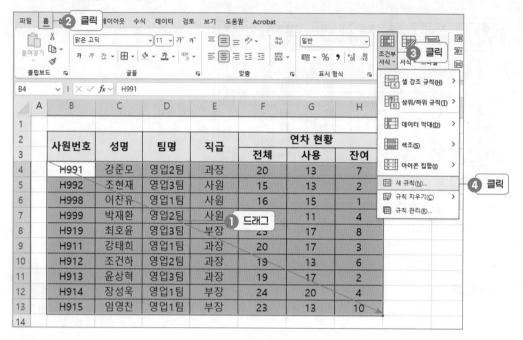

02 새 서식 규칙 창이 나타나면 [규칙 유형 선택(S)]에서 [수식을 사용하여 서식을 지정할 셀 결정]을 선택하고 [다음 수식이 참인 값의 서식 지정(O)] 입력란에 수식을 =$H4>=5 입력한 후 [확인] 버튼을 클릭합니다.

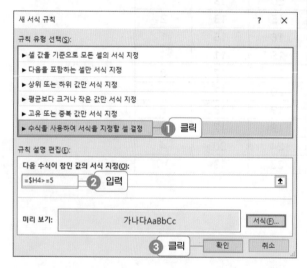

03 잔여 연차가 5일 이상인 직원들의 행에 음영 표시가 되어 새 규칙이 성공적으로 적용됐습니다.

사원번호	성명	팀명	직급	연차 현황		
				전체	사용	잔여
H991	강준모	영업2팀	과장	20	13	7
H992	조현재	영업3팀	사원	15	13	2
H998	이찬유	영업1팀	사원	16	15	1
H999	박재환	영업2팀	사원	15	11	4
H919	최호윤	영업3팀	부장	25	17	8
H911	강태희	영업1팀	과장	20	17	3
H912	조건하	영업2팀	과장	19	13	6
H913	윤상혁	영업3팀	과장	19	17	2
H914	장성욱	영업1팀	부장	24	20	4
H915	임영찬	영업1팀	부장	23	13	10

3. 데이터 막대

조건부 서식의 데이터 막대 기능은 백분율 단위의 실적 자료에 적용하면 시각적인 효과를 기대할 수 있습니다. 백분율 단위의 실적 자료에 데이터 막대를 추가해 보겠습니다. 방법은 다음과 같습니다.

월	판매량	목표 달성율	데이터 막대
1월	3,705	14.8%	14.8%
2월	3,929	30.5%	30.5%
3월	3,983	46.5%	46.5%
4월	3,369	59.9%	59.9%
5월	3,613	74.4%	74.4%
6월	3,844	89.8%	89.8%

■ 양수 데이터 막대

01 데이터 막대를 추가할 셀의 범위를 모두 선택한 후 [홈] 탭-[스타일]-[조건부 서식]-[데이터 막대(D)]를 클릭합니다.

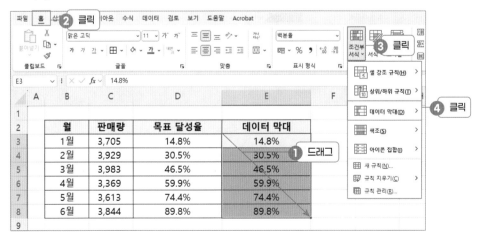

02 데이터 막대 목록이 나타나면 [기타 규칙(M)]을 선택합니다.

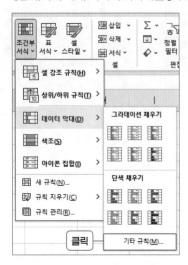

03 새 서식 규칙 창이 나타나면 [규칙 유형 선택(S)]에서 [셀 값을 기준으로 모든 셀의 서식 지정]을 선택하고 [규칙 설명 편집(E)]은 다음 그림과 같이 지정한 후 [확인] 버튼을 클릭합니다.

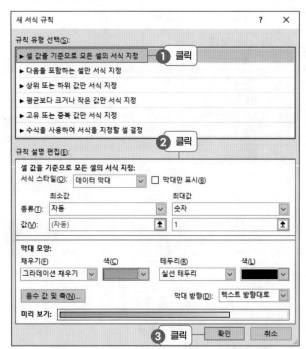

04 실적 현황 자료에 백분율을 기준으로 데이터 막대가 추가되었습니다.

	월	판매량	목표 달성율	데이터 막대
	1월	3,705	14.8%	14.8%
	2월	3,929	30.5%	30.5%
	3월	3,983	46.5%	46.5%
	4월	3,369	59.9%	59.9%
	5월	3,613	74.4%	74.4%
	6월	3,844	89.8%	89.8%

TIP 막대만 표시하기

데이터 막대의 수치를 없애고 막대만 표시하고 싶다면 [규칙 설명 편집(E)] 영역의 [막대만 표시]를 선택합니다.

2 음수 데이터 막대

이번에는 음수 값이 있는 증감률 자료에 데이터 막대를 추가해 보겠습니다. 방법은 다음과 같습니다.

월	증감률	데이터 막대
1월	-56.8%	-56.8%
2월	48.0%	48.0%
3월	73.0%	73.0%
4월	-65.0%	-65.0%
5월	80.0%	80.0%
6월	-56.0%	-56.0%

01 데이터 막대를 추가할 셀의 범위를 선택한 후 [홈] 탭-[스타일]-[조건부 서식]-[데이터 막대(D)]를 클릭합니다. 조건부 서식 항목이 나타나면 [기타 규칙(M)]을 선택합니다.

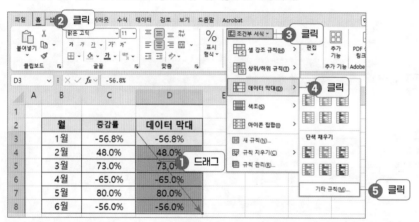

02 새 서식 규칙 창이 나타나면 [규칙 유형 선택(S)]에서 [셀 값을 기준으로 모든 셀의 서식 지정]을 선택한 후 [규칙 설명 편집(E)]의 [음수 값 및 축(N)] 버튼을 클릭합니다.

03 음수 값 및 축 설정 창에서 [음수 막대 채우기 색], [음수 막대 테두리 색] 하단의 [축 설정]은 다음 그림과 같이 지정한 후 [확인] 버튼을 클릭하여 새 서식 규칙을 종료합니다.

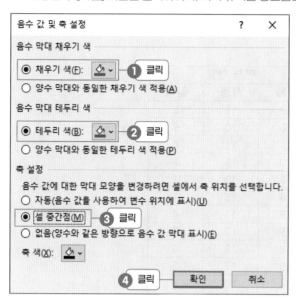

04 증감률 자료의 양수와 음수 값 모두 백분율을 기준으로 데이터 막대가 추가되었습니다.

	A	B	C	D
1				
2		월	증감률	데이터 막대
3		1월	-56.8%	
4		2월	48.0%	
5		3월	73.0%	
6		4월	-65.0%	
7		5월	80.0%	
8		6월	-56.0%	
9				

4. 아이콘 집합

자료의 실적 범위를 구분해 분석할 경우 데이터 막대 외에도 아이콘 집합 기능을 이용해 시각적인 효과를 줄 수 있습니다. 다음 자료의 잔여 연차 5개 이상과 미만의 범위에 아이콘을 추가하여 확인해 보겠습니다. 방법은 다음과 같습니다.

사원번호	성명	팀명	직급	연차 현황		
				전체	사용	잔여
H991	강준모	영업2팀	과장	20	13	7
H993	윤결	인사팀	대리	16	10	6
H994	장강	총무팀	사원	15	11	4
H995	임이수	구매팀	차장	20	15	5
H996	한리안	전산팀	사원	15	13	2
H998	이찬유	영업1팀	사원	16	15	1
H999	박재환	영업2팀	사원	15	11	4
H919	최호윤	영업3팀	부장	25	17	8
H912	조건하	경영기획팀	과장	19	13	6
H913	윤상혁	생산팀	과장	19	17	2
H914	장성욱	감사팀	부장	24	20	4
H915	임영찬	해외팀	부장	23	13	10

01 아이콘을 추가할 셀의 범위를 모두 선택한 후 [홈] 탭-[스타일]-[조건부 서식]-[아이콘 집합(I)]을 클릭합니다.

02 조건부 서식 항목이 나타나면 [기타 규칙(M)]을 선택합니다.

03 새 서식 규칙 창이 나타나면 [규칙 유형 선택(S)]에서 [셀 값을 기준으로 모든 셀의 서식 지정]을 선택하고 [규칙 설명 편집(E)] 영역의 [아이콘(N)], [값(V)], 종류(T)]는 다음 그림과 같이 지정합니다.

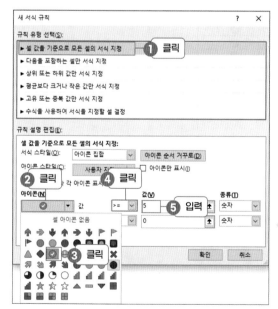

첫 번째 조건이 5개 이상이기 때문에 조건에 맞게 등호를 선택하고 값을 입력합니다.

04 다음 두 번째 [아이콘(N)], [값(V)], 종류(T)]도 다음 그림과 같이 지정한 후 마지막은 해당 사항이 없으므로 셀 아이콘 없음을 선택하고 [확인] 버튼을 클릭합니다.

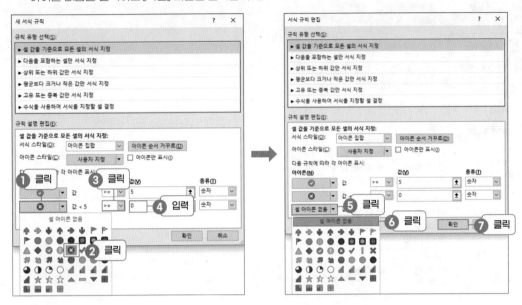

05 연차 현황 자료에 잔여 연차 5 이상과 미만의 범위를 빠르게 확인할 수 있는 아이콘이 추가되었습니다.

	사원번호	성명	팀명	직급	연차 현황		
					전체	사용	잔여
	H991	강준모	영업2팀	과장	20	13	✓ 7
	H993	윤결	인사팀	대리	16	10	✓ 6
	H994	장강	총무팀	사원	15	11	✗ 4
	H995	임이수	구매팀	차장	20	15	✓ 5
	H996	한리안	전산팀	사원	15	13	✗ 2
	H998	이찬유	영업1팀	사원	16	15	✗ 1
	H999	박재환	영업2팀	사원	15	11	✗ 4
	H919	최호윤	영업3팀	부장	25	17	✓ 8
	H912	조건하	경영기획팀	과장	19	13	✓ 6
	H913	윤상혁	생산팀	과장	19	17	✗ 2
	H914	장성욱	감사팀	부장	24	20	✗ 4
	H915	임영찬	해외팀	부장	23	13	✓ 10

실무 팁

실무에서 아이콘 집합을 사용할 때는 자료에 두 세개의 아이콘만 추가해 주세요. 너무 많으면 오히려 자료를 이해하는 데 방해가 됩니다.

memo

Chapter 2
보고서의 가독성을 높여주는 시각화 도구 활용법

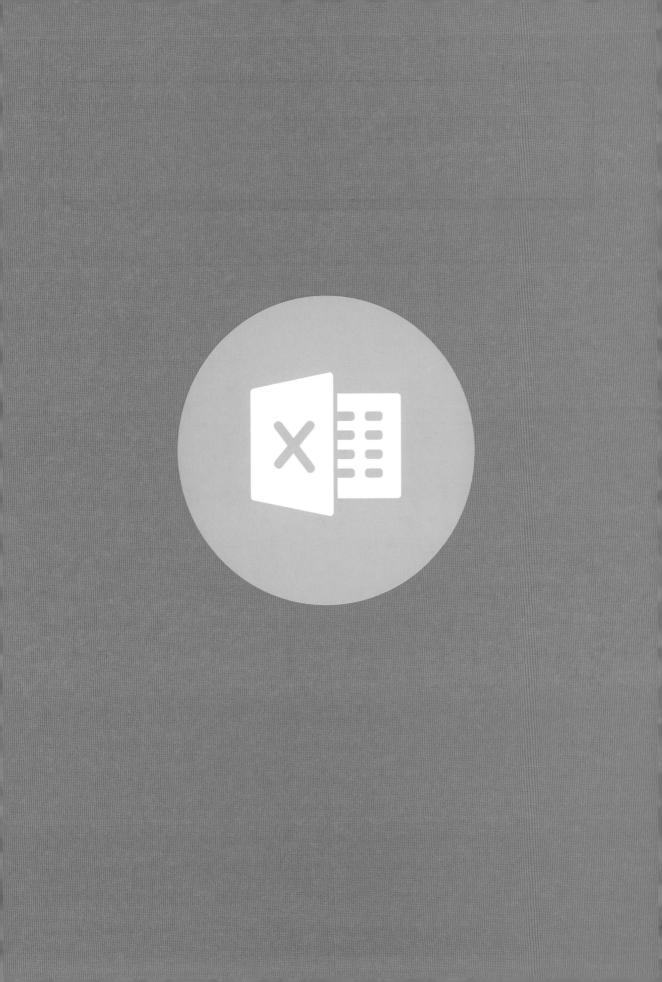

2-1

자료의 이해를 돕는, 엑셀 차트

보고서에 간단한 차트 하나만 있어도 자료의 시각적 효과는 엄청납니다. 이번 섹션에서는 엑셀 차트의 생성 방법 및 다양한 차트의 쓰임에 대해 자세히 알아보겠습니다.

🔲 실습 예제: Part3_ch02_2-1.xlsx

2024년 11월 19일 오후

이제 어느 정도 엑셀 사용에 익숙해져 신입의 티를 벗는 건가 싶었는데 보고서를 작성할 때마다 정 과장님과 박 대리님의 자료를 보고 있으면 새로운 고민이 생겼다. 🤭

'과장님과 대리님의 자료는 한눈에 직관적으로 이해가 잘 되는데 내 자료는 늘 뭔가 2% 부족해 보였다. 아무래도 차트 또는 표와 같은 시각적인 효과가 없어서 그런 거 같은데…' 🫠

"박 대리님! 혹시 차트 만드는 방법, 많이 어려울까요? 보고서에 활용해 보고 싶습니다!"

고민할 시간에 빨리 물어보는 게 좋을 거 같아 대리님에게 성큼 다가갔다.

"차트!? 차트는 만들기 어렵지 않아 복잡한 작업 요소가 필요한 것보다는 동일하게 반복해야 하는 작업이 많거든. 보고받는 사람은 이해하기 좋은 보조 자료가 될 수 있지만, 만드는 입장에서는 단순 반복하는 작업이라 굉장한 시간과 노력이 많이 필요한 작업이야 그래도 같이 한번 만들어 볼까?"

나는 긍정의 뜻을 담아 우렁차게 대답했다.

✿ 꺾은선형, 누적 세로 막대형, 혼합형

1. 꺾은선형 차트

꺾은선형 차트는 실무에서 일자별, 주차별, 월별, 분기별, 연도별 등 기간 실적 추세를 분석할 때 가장 많이 사용하는 차트입니다. 다음 1월부터 6월까지의 상반기 가전제품 판매량 자료를 꺾은선형 차트로 만들어 가전제품 판매 추세를 확인해 보겠습니다. 방법은 다음과 같습니다.

항목	1월	2월	3월	4월	5월	6월
TV	350	300	150	60	40	30
컴퓨터	70	150	200	300	350	280
세탁기	150	100	50	200	70	150
냉장고	100	70	100	120	150	220

🔳 차트 생성

01 자료의 머리글을 포함한 차트를 생성할 셀의 전체 범위를 선택합니다.

02 [삽입] 탭-[차트]-[꺾은선형 또는 영역형 차트 삽입]을 클릭합니다. 화면에 차트 목록이 나타나면 [표식이 있는 꺾은선형]을 선택합니다.

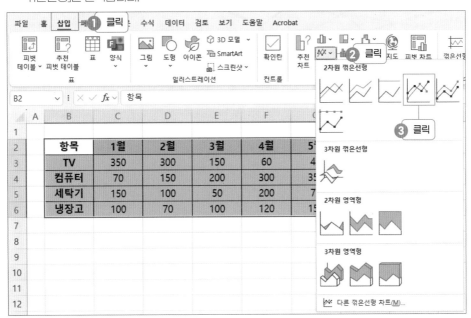

03 시트에 꺾은선형 기본 차트가 생성되었습니다.

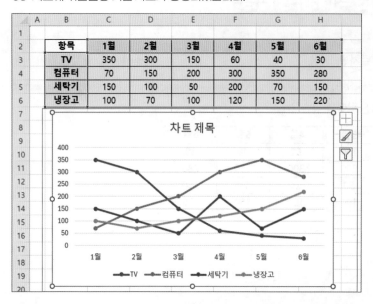

04 이어서 차트 제목을 더블클릭해 커서가 활성화되면 차트 제목을 **가전 판매 실적**으로 수정합니다.

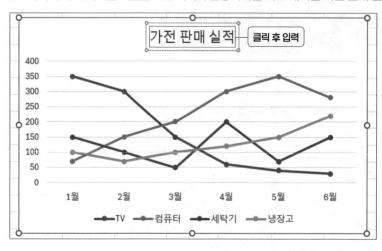

② 차트 서식 편집

차트 생성을 완료했다면 본격적으로 차트 서식을 편집해 보겠습니다. 편집 순서는 가장 먼저 제목, 축 마지막 데이터 계열 서식으로 진행하겠습니다.

·제목 서식

01 차트 제목에 커서를 두고 마우스 오른쪽 버튼을 클릭합니다. 바로 가기 메뉴가 나타나면 [차트 제목 서식(F)]을 선택합니다.

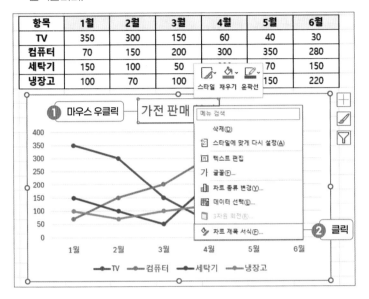

02 화면에 차트 제목 서식 창이 나타나고 [제목 옵션] 영역의 🔖을 클릭하면 제목 서식을 편집할 수 있습니다(제목의 색상 및 테두리 스타일, 선 종류와 굵기 등 다양한 편집이 가능합니다).

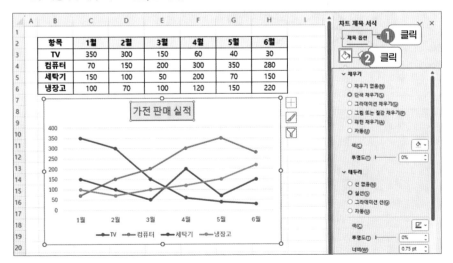

글자색, 글꼴 등의 간단한 편집만 원한다면 [홈] 탭-[글꼴] 또는 [맞춤]을 이용해 주세요.

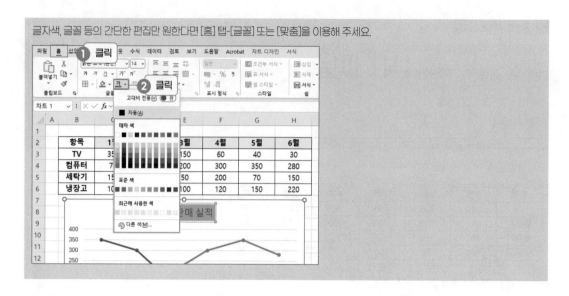

· 축 서식

01 차트의 축을 선택하고 마우스 오른쪽 버튼을 클릭합니다. 바로 가기 메뉴가 나타나면 [축 서식(F)]을 선택합니다.

항목	1월	2월	3월	4월	5월	6월
TV	350	300	150	60	40	30
컴퓨터	70	150	200	300	350	280
세탁기	150	100	50	200	70	150
냉장고	100	70	100	120	150	220

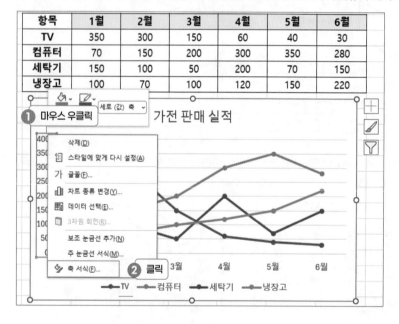

02 화면에 축 서식 창이 나타나고 [축 옵션]의 ⬛을 클릭합니다. [최소값(N)]과 [최대값(X)] 입력란이 나타나면 원하는 축의 범위를 입력해 수정합니다.

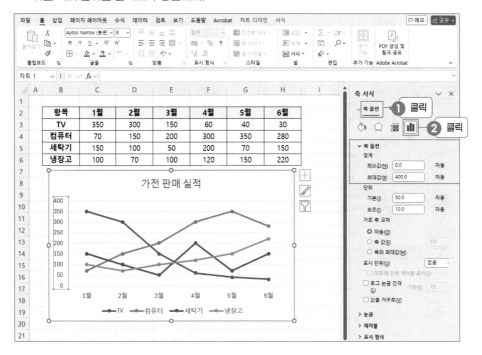

· 데이터 계열 서식

01 꺾은선형 차트의 추세선을 클릭하고 마우스 오른쪽 버튼을 클릭합니다. 바로 가기 메뉴가 나타나면 [데이터 계열 서식(F)]을 선택합니다.

항목	1월	2월	3월	4월	5월	6월
TV	350	300	150	60	40	30
컴퓨터	70	150	200	300	350	280
세탁기	150	100	50	200	70	150
냉장고	100	70	100	120	150	220

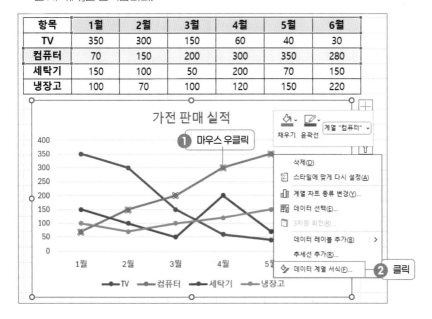

02 화면에 데이터 계열 서식 창이 나타나고 [계열 옵션]의 🖊을 클릭한 후 [선]을 선택하면 선의 색상부터 종류, 굵기까지 다양한 편집이 가능합니다.

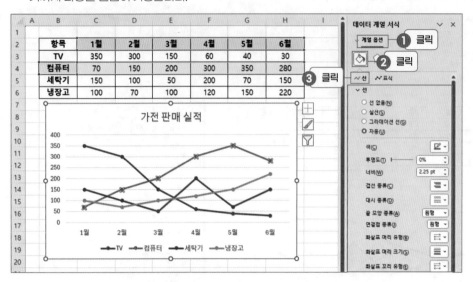

03 [표식]을 선택하면 [표식 옵션]에서 표식의 형식과 크기, 테두리 등 다양한 편집이 가능합니다.

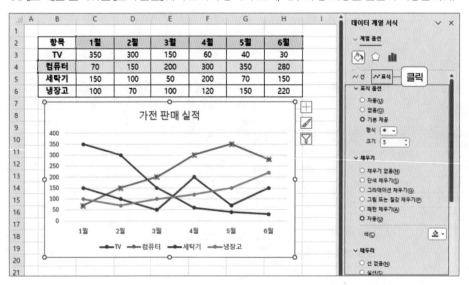

🔳 데이터 수치 표시

차트의 스타일 편집을 완료했다면 차트 요소마다 데이터 수치를 표시해 보겠습니다. 방법은 다음과 같습니다.

01 꺾은선형 차트를 클릭한 후 📊 버튼을 클릭합니다.

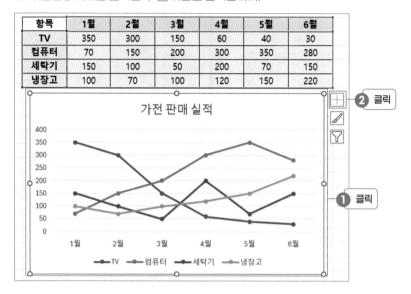

항목	1월	2월	3월	4월	5월	6월
TV	350	300	150	60	40	30
컴퓨터	70	150	200	300	350	280
세탁기	150	100	50	200	70	150
냉장고	100	70	100	120	150	220

02 차트 요소 목록이 나타나면 [데이터 레이블]을 선택합니다. 표의 실적 수치가 차트에 표시됩니다.

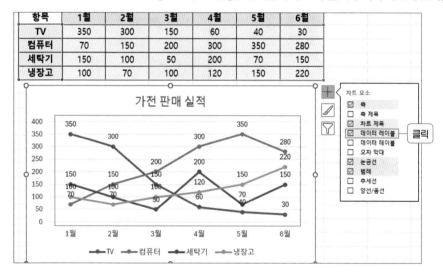

항목	1월	2월	3월	4월	5월	6월
TV	350	300	150	60	40	30
컴퓨터	70	150	200	300	350	280
세탁기	150	100	50	200	70	150
냉장고	100	70	100	120	150	220

TIP

데이터 레이블은 차트에 수치가 표시되어 자료의 정확한 확인이 가능하지만 추세선에 따라 수치도 구별해 줘야 해 작업량이 두 배가 됩니다. 상황에 따라 알맞게 사용해 주세요.

03 이어서 데이터 레이블 서식을 편집해 보겠습니다. 차트의 컴퓨터 수치를 더블클릭합니다. 화면에 데이터 레이블 서식이 나타나면 [레이블 옵션]에서 스타일을 편집합니다.

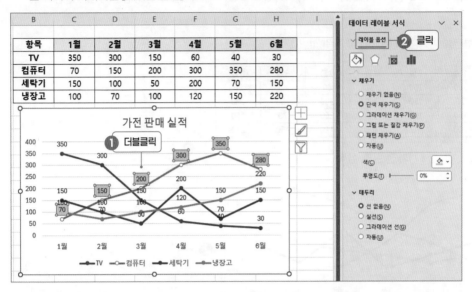

04 실적 수치마다 다르게 수정하고 싶다면 차트의 특정 값을 더블클릭한 후 데이터 레이블 서식에서 원하는 스타일로 편집합니다.

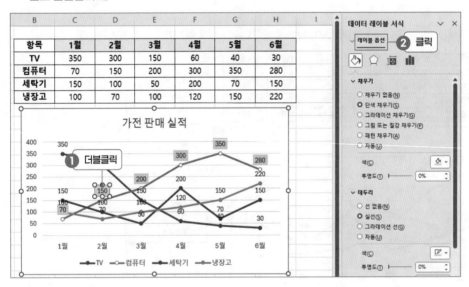

차트는 자료의 핵심 데이터만 반영해 요소가 단순할수록 가독성이 높은 자료가 됩니다. 다음 여러 가지 요소로 난잡한 차트를 정리해 보겠습니다.

01 차트의 주 눈금선을 클릭한 후 키보드의 [Delete] 키를 눌러 삭제합니다.

항목	1월	2월	3월	4월	5월	6월
TV	350	300	150	60	40	30
컴퓨터	70	150	200	300	350	280
세탁기	150	100	50	200	70	150
냉장고	100	70	100	120	150	220

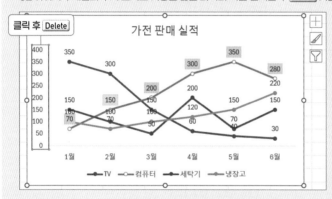

02 이어서 추세선의 수치 표시로 기능을 잃은 좌측의 축을 선택한 후 [Delete] 키를 눌러 삭제해 줍니다.

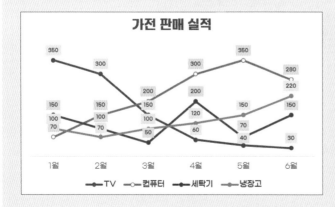

03 추가로 글자의 크기 및 색상 등을 변경해 차트 정리를 완료합니다.

2. 누적 세로 막대형 차트

누적 세로 막대형 차트는 실무에서 전체 실적 중 아이템별로 실적 현황을 분석할 때 가장 많이 사용하는 차트입니다. 다음 1월에서 6월까지의 상반기 가전제품 판매량 자료에 전체 판매 실적을 추가해 누적 세로 막대형 차트로 만들어 가전제품별 판매 현황을 확인해 보겠습니다. 방법은 다음과 같습니다.

카테고리	1월	2월	3월	4월	5월	6월
합계	670	620	500	680	610	680
TV	350	300	150	60	40	30
컴퓨터	70	150	200	300	350	280
세탁기	150	100	50	200	70	150
냉장고	100	70	100	120	150	220

01 자료의 머리글을 포함하여 차트를 생성할 셀의 전체 범위를 선택합니다.

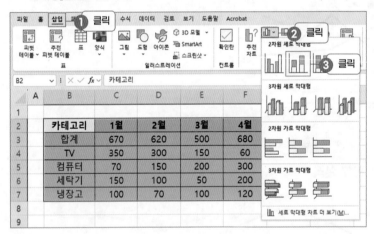

02 [삽입] 탭-[차트]-[세로 또는 가로 막대형 차트 삽입]을 클릭합니다. 화면에 차트 목록이 나타나면 [누적 세로 막대형]을 선택합니다.

03 시트에 누적 세로 막대형 차트가 생성되었습니다. 그런데 제품별 실적뿐만 아니라 합계 실적도 포함되어 차트 데이터의 편집이 필요해 보입니다.

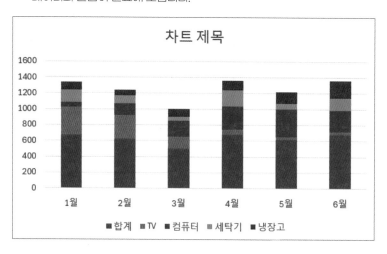

2 차트 데이터 편집

꺾은선형 차트에서는 서식 편집 방법에 대해 알아봤다면 누적 세로 막대형 차트에서는 데이터 편집 방법에 대해 알아보겠습니다.

· 차트 범례 항목 삭제

차트의 불필요 항목인 합계 실적을 삭제해 보겠습니다. 방법은 다음과 같습니다.

01 누적 세로 막대형 차트를 선택한 후 [차트 디자인] 탭-[데이터]-[데이터 선택]을 클릭합니다.

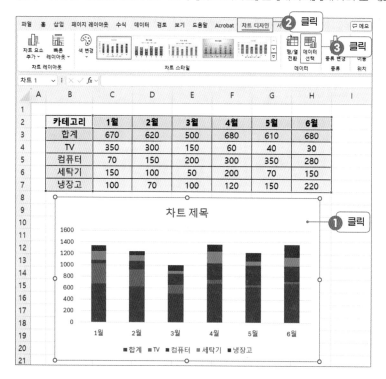

02 화면에 데이터 원본 선택 창이 나타나면 [범례 항목(계열)(S)]에서 [합계]의 선택을 해제하고 [확인] 버튼을 클릭합니다.

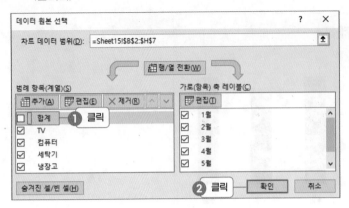

03 차트에 합계 실적이 삭제됐습니다.

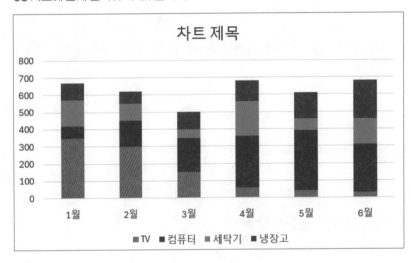

· 차트 가로(항목) 축 레이블 삭제

1월에서 6월까지의 상반기 실적이 반영된 차트의 실적 기간을 1분기로 변경해 보겠습니다. 방법은 다음과 같습니다.

01 누적 세로 막대형 차트를 선택한 후 [차트 디자인] 탭-[데이터]-[데이터 선택]을 클릭합니다.

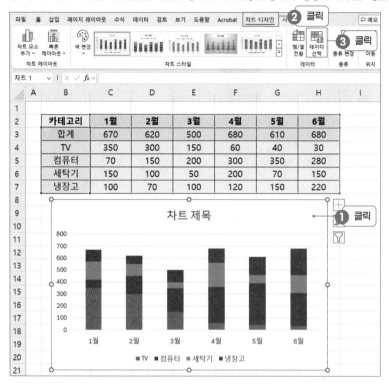

02 화면에 데이터 원본 선택 창이 나타나고 [가로(항목) 축 레이블(C)]에서 [4월], [5월], [6월]의 선택을 해제하고
[확인] 버튼을 클릭합니다.

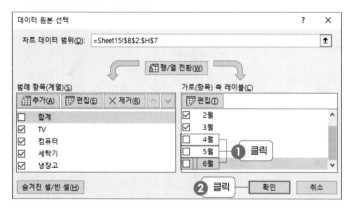

03 차트에 1월에서 3월까지의 1분기 판매 실적만 반영되었습니다.

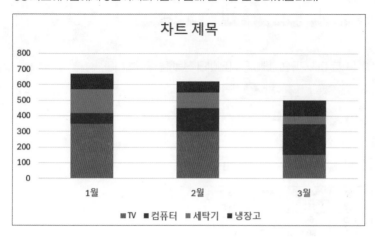

· 범례 항목(계열) 순서 조정

누적 세로 막대 차트의 맨 하단에 위치한 TV의 실적 데이터를 상단으로 이동하겠습니다. 방법은 다음과 같습니다.

01 누적 세로 막대형 차트를 선택한 후 [차트 디자인] 탭-[데이터]-[데이터 선택]을 클릭합니다.

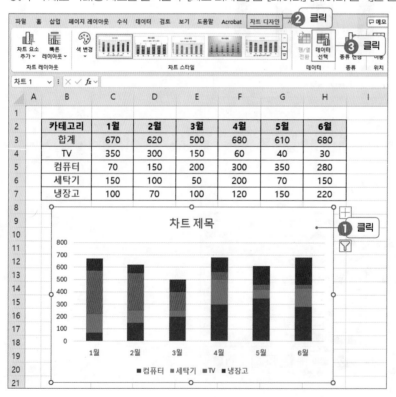

02 화면에 데이터 원본 선택 창이 나타나고 [범례 항목(계열)(S)]에서 [TV]를 선택하고 ⌄ 버튼을 클릭해 순서를 변경한 후 [확인] 버튼을 클릭합니다.

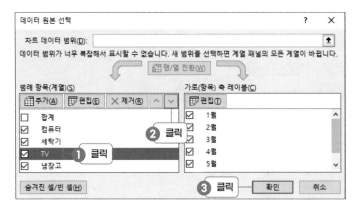

03 TV의 데이터 순서가 변경되었습니다.

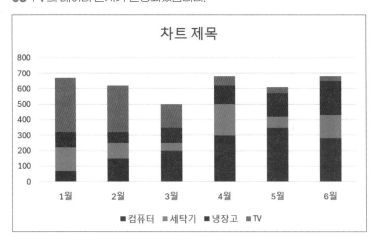

· 차트의 요소 이름 변경

차트의 일부 항목 이름을 표의 원본 데이터와 다르게 변경해 보겠습니다. 방법은 다음과 같습니다.

01 누적 세로 막대형 차트를 선택한 후 [차트 디자인] 탭-[데이터]-[데이터 선택]을 클릭합니다.

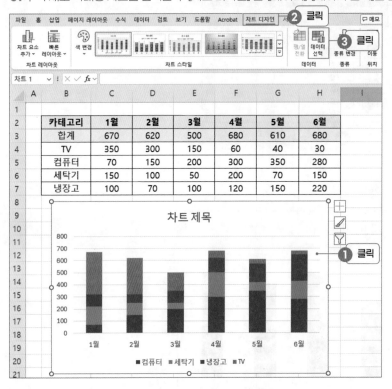

02 화면에 데이터 원본 선택 창이 나타나고 [범례 항목(계열)(S)] 영역의 목록에서 [컴퓨터]를 선택한 후 [편집(E)] 버튼을 클릭합니다.

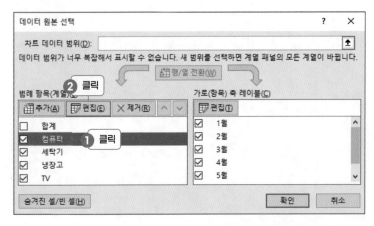

03 계열 편집 창의 [계열 이름(N)] 입력란에 **PC**를 입력하고 [확인] 버튼을 클릭합니다.

04 차트의 컴퓨터 항목 이름이 PC로 변경되었습니다.

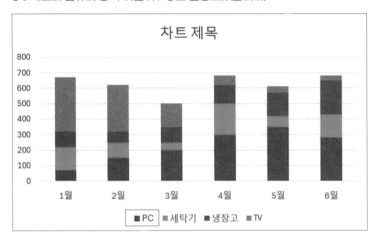

3. 혼합형 차트

꺾은선형과 누적 세로 막대형 차트 모두 실무에서 자주 사용되는 차트이지만 필자의 경우는 혼합형 차트를 더 많이 활용하고 있습니다. 혼합형 차트는 말 그대로 꺾은선과 막대형이 함께 어우러진 차트로 자료의 현황을 한 번에 확인할 수 있어 아주 유용합니다. 다음 1월에서 6월까지의 상반기 가전제품 판매량 자료를 혼합형 차트로 만들어 판매 실적을 확인해 보겠습니다. 방법은 다음과 같습니다.

01 원본 데이터의 범위를 선택한 후 [삽입] 탭-[차트]-[추천 차트 (🖼)]를 클릭합니다.

02 화면에 차트 삽입 창이 나타나면 [모든 차트] 탭을 선택한 후 목록의 [혼합]을 선택하고 [묶은 세로 막대형-꺾은선형]을 클릭합니다.

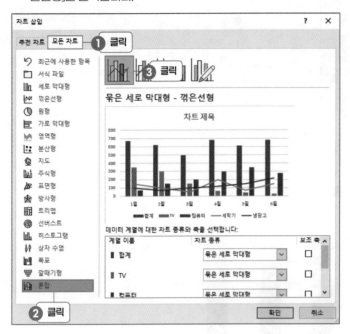

03 이어서 데이터 계열에 대한 차트 종류와 축을 선택합니다. [합계]의 [차트 종류]는 [표식이 있는 꺾은선형]을 선택하고 이외에 나머지 계열은 모두 [묶은 세로 막대형]을 선택합니다.

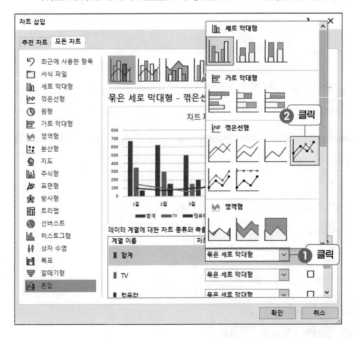

04 미리 보기를 살펴보니 [합계] 실적이 포함되어 차트의 축 범위 편차가 매우 커졌습니다. 보조 축을 사용해 해결하겠습니다. [합계]의 [보조 축]을 선택한 후 [확인] 버튼을 클릭합니다.

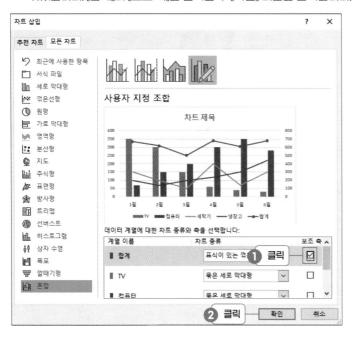

05 우측에 보조 축이 추가되어 제품별 차트의 편차를 좀 더 명확히 확인할 수 있습니다.

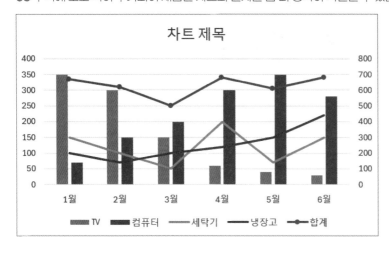

06 좌우 축이 가리키는 값을 정확히 표시하기 위해 제목을 추가하겠습니다. [삽입] 탭-[도형]-[가로 텍스트 도형]
을 선택합니다.

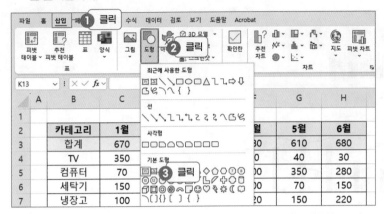

07 좌측과 우측 축 상단에 제목을 입력해 추가합니다.

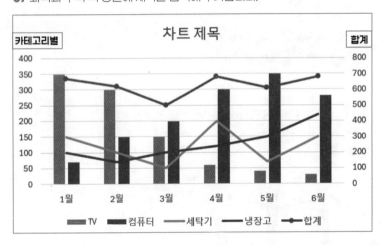

3차원 서식 효과는 차트에 입체감을 더해 디자인적으로 완성도 높은 자료를 만들어 줍니다. 방법은 다음과 같습니다.

01 셀에 차트를 선택한 후 마우스 오른쪽 버튼을 클릭합니다. 바로 가기 메뉴가 나타나면 [데이터 계열 서식(F)]을 선택합니다.

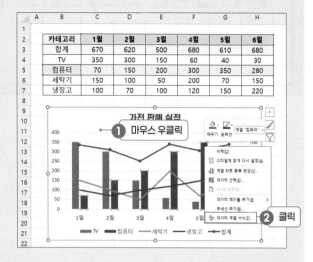

02 화면에 [데이터 계열 서식] 창이 나타나면 ▣을 클릭한 후 [3차원 서식]을 선택합니다.

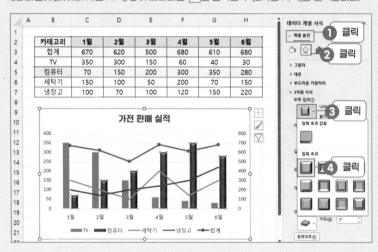

03 차트에 3차원 효과가 반영되어 입체감 있는 차트가 완성되었습니다.

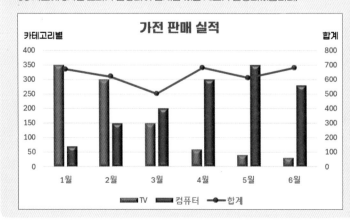

셀 안의 작은 차트, 스파크라인

스파크라인은 자료의 간단한 추세만 나타내주는 엑셀의 시각화 도구로 마감 시간 등의 이유로 차트를 활용할 여유가 없을 때 사용하면 좋습니다. 이번 섹션에서는 스파크라인의 사용 방법에 대해 자세히 알아보겠습니다.

🖥 실습 예제: Part3_ch02_2-2.xlsx

2024년 11월 22일 오후

지난주 박 대리님에게 차트 만드는 방법을 혹독하게 배운 후 보고서에 잘 적용해 사용하는데 자료의 가독성을 높여주는 건 좋으나 작업 시간이 너무 많이 소요되다 보니 금요일인데도 불구하고 아직 퇴근을 못했다. 😩 하! 무슨 좋은 방법 없을까? 한숨만 내쉬며 자료를 정리하고 있는데 오후에 외근 나가셨던 정 과장님께서 사무실로 복귀하셨다. 😮 정 과장님은 아직 퇴근하지 못한 나를 보고 깜짝 놀라 내 자리로 뛰어오셨다. 😮

"아이고, 하 사원 이거 스파크라인 사용해서 1분 만에 끝내고 얼른 퇴근해! 오늘 금요일인데 야근이라니 차트 활용도 좋지만 시간 없을 땐 스파크라인을 사용하는 게 좋아!"

"네? 스파크라인이요? 그런 기능이 있었나요?"

나도 당황했지만, 정 과장님도 몹시 당황한 듯 보였다.

 스파크라인

1. 선 스파크라인(꺾은선형)

차트의 활용이 어려울 때 간단한 시각화 효과만 있어도 보고서의 퀄리티는 달라집니다. 스파크라인은 셀 안의 작은 차트라고 생각하면 이해하기 쉽습니다. 다음 1에서 6월까지의 제품별 실적 자료로 스파크라인을 만들어 매출액 추세를 확인해 보겠습니다. 방법은 다음과 같습니다.

카테고리	1월	2월	3월	4월	5월	6월
TV	3,215	3,517	3,259	2,981	2,865	3,815
에어컨	2,680	2,514	2,384	2,729	2,560	2,678
청소기	900	1,006	950	980	950	920
냉장고	1,371	1,089	1,351	1,499	1,178	1,489
오디오	1,113	1,059	1,164	1,295	1,395	1,179
노트북	1,081	1,186	1,309	1,046	1,094	1,219
컴퓨터	1,506	1,280	1,430	1,230	1,154	1,295

01 스파크라인을 추가할 셀을 선택한 후 [삽입] 탭-[스파크라인]-[꺾은선형]을 선택합니다.

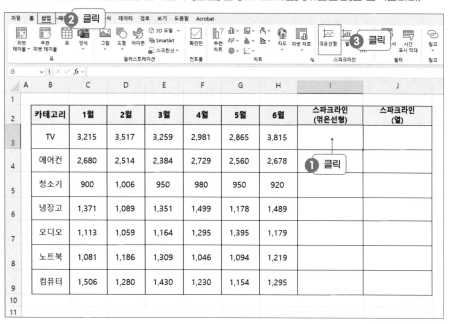

02 화면에 스파크라인 만들기 창이 나타나고 [데이터 범위(D)] 입력란에 TV의 실적 범위를 선택한 후 [확인] 버튼을 클릭합니다.

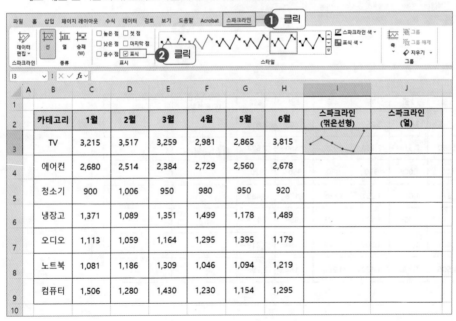

03 셀 안에 [TV]의 스파크라인이 생성되었습니다. 좀 더 정확한 실적을 확인하고 싶다면 [스파크라인] 탭-[표시]--[표식]을 선택합니다. 스파크라인에 표식이 추가됩니다.

카테고리	1월	2월	3월	4월	5월	6월	스파크라인 (꺾은선형)	스파크라인 (열)
TV	3,215	3,517	3,259	2,981	2,865	3,815		
에어컨	2,680	2,514	2,384	2,729	2,560	2,678		
청소기	900	1,006	950	980	950	920		
냉장고	1,371	1,089	1,351	1,499	1,178	1,489		
오디오	1,113	1,059	1,164	1,295	1,395	1,179		
노트북	1,081	1,186	1,309	1,046	1,094	1,219		
컴퓨터	1,506	1,280	1,430	1,230	1,154	1,295		

04 설정을 모두 완료하면 아래 방향으로 드래그해 자동 채우기를 합니다.

카테고리	1월	2월	3월	4월	5월	6월	스파크라인 (꺾은선형)	스파크라인 (열)
TV	3,215	3,517	3,259	2,981	2,865	3,815		드래그
에어컨	2,680	2,514	2,384	2,729	2,560	2,678		
청소기	900	1,006	950	980	950	920		
냉장고	1,371	1,089	1,351	1,499	1,178	1,489		
오디오	1,113	1,059	1,164	1,295	1,395	1,179		
노트북	1,081	1,186	1,309	1,046	1,094	1,219		
컴퓨터	1,506	1,280	1,430	1,230	1,154	1,295		

2. 열 스파크라인(세로 막대형)

꺾은선형 스파크라인으로 데이터의 제품별 판매 추세를 확인했다면 이번에는 세로 막대형 스파크라인으로 제품별 실적을 확인해 판매율이 가장 높은 달을 강조해 보겠습니다.

01 스파크라인을 추가할 셀을 선택한 후 [삽입] 탭-[스파크라인]-[열]을 선택합니다.

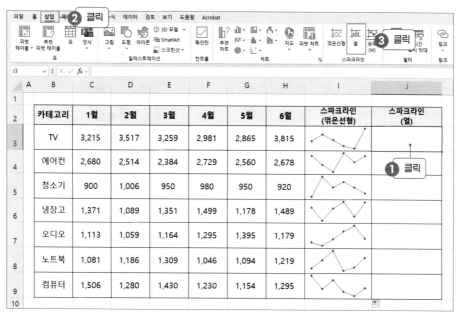

02 화면에 스파크라인 만들기 창이 나타나고 [데이터 범위(D)] 입력란에 TV의 판매 실적 범위를 선택한 후 [확인] 버튼을 클릭합니다.

03 셀 안에 [TV]의 스파크라인이 생성되었습니다. 판매율이 높은 달을 강조하기 위해 [스파크라인] 탭-[표시]-[높은 점]을 선택합니다. 판매율이 가장 높은 달에만 색상이 다르게 표시됩니다. 설정이 완료되면 아래 방향으로 드래그해 자동 채우기를 합니다.

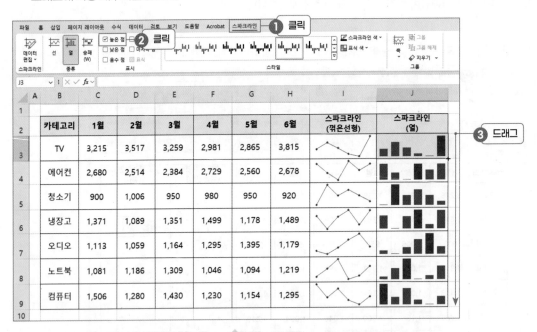

마감 시간이 촉박하거나 간단하게 추세만 표시해도 되는 상황이라면 스파크라인 기능을 적극 사용해 보세요!

memo

Chapter 3
자료를 빠르게 분석하는 데이터 분석 활용법

피벗 테이블 정체가 뭐야?

피벗 테이블은 자료의 레이아웃을 자유자재로 변경할 수 있어서 다양한 형태의 실적 집계 자료를 빠르게 만들 수 있습니다. 이번 섹션에서는 피벗 테이블의 사용 방법에 대해 자세히 알아보겠습니다.

 실습 예제: Part3_ch03_3-1.xlsx

2024년 11월 25일 오후

점심시간이 끝나고 온풍기 소리만 윙윙 울리는 건조한 사무실에 가만히 앉아있으니 몸이 노곤 노곤해지면서 잠이 몰려왔다. 그때 까닥거리는 내 고갯짓을 보신 걸까? 갑자기 유 팀장님께서 나를 불렀다.

"하 사원! 지금 실적 자료 하나 급하게 필요한데 금방 좀 만들어 줄래요?"

"네, 팀장님!"

졸음이 확 달아나며 눈이 번쩍 뜨였다. '팀장님이 나에게 지시하는 첫 번째 업무였다. 정신 차리자 잘 해내야 해'

"내가 디지털 마케팅 팀의 고객 유입 대비 구매 현황 RAW DATA 보내줄 테니까, 잘 들어요! 식품 종류별 고객 유입 대비 구매실적 하나, 월별 고객 유입 대비 자료 하나, 식품 종류/월별 고객 유입 대비와 구매실적 하나, 이렇게 집계 자료 요약해 줄래요? 15분 뒤에 회의해야 해요."

"네? 15분 뒤요?"

깜짝 놀라 대답하니 유 팀장님이 멍하니 나를 쳐다보셨다.

"응, 이거 5분도 안 걸릴 거 같은데? 피벗 돌리면 되지 않아? 혹시 피벗 못하면 박 대리에게 대신 부탁해 줘! 하 사원은 옆에서 잘 배우고!"

'휴... 피벗을 돌리라고? 그게 뭔데? 박 대리님 도와주세요. 피벗이 뭔가요?'

⚙ 피벗 테이블 기본 사용 방법

1. 피벗 테이블이란?

피벗 테이블은 RAW DATA의 방대한 데이터를 사용자가 원하는 레이아웃 형태로 집계해 주는 분석 기능입니다. 피벗 기능을 사용하려면 가장 먼저 RAW DATA의 전체 범위와 구성을 확인한 후 데이터는 표 형식인지 첫 행에 각 열의 기준이 되는 이름이 있는지 살펴봐야 합니다. 설명한 사항들을 참고해 다음 1월에서 6월까지 온라인 마케팅으로 판매한 식품별 구매실적 현황 RAW DATA를 피벗 테이블로 생성해 보겠습니다. 방법은 다음과 같습니다.

종류	구분	기간	유입합계	구매합계	APP 유입	인스타 유입	인스타 구매	카카오 유입	카카오 구매	네이버 유입	네이버 구매
건강식품	음식	1월	184,145	159,009	90,098	31,965	19,563	12,000	6,659	45,300	42,689
음료/생수	음식	1월	158,110	106,700	31,971	68,210	58,453	9,000	4,586	44,800	11,690
건강식품	음식	6월	129,250	96,738	17,835	93,080	75,935	1,600	548	12,670	2,420
음료/생수	음식	3월	100,025	67,264	46,935	23,100	11,810	10,000	5,987	4,835	3,532
냉동간편식	음식	6월	97,405	43,189	12,193	37,800	28,568	1,000	987	1,975	1,441
건강식품	음식	4월	85,818	54,472	5,105	11,500	7,653	52,700	35,040	12,868	6,674
냉동간편식	음식	3월	84,474	47,905	17,416	20,500	6,845	25,300	21,639	18,374	2,005
양념/소스	음식	2월	80,085	76,517	60,144	7,980	7,985	3,965	3,903	8,000	4,485
밀키트	음식	6월	73,177	41,805	37,392	2,700	2,100	2,115	2,089	1,237	224
건강식품	음식	3월	66,850	60,408	41,019	16,400	14,066	2,115	2,089	5,500	3,234
신선식품	음식	4월	64,556	41,465	17,014	5,000	3,351	41,380	20,958	1,386	142

1 피벗 테이블 생성

01 피벗 테이블을 생성할 RAW DATA의 범위를 선택한 후 [삽입] 탭-[차트]-[피벗 차트]를 클릭합니다. 피벗 차트 목록이 나타나면 [피벗 차트 및 피벗 테이블(P)]을 선택합니다.

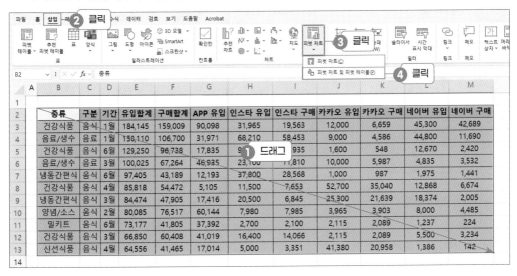

02 화면에 피벗 테이블 만들기 창이 나타나면 [표/범위(T)]에서 선택한 범위가 맞는지 확인하고 [새 워크시트(N)]를 선택한 후 [확인] 버튼을 클릭합니다.

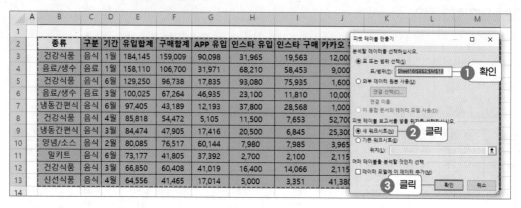

03 피벗 테이블을 생성할 새 워크시트 화면이 나타납니다.

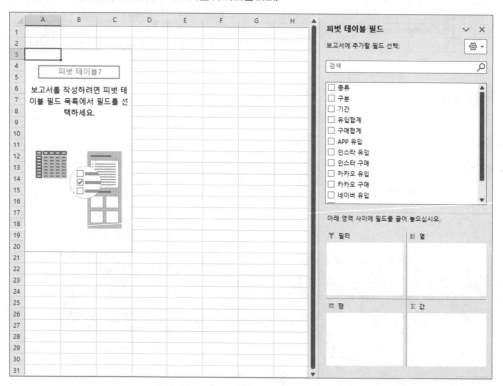

기존의 시트에 피벗 테이블을 추가하고 싶다면 **01** 피벗 테이블 만들기 창에서 [기존 워크시트(E)]를 선택한 후 [확인] 버튼을 클릭합니다. **02** 설정한 셀 위치로 피벗 테이블이 생성됩니다.

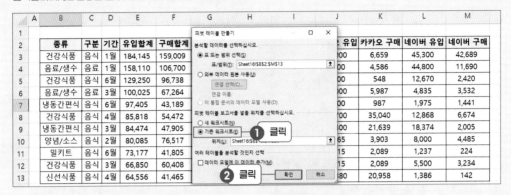

다만, 기존 워크시트에 피벗 테이블을 생성하면 원본 데이터와 새로 추가된 데이터가 충돌해 일부 데이터가 삭제될 수도 있어 실무에서는 보통 [새 워크시트(N)]를 선택한 후 피벗 테이블 만들기를 진행한다는 점 참고해 주세요.

2 피벗 테이블 필드 화면 구성

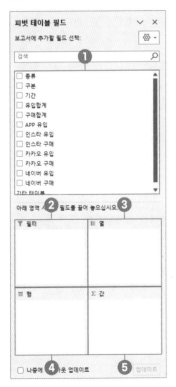

❶ **필드 목록** : RAW DATA의 머리글이자 피벗 테이블의 필드가 모여있는 영역입니다. 목록의 각 필드를 영역에 맞게 드래그해 배치하면 시트에 피벗 테이블이 생성됩니다.

❷ **필터** : 피벗 테이블 필드에 필터 기능이 추가되어 데이터를 효율적으로 관리하고 분석할 수 있습니다.

❸ **열** : 피벗 테이블의 필드를 열 레이아웃으로 배치합니다.

❹ **행** : 피벗 테이블의 필드를 행 레이아웃으로 배치합니다.

❺ **값** : 배치된 필드를 집계해 결괏값을 출력합니다.

2. 피벗 테이블로 매출 합계 구하기

RAW DATA의 식품 종류별 유입 및 구매 합계를 피벗 테이블로 빠르게 구해 보겠습니다. 방법은 다음과 같습니다.

01 피벗 테이블을 생성할 RAW DATA의 범위를 선택한 후 [삽입] 탭-[차트]-[피벗 차트]를 클릭합니다. 피벗 차트 목록이 나타나면 [피벗 차트 및 피벗 테이블(P)]을 선택합니다.

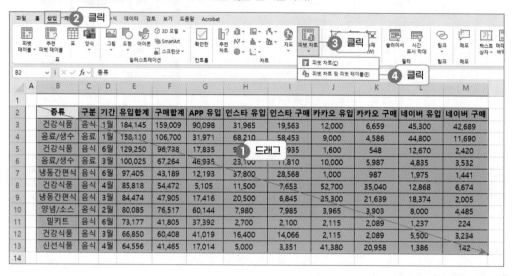

02 화면에 피벗 테이블 만들기 창이 나타나면 [표/범위(T)]에서 선택한 범위가 맞는지 확인하고 [새 워크시트(N)] 를 선택한 후 [확인] 버튼을 클릭합니다.

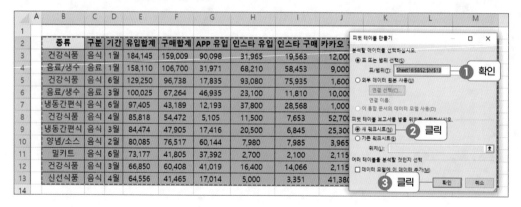

03 피벗 테이블 필드 창의 목록에서 [종류] 필드는 [행] 영역으로 [유입합계]와 [구매합계] 필드는 [값] 영역으로 드래그해 배치합니다. 식품 종류별 유입 수와 구매 건의 합계 실적이 자동 집계되어 출력됐습니다.

드래그가 아닌 필드를 클릭해 선택하는 경우 텍스트는 [행] 영역, 숫자는 [값] 영역으로 이동해 합계 실적이 출력됩니다.

1 피벗 테이블 필드 추가

이번에는 [기간] 필드를 [필터] 영역에 추가해 보겠습니다. 방법은 다음과 같습니다.

01 피벗 테이블 필드 목록의 [기간] 필드를 [필터] 영역으로 드래그해 배치합니다. 피벗 테이블에 월별 기준을 선택할 수 있는 [필터] 영역이 추가된 것을 확인할 수 있습니다.

02 피벗 테이블의 ▼을 클릭하면 [기간] 필터 항목이 나타납니다. 원하는 기간을 선택한 후 [확인] 버튼을 클릭합니다([여러 항목 선택]을 클릭하면 다중 항목으로 월을 선택할 수 있습니다).

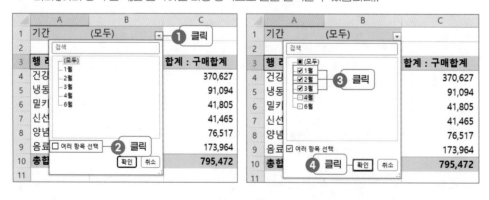

03 선택한 기간의 실적이 집계되어 피벗 테이블에 추가되었습니다.

2 필드 영역 변경

이번에는 [기간] 필드를 [필터]에서 [행] 영역으로 변경해 보겠습니다. 방법은 다음과 같습니다.

01 [기간] 필드를 [필터]에서 [행] 영역으로 드래그해 배치합니다.([종류] 필드 값 위로 [기간] 필드를 배치합니다).

02 피벗 테이블이 식품 종류에서 월별 순서대로 정리되어 합계 실적이 집계됩니다.

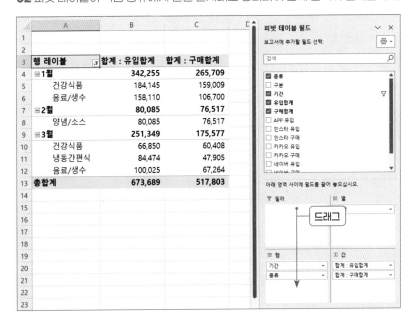

피벗 테이블 편집하기

피벗 테이블은 실적 집계를 쉽고 빠르게 구할 수 있는 큰 장점이 있지만, 편집이 까다로워 실무자들은 피벗 테이블을 편집하며 큰 피로감을 느낍니다. 이번 섹션에서는 피벗 테이블 편집에 대해 자세히 알아보겠습니다.

📖 실습 예제: Part3_ch03_3-2.xlsx

2024년 11월 28일 오후

정 과장님에게 피벗 테이블을 배우고나서 데이터 집계 시 아주 유용하게 사용하고 있었는데 얼마 못 가 피벗 테이블 사용을 중단했다.😭 '단순한 실적 집계는 참 좋은데 생각보다 사용하기가 까다로웠다.😔 그리고 정렬은 또 어떻게 하는 거야 편집하기 너무 어렵네' 어찌할 바를 몰라 한참 모니터만 멍하니 바라보는데 정 과장님의 목소리가 들렸다. 😀

"피벗 테이블을 편집하고 싶은데 뭐가 잘 안 되는 거야?"

나는 멋쩍게 웃으며 정 과장님에게 대답했다.

"네, 피벗 테이블을 편집하는 방법을 잘 모르니 할 수가 없네요"

"맞아, 피벗 테이블은 단순한 실적 집계에는 좋지만 사용자가 원하는 대로 입맛에 맞게 편집하는 과정은 복잡해 일반 셀의 데이터와 성질이 다르기 때문이지"

"과장님 좋은 방법이 없을까요?"

🔧 피벗 테이블 편집 실무 활용편

1. 피벗 테이블 레이아웃 편집하기

다음 스타일별 속성 정보 및 실적 현황 RAW DATA로 피벗 테이블을 생성해 보겠습니다. 방법은 다음과 같습니다.

스타일코드	아이템	복종	코드	시즌	성별	용도	정상가	발주수량	입고수량	출고수량	판매수량	실매출
P501TSM103	티셔츠	TOP	TS	봄	남성	일반	49,000	1,800	1,768	1,658	1,025	49,220,500
P501PTU503	팬츠	BOTTOM	PT	여름	혼성	일반	79,000	2,800	2,205	2,059	255	160,721,550
P501PTU502	팬츠	BOTTOM	PT	여름	혼성	전략	79,000	5,000	3,215	2,958	2,746	208,256,640
P501ZPM102	집업	TOP	ZP	봄	남성	일반	79,000	1,800	1,765	1,621	1,342	101,777,280
P501TSM214	티셔츠	TOP	TS	여름	남성	트렌드	49,000	800	700	621	313	13,496,560
P501PTF106	팬츠	BOTTOM	PT	봄	여성	일반	89,000	2,200	2,005	1,768	1,174	101,351,420
P501TNM104	트레이닝	OUTER	TN	봄	남성	일반	119,000	1,500	1,432	1,257	755	87,149,650
P501JSF210	재킷	OUTER	JS	여름	여성	트렌드	149,000	600	550	480	325	42,129,750
P501TNU103	트레이닝	OUTER	TN	봄	혼성	일반	99,000	1,800	1,658	1,432	908	86,296,320
P501JSM105	재킷	OUTER	JS	봄	남성	트렌드	109,000	900	759	650	205	21,227,750
P501MTF109	맨투맨	TOP	MT	봄	여성	트렌드	79,000	600	580	495	50	3,679,500
P501JSU505	재킷	OUTER	JS	여름	혼성	일반	169,000	1,900	1,879	1,600	13,889	220,656,540

01 피벗 테이블을 생성할 RAW DATA의 범위를 선택한 후 [삽입] 탭-[차트]-[피벗 차트]를 클릭합니다. 피벗 차트 목록이 나타나면 [피벗 차트 및 피벗 테이블(P)]을 선택합니다.

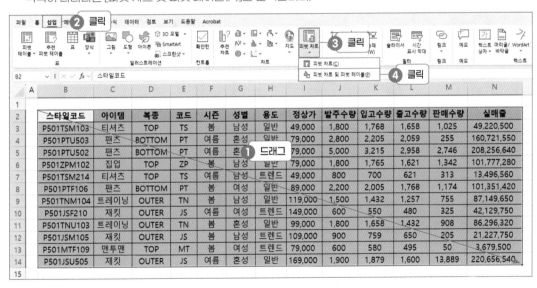

02 화면에 피벗 테이블 만들기 창이 나타나면 [표/범위(T)]에서 선택한 범위가 맞는지 확인하고 [새 워크시트(N)]를 선택한 후 [확인] 버튼을 클릭합니다.

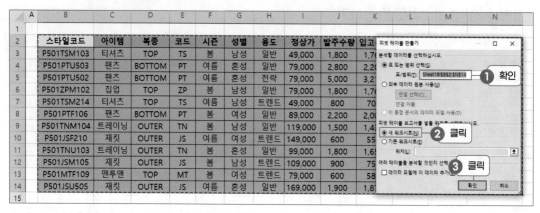

03 피벗 테이블 필드 목록에서 [시즌], [복종], [아이템]의 세 필드를 [행] 영역으로 [발주수량], [입고수량], [판매수량]의 세 필드를 [값] 영역으로 드래그해 배치합니다. [행] 영역의 A 열에 여러 필드가 추가된 피벗 테이블이 생성됩니다.

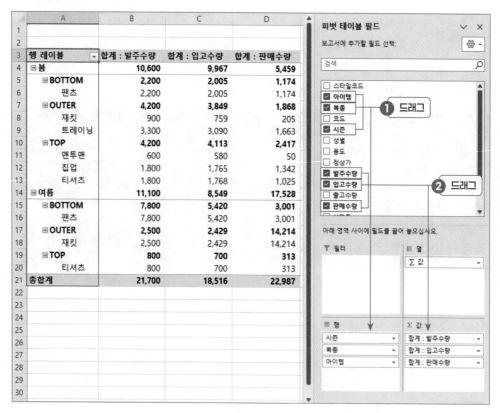

■1 개요 형식으로 표시

하나의 열에 여러 필드가 모여 자료를 한 번에 파악하기 힘들다면 레이아웃을 편집해 해결할 수 있습니다. 방법은
다음과 같습니다.

01 [디자인] 탭-[보고서 레이아웃]-[개요 형식으로 표시(O)]를 클릭합니다.

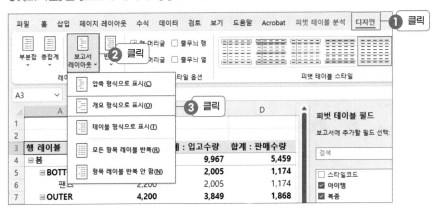

02 하나의 열에 모여있던 필드의 값이 [시즌], [복종], [아이템] 필드 별로 나뉘어 레이아웃이 편집됐습니다.

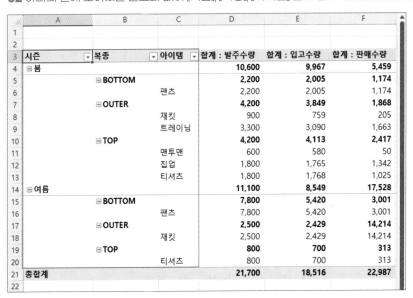

시즌	복종	아이템	합계 : 발주수량	합계 : 입고수량	합계 : 판매수량
⊟봄			10,600	9,967	5,459
	⊟BOTTOM		2,200	2,005	1,174
		팬츠	2,200	2,005	1,174
	⊟OUTER		4,200	3,849	1,868
		재킷	900	759	205
		트레이닝	3,300	3,090	1,663
	⊟TOP		4,200	4,113	2,417
		맨투맨	600	580	50
		집업	1,800	1,765	1,342
		티셔츠	1,800	1,768	1,025
⊟여름			11,100	8,549	17,528
	⊟BOTTOM		7,800	5,420	3,001
		팬츠	7,800	5,420	3,001
	⊟OUTER		2,500	2,429	14,214
		재킷	2,500	2,429	14,214
	⊟TOP		800	700	313
		티셔츠	800	700	313
총합계			21,700	18,516	22,987

② 테이블 형식으로 표시

이번에는 실무에서 가장 많이 사용하는 테이블 형식으로 표기해 보겠습니다. 방법은 다음과 같습니다.

01 [디자인] 탭-[보고서 레이아웃]-[테이블 형식으로 표시(T)]를 선택합니다.

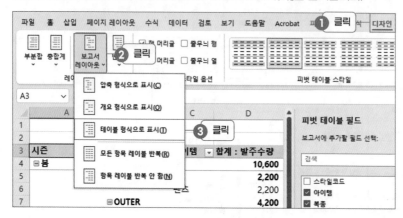

02 [개요 형식으로 표시(O)]와 레이아웃이 비슷하지만 필드별로 요약이라는 부분합 개념의 값이 추가 생성된 것을 확인할 수 있습니다.

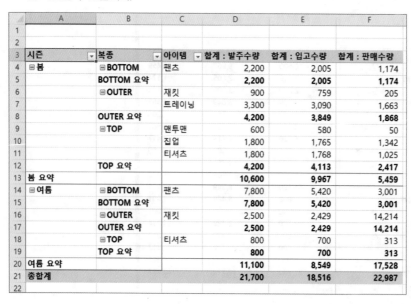

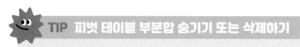

피벗 테이블은 기존 시트의 셀을 편집하는 것처럼 행과 열 범위를 자유롭게 삽입 또는 삭제할 수 없어 강제로 삭제를 진행하면 현재 상태로 삭제가 불가하다는 경고 메시지 창이 나타납니다. 피벗 테이블의 부분합을 없애고 싶다면 방법은 다음과 같습니다.

01 복종 열의 빈 셀에 커서를 둔 후 마우스 오른쪽 버튼을 클릭합니다. 바로 가기 메뉴가 나타나면 ["복종" 부분합(B)]을 선택합니다.

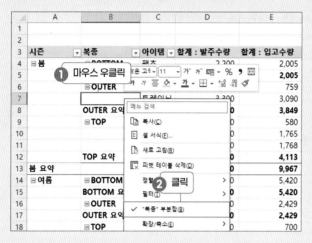

02 복종 열의 부분합이 삭제되어 피벗 테이블에서 사라집니다.

	시즌	복종	아이템	합계 : 발주수량	합계 : 입고수량	합계 : 판매수량
4	⊟봄	⊟BOTTOM	팬츠	2,200	2,005	1,174
5		⊟OUTER	재킷	900	759	205
6			트레이닝	3,300	3,090	1,663
7		⊟TOP	맨투맨	600	580	50
8			집업	1,800	1,765	1,342
9			티셔츠	1,800	1,768	1,025
10	봄 요약			10,600	9,967	5,459
11	⊟여름	⊟BOTTOM	팬츠	7,800	5,420	3,001
12		⊟OUTER	재킷	2,500	2,429	14,214
13		⊟TOP	티셔츠	800	700	313
14	여름 요약			11,100	8,549	17,528
15	총합계			21,700	18,516	22,987

만약, 한 가지 필드가 아니라 전체 필드의 부분합을 삭제하고 싶다면 [디자인] 탭 - [부분합] - [부분합 표시 안 함]을 선택하면 됩니다.

3 모든 항목 레이블 반복

이번에는 피벗 테이블의 전체 항목을 반복하여 표시해 보겠습니다. 방법은 다음과 같습니다.

01 [디자인] 탭 - [보고서 레이아웃] - [모든 항목 레이블 반복(R)]을 선택합니다.

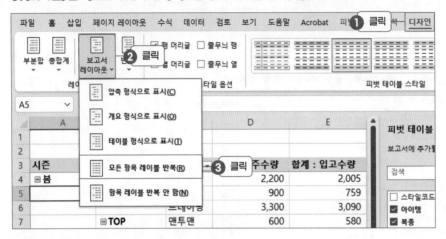

02 피벗 테이블의 모든 항목이 반복되어 나타납니다.

	A	B	C	D	E	F
1						
2						
3	시즌 ▾	복종 ▾	아이템 ▾	합계 : 발주수량	합계 : 입고수량	합계 : 판매수량
4	⊟봄	⊟BOTTOM	팬츠	2,200	2,005	1,174
5	봄	⊟OUTER	재킷	900	759	205
6	봄	OUTER	트레이닝	3,300	3,090	1,663
7	봄	⊟TOP	맨투맨	600	580	50
8	봄	TOP	집업	1,800	1,765	1,342
9	봄	TOP	티셔츠	1,800	1,768	1,025
10	봄 요약			10,600	9,967	5,459
11	⊟여름	⊟BOTTOM	팬츠	7,800	5,420	3,001
12	여름	⊟OUTER	재킷	2,500	2,429	14,214
13	여름	⊟TOP	티셔츠	800	700	313
14	여름 요약			11,100	8,549	17,528
15	총합계			21,700	18,516	22,987
16						

항목 레이블의 반복을 해제하고 싶다면 [디자인] 탭 [보고서 레이아웃]-[모든 항목 레이블 반복 안 함(N)]을 선택합니다.

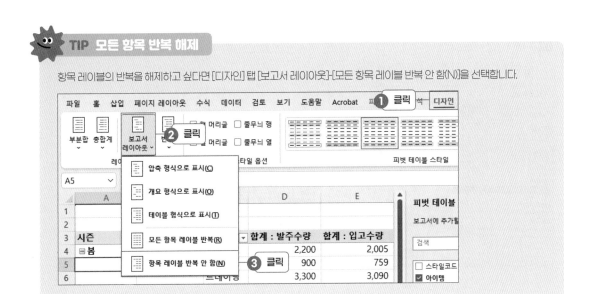

2. 알아두면 유용한 피벗 테이블 기능

기존 시트에서 자료의 입고율을 출력하고 싶다면 셀에 수식을 입력하면 되지만 피벗 테이블에서는 어렵습니다. 그러면 어떻게 해야 할까요? 해결 방법은 의외로 간단합니다. 입고율의 함수 수식을 계산한 새로운 계산 필드를 피벗 테이블에 추가하면 됩니다. 알아두면 유용한 피벗 테이블의 기능을 차례로 알아보겠습니다.

1 계산 필드 추가

피벗 테이블에 계산 필드를 추가해 입고율을 출력해 보겠습니다. 방법은 다음과 같습니다.

01 계산 필드를 추가할 E3 셀을 클릭한 후 [피벗 테이블 분석] 탭-[필드, 항목 및 집합]-[계산 필드(E)]를 클릭합니다.

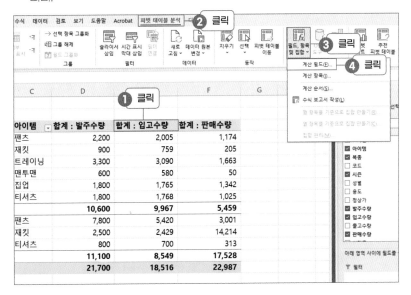

02 화면에 계산 필드 삽입 창이 나타나고 [이름(N)] 입력란에 입고율을 [수식(M)] 입력란에 수식을 **= 입고수량/발주수량** 작성한 후 [추가(A)] 버튼을 클릭합니다.

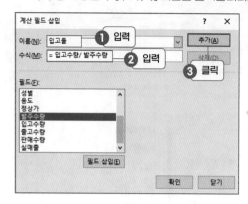

[수식] 입력란에 작성한 입고수량과 발주수량은 [필드] 영역에서 더블클릭으로 추가해도 됩니다.

03 피벗 테이블에 [합계:입고율] 계산 필드가 추가되고 피벗 테이블 필드 목록에도 자동 추가됩니다.

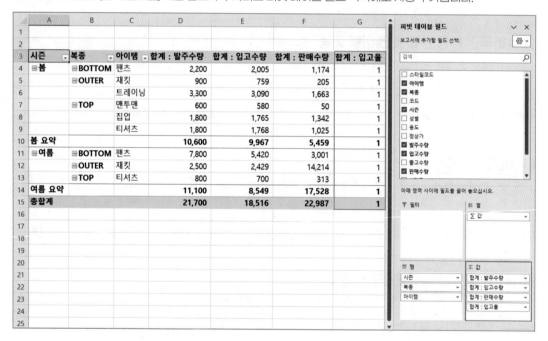

시즌	복종	아이템	합계 : 발주수량	합계 : 입고수량	합계 : 판매수량	합계 : 입고율
⊟ 봄	⊟ BOTTOM	팬츠	2,200	2,005	1,174	1
	⊟ OUTER	재킷	900	759	205	1
		트레이닝	3,300	3,090	1,663	1
	⊟ TOP	맨투맨	600	580	50	1
		집업	1,800	1,765	1,342	1
		티셔츠	1,800	1,768	1,025	1
봄 요약			10,600	9,967	5,459	1
⊟ 여름	⊟ BOTTOM	팬츠	7,800	5,420	3,001	1
	⊟ OUTER	재킷	2,500	2,429	14,214	1
	⊟ TOP	티셔츠	800	700	313	1
여름 요약			11,100	8,549	17,528	1
총합계			21,700	18,516	22,987	1

2 셀 서식 변경

이번에는 숫자 값이 입력된 D, E, F, G 열의 셀 서식을 변경해 보겠습니다. 방법은 다음과 같습니다.

01 피벗 테이블의 실적 범위를 모두 선택한 후 [홈] 탭-[표시 형식]-[회계]를 클릭합니다(통화 기호가 셀에 표시되면 [표시 형식]-[천 단위 구분 기호(,)]를 클릭합니다).

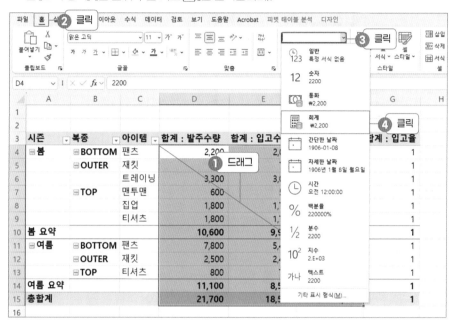

02 수식을 추가한 입고율의 범위를 선택한 후 [홈] 탭-[표시 형식]-[백분율]을 클릭합니다.

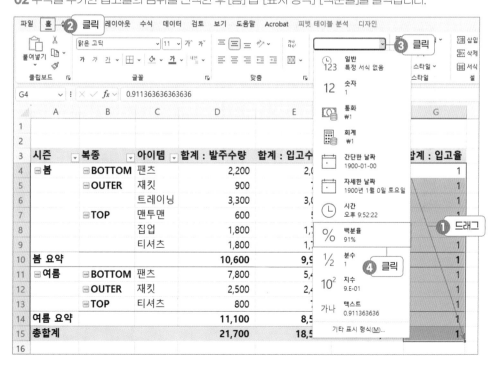

3 피벗 테이블 열 이동

입고율의 G 열을 E 열과 F 열 사이로 이동하겠습니다. 방법은 다음과 같습니다.

01 피벗 테이블 필드 창의 [값] 영역에 있는 [합계 : 입고율]을 클릭한 채 [합계 : 입고수량]과 [합계 : 판매수량] 사이로 드래그해 배치합니다.

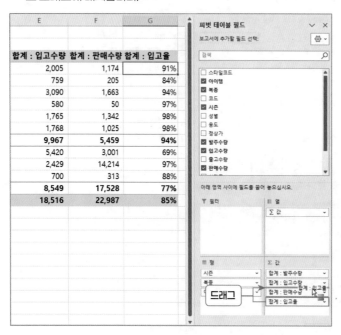

02 E 열과 F 열 사이로 입고율 G 열이 이동했습니다.

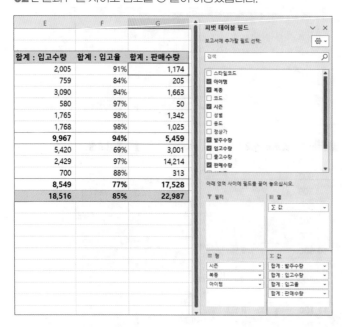

3. 피벗 테이블 정렬하기

피벗 테이블의 정렬은 기존의 정렬과 사용 방법이 달라 정확한 사용법을 알고 있어야 오류 값 반환 없이 피벗 테이블 정렬할 수 있습니다. 피벗 테이블의 데이터를 정렬해 보겠습니다.

1 기본 정렬

입고 수량을 기준으로 내림차순과 오름차순 정렬을 해보겠습니다. 방법은 다음과 같습니다.

· 오름차순 정렬

01 정렬을 원하는 셀의 범위를 선택한 후 [데이터] 탭-[정렬 및 필터]-[오름차순(↓↑)]을 클릭합니다.

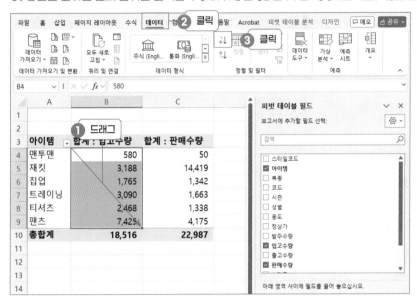

02 최솟값에서 최댓값으로 오름차순 정렬이 완료되었습니다.

	A	B	C
3	**아이템**	**합계 : 입고수량**	**합계 : 판매수량**
4	맨투맨	580	50
5	집업	1,765	1,342
6	티셔츠	2,468	1,338
7	트레이닝	3,090	1,663
8	재킷	3,188	14,419
9	팬츠	7,425	4,175
10	**총합계**	**18,516**	**22,987**

· 내림차순 정렬

01 정렬을 원하는 셀의 범위를 선택한 후 [데이터] 탭-[정렬 및 필터]-[내림차순(↓)]을 클릭합니다.

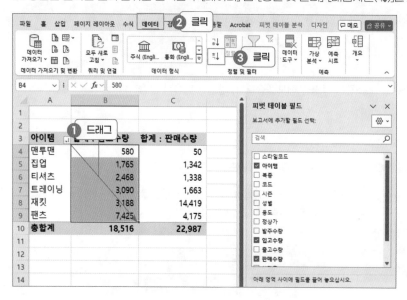

02 최댓값에서 최솟값으로 내림차순 정렬이 완료되었습니다.

	A	B	C
1			
2			
3	**아이템**	**합계 : 입고수량**	**합계 : 판매수량**
4	팬츠	7,425	4,175
5	재킷	3,188	14,419
6	트레이닝	3,090	1,663
7	티셔츠	2,468	1,338
8	집업	1,765	1,342
9	맨투맨	580	50
10	**총합계**	18,516	22,987
11			

2 사용자 지정 정렬

회사의 보고서 양식 중 정렬 규칙이 정해져 있다면 [사용자 지정 정렬]을 사용해줘야 합니다. 방법은 다음과 같습니다.

01 사용자 지정 목록을 추가하기 위해 먼저 피벗 테이블 빈 셀에 정렬 규칙을 입력해 줍니다.

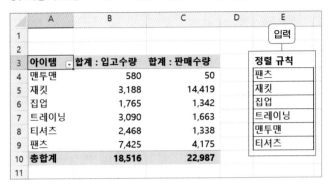

02 [파일] 탭-[옵션]을 클릭합니다.

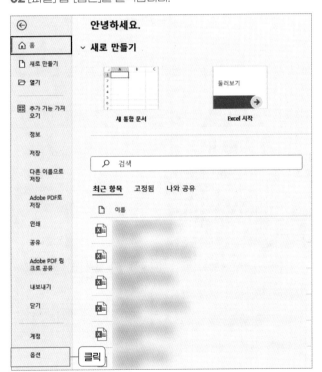

03 화면에 Excel 옵션 창이 나타나면 메뉴의 [고급]을 선택한 후 스크롤을 아래로 내려 [사용자 지정 목록 편집 (O)] 버튼을 클릭합니다.

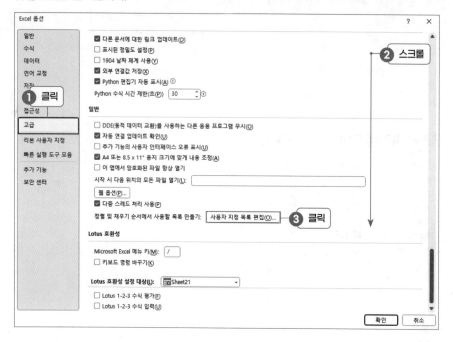

04 옵션 창에서 [새 목록]을 클릭하고 [목록 가져올 범위(I)] 입력란에 시트의 정렬 규칙을 드래그해 범위를 추가한 후 [가져오기(M)] 버튼을 클릭합니다.

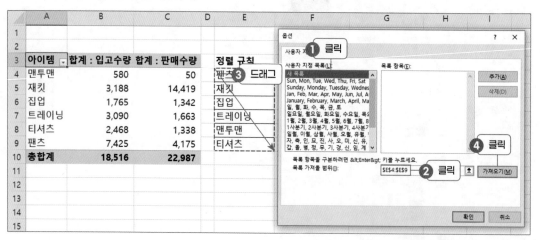

05 [목록 항목(E)]에 추가한 규칙이 나타나면 살펴본 후 [확인] 버튼을 클릭합니다. Excel 옵션 창도 [확인] 버튼을 클릭해 종료합니다.

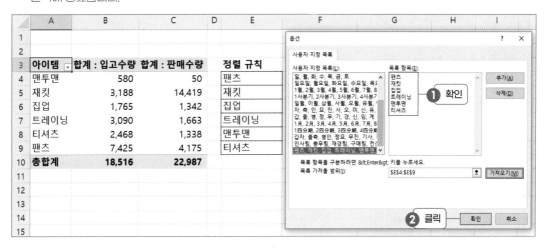

추가한 정렬 규칙은 사용자 지정 목록에 저장되어 계속해서 사용할 수 있습니다.

06 이어서 데이터에 반영해 보겠습니다. 사용자 지정 정렬을 적용할 셀을 클릭한 후 [데이터] 탭-[정렬 및 필터]-[정렬]을 클릭합니다.

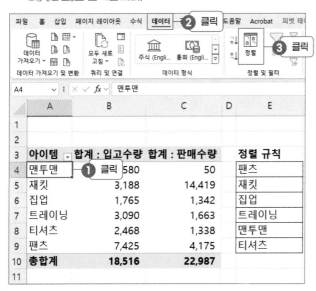

07 화면에 정렬 옵션 창이 나타나면 [정렬 옵션]은 [오름차순 기준(A)]을 선택하고 [기타 옵션(R)] 버튼을 클릭합니다.

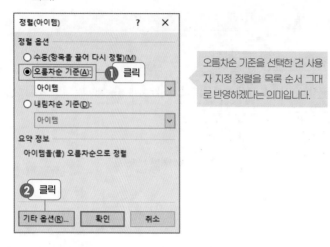

오름차순 기준을 선택한 건 사용자 지정 정렬을 목록 순서 그대로 반영하겠다는 의미입니다.

08 기타 정렬 옵션 창에서 [자동 정렬(A)]의 [보고서가 업데이트될 때마다 자동으로 정렬(S)]을 클릭해 선택을 해제하고 [기본 정렬 순서(F)]가 활성화되면 추가한 정렬 규칙을 선택한 후 [확인] 버튼을 클릭합니다.

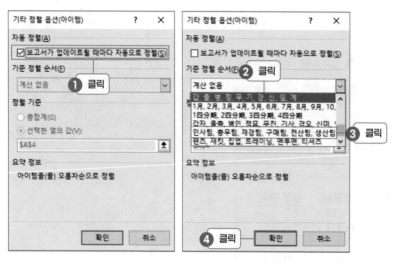

09 사용자 지정 정렬 순서에 맞게 정렬이 잘 반영된 것을 확인할 수 있습니다.

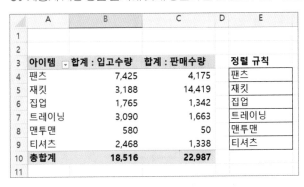

4. 피벗 테이블 데이터 업데이트하기

RAW DATA의 업데이트 사항은 피벗 테이블에 자동으로 반영되지 않아 변경 사항이 생기면 [새로고침]을 해줘야
합니다. 다음 자료의 데이터를 최신으로 업데이트해보겠습니다.

▮ 피벗 테이블 데이터 원본 변경

최신 RAW DATA로 피벗 테이블의 데이터 원본을 변경하겠습니다. 방법은 다음과 같습니다.

01 임의의 셀을 선택한 후 [피벗 테이블 분석] 탭-[데이터]-[데이터 원본 변경]을 클릭합니다.

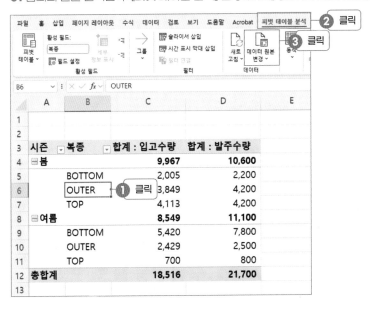

02 피벗 테이블의 데이터 원본 시트로 화면이 바뀌고 피벗 테이블 데이터 원본 변경 창이 나타나면 [표/범위(T)]에서 범위를 확인한 후 [확인] 버튼을 클릭합니다.

	B	C	D	E	F	G	H	I	J	K
1										
2	스타일코드	아이템	복종	코드	시즌	성별	용도	정상가	발주수량	입고수량
3	P501TSM103	티셔츠	TOP	TS	봄	남성	일반	49,000	1,800	1,768
4	P501PTU503	팬츠	BOTTOM	PT	여름	혼성	일반	79,000	2,800	2,205
5	P501PTU502	팬츠						79,000	5,000	3,215
6	P501ZPM102	집업						79,000	1,800	1,765
7	P501TSM214	티셔츠						49,000	800	700
8	P501PTF106	팬츠						89,000	2,200	2,005
9	P501TNM104	트레이닝						119,000	1,500	1,432
10	P501JSF210	재킷						149,000	600	550
11	P501TNU103	트레이닝						99,000	1,800	1,658
12	P501JSM105	재킷						109,000	900	759
13	P501MTF109	맨투맨	TOP	MT	봄	여성	트렌드	79,000	600	580
14	P501JSU505	재킷	OUTER	JS	여름	혼성	일반	169,000	1,900	1,879
15										

03 이어서 피벗 테이블 시트로 이동해 [피벗 테이블 분석] 탭-[데이터]-[새로고침]을 선택합니다. 업데이트된 RAW DATA의 데이터가 피벗 테이블에 반영됩니다.

2 RAW DATA 표 만들기

피벗 테이블에 자료를 주기적으로 업데이트해 주는 것조차 여유가 없을 경우 RAW DATA를 표로 만들어 관리하는 방법이 있습니다. 방법은 다음과 같습니다.

01 RAW DATA의 전체 범위를 선택한 후 [삽입] 탭-[표]-[표]를 클릭합니다.

	B	C	D	E	F	G	H	I	J	K	L	M	N
1													
2	스타일코드	아이템	복종	코드	시즌	성별	용도	정상가	발주수량	입고수량	출고수량	판매수량	실매출
3	P501TSM103	티셔츠	TOP	TS	봄	남성	일반	49,000	1,800	1,768	1,658	1,025	49,220,500
4	P501PTU503	팬츠	BOTTOM	PT	여름	혼성	일반	79,000	2,800	2,205	2,059	255	160,721,550
5	P501PTU502	팬츠	BOTTOM	PT	여름	혼성			5,000	3,215	2,958	2,746	208,256,640
6	P501ZPM102	집업	TOP	ZP	봄	남성	일반	79,000	1,800	1,765	1,621	1,342	101,777,280
7	P501TSM214	티셔츠	TOP	TS	여름	남성	트렌드	49,000	800	700	621	313	13,496,560
8	P501PTF106	팬츠	BOTTOM	PT	봄	여성	일반	89,000	2,200	2,005	1,768	1,174	101,351,420
9	P501TNM104	트레이닝	OUTER	TN	봄	남성	일반	119,000	1,500	1,432	1,257	755	87,149,650
10	P501JSF210	재킷	OUTER	JS	여름	여성	트렌드	149,000	600	550	480	325	42,129,750
11	P501TNU103	트레이닝	OUTER	TN	봄	혼성	일반	99,000	1,800	1,658	1,432	908	86,296,320
12	P501JSM105	재킷	OUTER	JS	봄	남성	트렌드	109,000	900	759	650	205	21,227,750
13	P501MTF109	맨투맨	TOP	MT	봄	여성	트렌드	79,000	600	580	495	50	3,679,500
14	P501JSU505	재킷	OUTER	JS	여름	혼성	일반	169,000	1,900	1,879	1,600	13,889	220,656,540

02 표 만들기 창이 나타나면 선택한 범위를 확인한 후 [확인] 버튼을 클릭합니다.

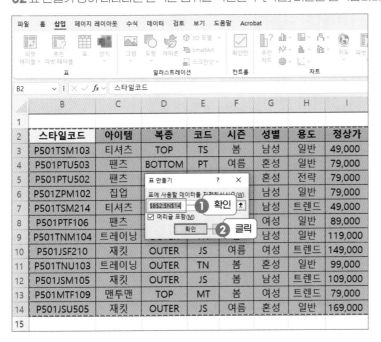

03 RAW DATA가 표로 생성됩니다.

	B	C	D	E	F	G	H	I	J	K	L	M	N
1													
2													
3	P501TSM103	티셔츠	TOP	TS	봄	남성	일반	49,000	1,800	1,768	1,658	1,025	49,220,500
4	P501PTU503	팬츠	BOTTOM	PT	여름	혼성	일반	79,000	2,800	2,205	2,059	255	160,721,550
5	P501PTU502	팬츠	BOTTOM	PT	여름	혼성	전략	79,000	5,000	3,215	2,958	2,746	208,256,640
6	P501ZPM102	집업	TOP	ZP	봄	남성	일반	79,000	1,800	1,765	1,621	1,342	101,777,280
7	P501TSM214	티셔츠	TOP	TS	여름	남성	트렌드	49,000	800	700	621	313	13,496,560
8	P501PTF106	팬츠	BOTTOM	PT	봄	여성	일반	89,000	2,200	2,005	1,768	1,174	101,351,420
9	P501TNM104	트레이닝	OUTER	TN	봄	남성	일반	119,000	1,500	1,432	1,257	755	87,149,650
10	P501JSF210	재킷	OUTER	JS	여름	여성	트렌드	149,000	600	550	480	325	42,129,750
11	P501TNU103	트레이닝	OUTER	TN	봄	혼성	일반	99,000	1,800	1,658	1,432	908	86,296,320
12	P501JSM105	재킷	OUTER	JS	봄	남성	트렌드	109,000	900	759	650	205	21,227,750
13	P501MTF109	맨투맨	TOP	MT	봄	여성	트렌드	79,000	600	580	495	50	3,679,500
14	P501JSU505	재킷	OUTER	JS	여름	혼성	일반	169,000	1,900	1,879	1,600	13,889	220,656,540
15													

데이터 원본 변경을 별도로 진행하지 않아도 최신 RAW DATA로 자동 수정됩니다. 다만 RAW DATA가 무거우면 파일 용량이 매우 커져 값을 붙여넣기할 때 업데이트 반영 시간이 지연되거나 프로그램이 강제 종료될 수도 있습니다.

04 RAW DATA 표 생성을 완료했다면 피벗 테이블 시트로 이동해 [피벗 테이블 분석] 탭-[데이터]-[새로고침]을 선택합니다. 피벗 테이블에도 업데이트 내용이 반영됩니다.

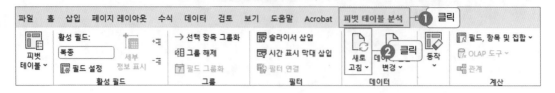

5. 피벗 테이블 스타일 편집하기

피벗 테이블도 사용자가 원하는 스타일로 편집이 가능합니다. 방법은 다음과 같습니다.

1 기본 스타일 변경

01 [디자인] 탭-[피벗 테이블 스타일]-[빠른 스타일(˅)]를 클릭합니다.

시즌	복종	합계 : 입고수량	합계 : 발주수량	합계 : 출고수량	합계 : 판매수량
봄	BOTTOM	2,005	2,200	1,768	1,174
	OUTER	3,849	4,200	3,339	1,868
	TOP	4,113	4,200	3,774	2,417
봄 요약		9,967	10,600	8,881	5,459
여름	BOTTOM	5,420	7,800	5,017	3,001
	OUTER	2,429	2,500	2,080	14,214
	TOP	700	800	621	313
여름 요약		8,549	11,100	7,718	17,528
총합계		18,516	21,700	16,599	22,987

02 화면에 피벗 테이블 스타일 목록이 나타나면 원하는 스타일을 선택합니다.

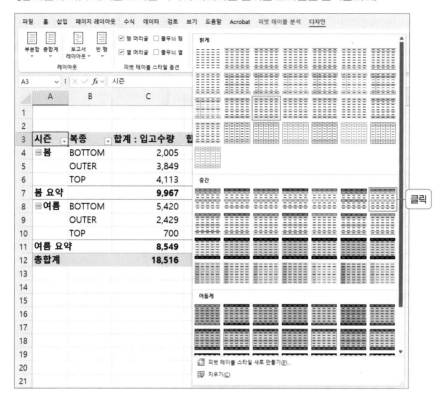

03 선택한 스타일로 피벗 테이블 디자인이 변경됩니다.

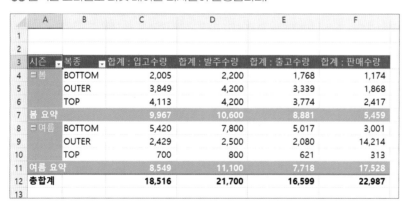

	A	B	C	D	E	F
1						
2						
3	시즌	복종	합계 : 입고수량	합계 : 발주수량	합계 : 출고수량	합계 : 판매수량
4	봄	BOTTOM	2,005	2,200	1,768	1,174
5		OUTER	3,849	4,200	3,339	1,868
6		TOP	4,113	4,200	3,774	2,417
7	봄 요약		9,967	10,600	8,881	5,459
8	여름	BOTTOM	5,420	7,800	5,017	3,001
9		OUTER	2,429	2,500	2,080	14,214
10		TOP	700	800	621	313
11	여름 요약		8,549	11,100	7,718	17,528
12	총합계		18,516	21,700	16,599	22,987
13						

2 사용자 지정 스타일 변경

01 피벗 테이블을 클릭한 후 [디자인] 탭-[피벗 테이블 스타일]-[빠른 스타일(▾)]를 선택하고 목록 맨 하단의 [피벗 테이블 스타일 새로 만들기(P)]를 클릭합니다.

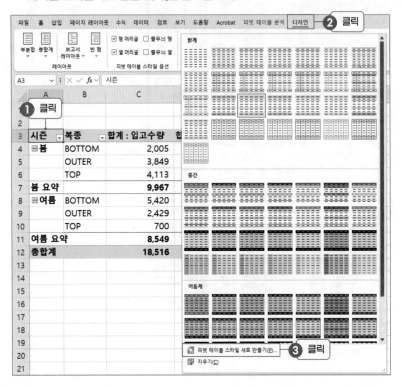

02 화면에 새 피벗 테이블 스타일 창이 나타나면 [표 요소(T)]의 [머리글 행]을 선택한 후 [서식(F)] 버튼을 클릭합니다.

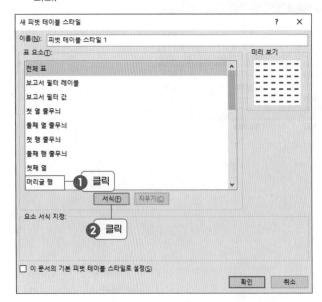

03 셀 서식 창이 나타나고 [글꼴], [테두리], [채우기] 탭에서 사용자가 원하는 스타일을 선택한 후 [확인] 버튼을 클릭합니다.

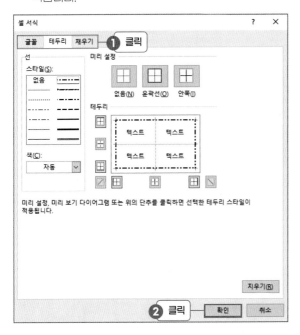

04 머리글 행에 추가한 서식 작업이 [미리 보기] 영역에 반영되어 나타납니다. 피벗 테이블의 나머지 요소도 동일한 방법으로 서식을 추가한 후 [확인] 버튼을 클릭합니다.

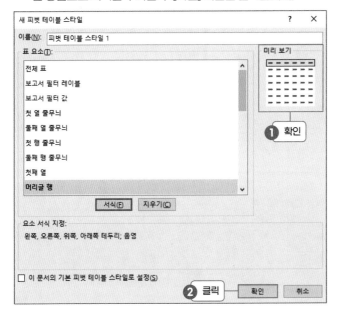

05 디자인 목록의 상단 [사용자 지정] 영역에 새 스타일이 추가되고 클릭하면 피벗 테이블에 반영됩니다.

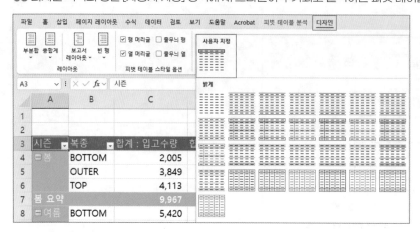

 TIP 피벗 테이블 기타 표시 형식 변경

머리글 버튼 삭제

01 피벗 테이블을 클릭한 후 [피벗 테이블 분석] 탭-[표시]-[+/- 단추] 버튼을 클릭합니다.

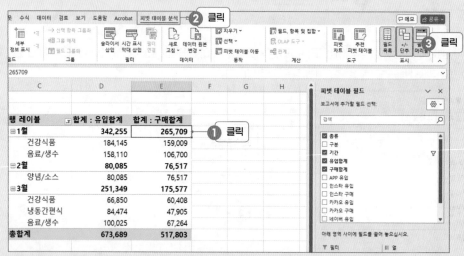

02 피벗 테이블의 [+/-] 버튼이 삭제되었습니다.

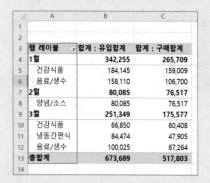

머리글 '합계 :' 표시 삭제

01 키보드의 Ctrl + H 를 누르면 화면에 찾기 및 바꾸기 창이 나타납니다. [바꾸기(P)] 탭을 클릭하고 [찾을 내용(N)] 입력란에 '합계 :'를 입력합니다. [바꿀 내용(O)] 입력란은 공란으로 두고 [모두 바꾸기(A)] 버튼을 클릭합니다.

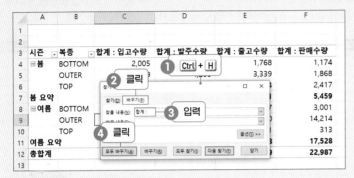

02 수량 실적 머리글의 '합계 :' 표시가 모두 삭제되었습니다.

시즌	복종	입고수량	발주수량	출고수량	판매수량
봄	BOTTOM	2,005	2,200	1,768	1,174
	OUTER	3,849	4,200	3,339	1,868
	TOP	4,113	4,200	3,774	2,417
봄 요약		**9,967**	**10,600**	**8,881**	**5,459**
여름	BOTTOM	5,420	7,800	5,017	3,001
	OUTER	2,429	2,500	2,080	14,214
	TOP	700	800	621	313
여름 요약		**8,549**	**11,100**	**7,718**	**17,528**
총합계		**18,516**	**21,700**	**16,599**	**22,987**

3-3

피벗 차트와 슬라이서

피벗 차트는 피벗 테이블의 데이터를 차트로 시각화하는 것이며 슬라이서는 사용자가 원하는 조건을 필터링해 출력하는 기능입니다. 이번 섹션에서는 피벗 차트와 슬라이서에 대해 자세히 알아보겠습니다.

📕 실습 예제: Part3_ch03_3-3.xlsx

2024년 12월 02일 오후

피벗 테이블로 RAW DATA의 여러 실적 보고서를 작성했는데 작업을 완료하고 보니 보고서로 제출하기에는 어딘가 조금 부족해 보였다. 😵 아무리 생각해도 원인을 찾을 수 없어서 박 대리님이 작성한 보고서를 참고했다. 박 대리님의 보고서는 실적이 일목요연하게 잘 정리되어 있었으며 차트 때문인지 가독성이 높아 자료의 이해가 빠르게 되었다. 아무래도 피벗 테이블과 함께 반영된 차트의 몫이 큰 거 같았다. 피벗 테이블에 차트까지 함께 있으니 훨씬 좋은데! 나도 당장 피벗 차트 만들기를 시도해 봐야겠다. 😊

☀ 피벗 차트 및 슬라이서 실무 활용편

1. 피벗 차트

피벗 테이블도 차트로 만들어 데이터 시각화가 가능합니다. 다음 의류 실적 RAW DATA로 피벗 테이블과 피벗
차트를 생성해 보겠습니다. 방법은 다음과 같습니다.

복종	시즌	아이템	기간	입고량	출고량	판매량
OUTER	봄	재킷	2월	8,000	6,841	3,756
OUTER	여름	재킷	6월	2,200	2,135	1,685
TOP	봄	맨투맨	2월	1,700	1,658	1,235
TOP	봄	티셔츠	2월	1,800	1,702	1,305
TOP	여름	티셔츠	6월	10,000	5,092	5,805
BOTTOM	봄	팬츠	2월	9,000	6,958	5,803
BOTTOM	여름	팬츠	6월	2,500	2,500	2,105
BOTTOM	여름	반바지	6월	2,200	2,105	1,785
OUTER	봄	자켓	1월	1,900	1,879	1,600
OUTER	여름	자켓	1월	1,700	1,685	1,405
TOP	봄	맨투맨	1월	800	798	605

01 피벗 차트를 생성할 RAW DATA의 범위를 선택한 후 [삽입] 탭-[차트]-[피벗 차트]를 클릭합니다.

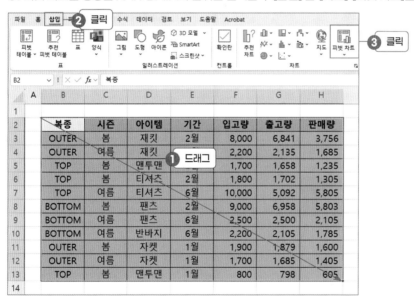

02 화면에 피벗 테이블 만들기 창이 나타나면 [표/범위(T)]에서 선택한 범위가 맞는지 확인하고 [새 워크시트(N)]를 선택한 후 [확인] 버튼을 클릭합니다.

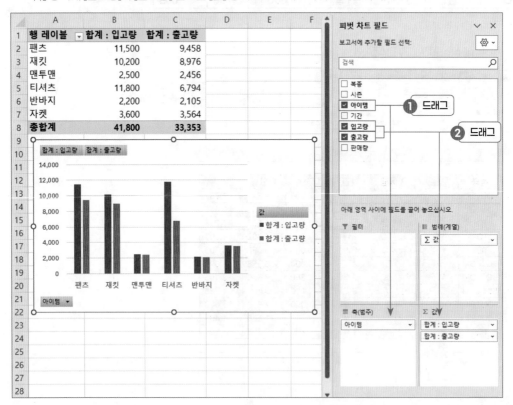

03 RAW DATA의 피벗 차트가 새 워크시트에 생성되었습니다. 피벗 차트 필드 목록에서 [아이템] 필드를 [축(범주)] 영역에 [입고량]과 [출고량] 필드를 [값] 영역으로 드래그하여 배치합니다.

> 피벗 차트는 기존의 엑셀 차트와 다르게 필드에 필터 기능이 추가되어 데이터의 유연한 분석이 가능합니다.

2. 슬라이서

슬라이서 기능은 사용자가 선택한 항목을 필터링해 출력하는 기능으로 얼핏 보면 필터와 사용 목적이 동일하지만 피벗 테이블 내에서만 항목을 선택할 수 있는 필터 기능과 다르게 슬라이서는 피벗 테이블 필드 목록을 이용해 조건을 마음대로 선택할 수 있습니다. 이어서 피벗 테이블의 슬라이서를 생성하고 편집해 보겠습니다. 방법은 다음과 같습니다.

1 슬라이서 생성

01 월별 실적 집계를 위해 피벗 테이블 필드 목록에서 [기간] 필드를 드래그해 [필터] 영역에 배치합니다.

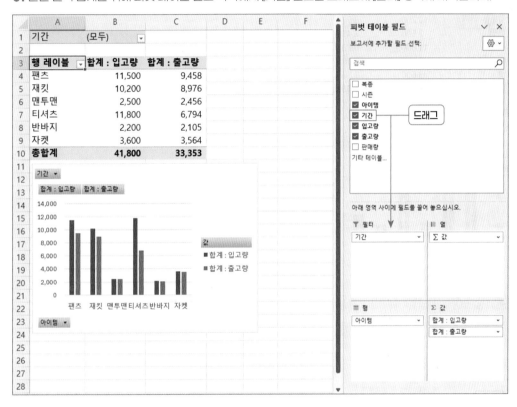

02 이어서 피벗 테이블을 선택하고 [피벗 테이블 분석] 탭-[필터]-[슬라이서 삽입]을 선택합니다.

03 화면에 슬라이서 삽입 창이 나타나고 항목에서 [기간]을 선택한 후 [확인] 버튼을 클릭합니다.

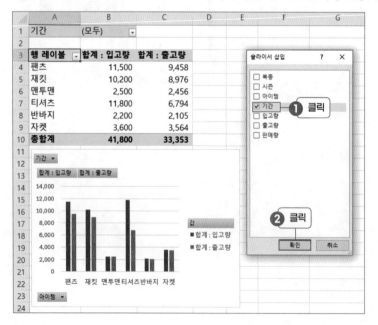

04 월별로 실적을 확인할 수 있는 슬라이서가 생성됐습니다. [1월] 버튼을 클릭하면 해당 월의 데이터 실적이 집계됩니다.

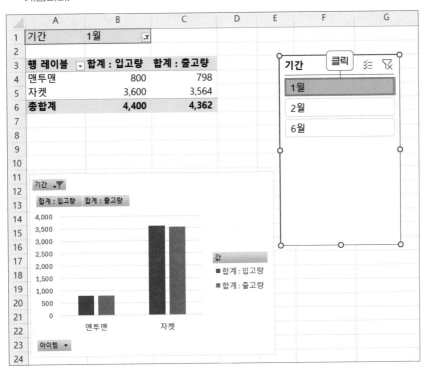

다중 선택

슬라이서 상단의 ⊞ 버튼을 클릭하면 항목을 다중 선택할 수 있습니다. ⊞ 버튼을 한 번 더 누르면 다중 선택이 해제됩니다.

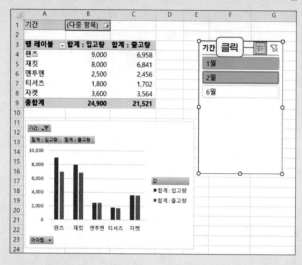

슬라이서 크기 변경

슬라이서 창의 크기를 조정하고 싶다면 슬라이서를 선택한 후 [슬라이서] 탭을 클릭해 [높이]와 [너비] 입력란에 직접 수치를 입력하거나 슬라이서 모서리를 드래그하여 크기를 조정할 수도 있습니다.

2 슬라이서 다중 자료 생성

01 시트의 피벗 테이블 범위를 전체 선택하여 복사한 후 옆의 빈 셀에 붙여넣기 합니다.

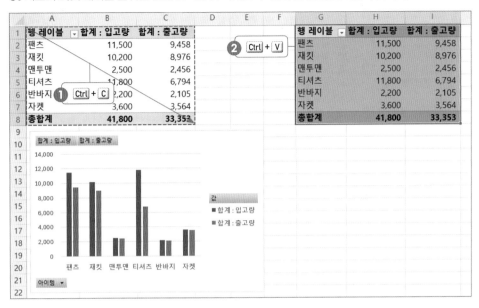

02 피벗 테이블 필드 창이 나타나면 [복종] 필드를 [행] 영역에 [판매량] 필드를 [값] 영역으로 드래그해 배치합니다.

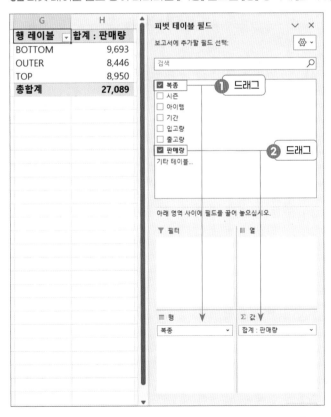

03 복종별 판매량 실적 집계 피벗 테이블이 생성되었습니다. 시트의 새 피벗 테이블을 클릭한 후 [삽입] 탭-[차트]-[피벗 차트]를 선택합니다.

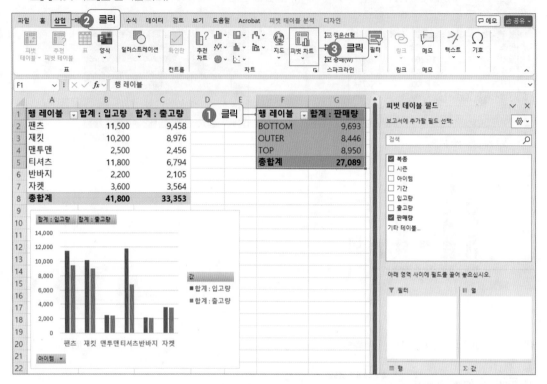

04 화면에 차트 삽입 창이 나타나고 [모든 차트] 탭-[원형]-[도넛형] 차트를 선택한 후 [확인] 버튼을 클릭합니다.

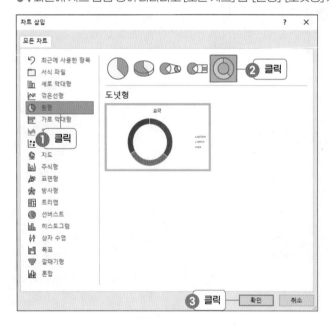

05 새 피벗 테이블 아래 도넛형 피벗 차트가 생성되었습니다.

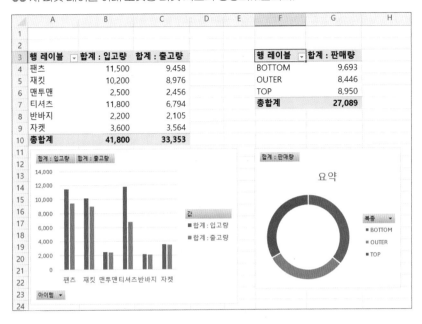

③ 피벗 테이블과 슬라이서 연결

이번에는 피벗 테이블의 이름을 각각 수정한 후 두 피벗 테이블을 하나의 슬라이서로 연결해 보겠습니다.

01 첫 번째 피벗 테이블을 선택한 후 [삽입] 탭-[필터]-[슬라이서]를 선택해 기간 슬라이서를 생성합니다.

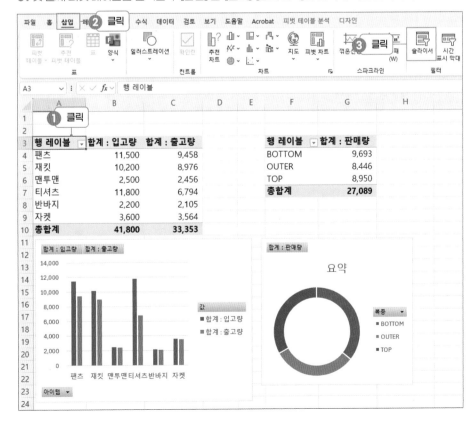

02 이어서 [피벗 테이블 분석] 탭-[피벗 테이블]-[피벗 테이블 이름] 입력란에 피벗 테이블 이름을 **입출고 현황**으로 수정합니다. 두 번째 피벗 테이블도 이름을 **판매 현황**으로 수정합니다.

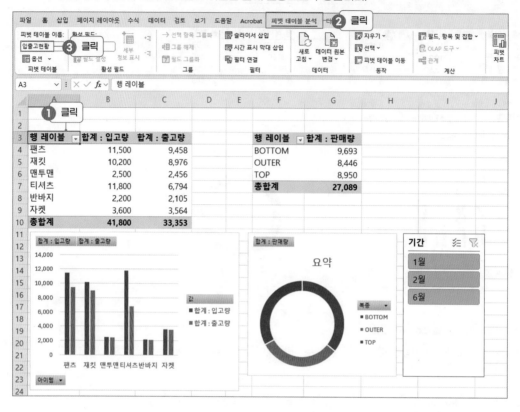

03 이어서 슬라이서를 클릭한 후 마우스 오른쪽 버튼을 클릭합니다. 바로 가기 메뉴가 나타나면 [보고서 연결(I)]을 선택합니다.

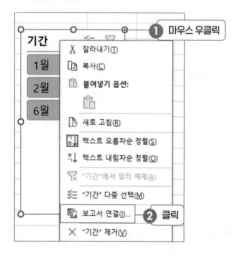

04 화면에 보고서 연결(기간) 창이 나타나면 피벗 테이블 이름을 확인해 모두 선택한 후 [확인] 버튼을 클릭합니다.

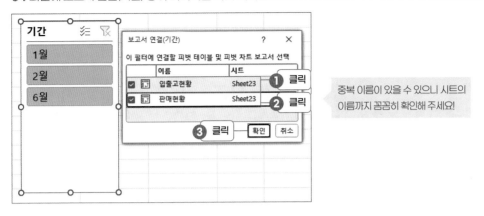

중복 이름이 있을 수 있으니 시트의 이름까지 꼼꼼히 확인해 주세요!

05 두 피벗 테이블과 피벗 차트가 하나의 슬라이서에 연결되어 기간 슬라이서의 [월] 버튼을 클릭하면 해당 월의 실적이 차트에 반영됩니다.

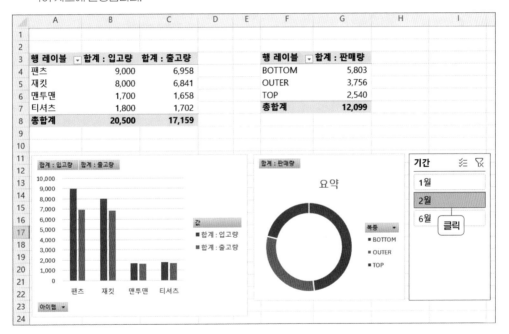

피벗 차트를 일반 차트로 전환

01 피벗 차트를 선택한 후 [피벗 차트 분석] 탭 - [표시/숨기기] - [필드 단추]를 선택하고 필드 단추 목록에서 [모두 숨기기(A)] 를 선택합니다.

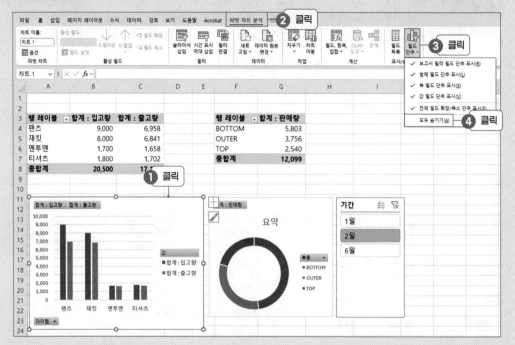

02 피벗 차트에서 일반 차트로 전환되었습니다.

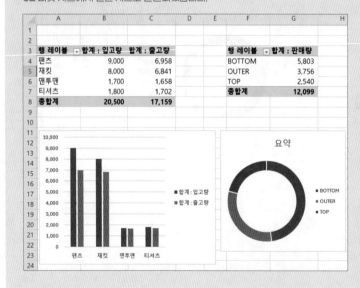

도넛 차트 여백 조정

01 도넛 차트의 데이터를 더블클릭합니다. 화면에 데이터 계열 서식 창이 나타나고 [도넛 구멍 크기(D)]의 그래프를 조정합니다 (백분율이 낮을수록 차트의 도넛 구멍 크기가 작아집니다).

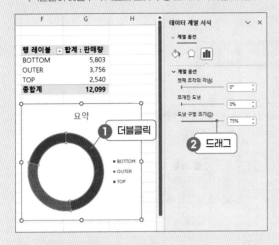

슬라이서 스타일 편집

01 슬라이서를 선택한 후 [슬라이서] 탭 - [슬라이서 디자인]을 선택합니다.

02 스타일 목록에서 스타일을 선택하고 마음에 드는 게 없다면 하단의 [새 슬라이서 스타일(S)]을 클릭해 사용자 지정 스타일을 추가해 적용합니다.

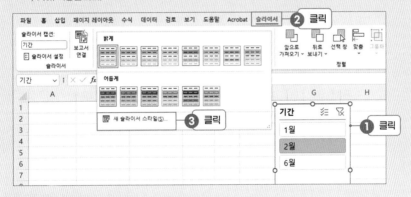

Special Training
팀장님 미션에서 살아남기

실습 예제
Part3_Special_Training.xlsx

⚙ 실무 피벗 테이블 미션 및 정답과 해설

1. 다중 시트 피벗 미션

미션 월별 실적 보고서의 양식이 동일한 다중 시트에 입고량, 출고량, 판매량을 피벗 테이블로 집계해 주세요.

1월 의류 실적 현황

아이템	입고량	출고량	판매량
재킷	1,900	1,879	1,600
티셔츠	1,700	1,685	1,405
맨투맨	800	798	605
티셔츠	600	550	480
재킷	2,000	1,985	1,658
팬츠	1,800	1,658	1,432
반바지	1,500	1,432	1,257
팬츠	600	579	400

< > 1월 2월 3월 4월 5월 6월 +

2월 의류 실적 현황

아이템	입고량	출고량	판매량
재킷	8,000	6,841	3,756
티셔츠	1,700	158	1,235
맨투맨	1,800	1,702	1,305
티셔츠	9,000	6,958	5,803
재킷	600	585	406
팬츠	4,000	3,024	2,705
반바지	600	358	302
팬츠	2,000	1,247	912

< > 1월 2월 3월 4월 5월 6월 +

해결 방법

01 빠른 작업을 위해 먼저 작업 표시줄을 리본 메뉴 아래로 이동한 후 진행하겠습니다. 리본 메뉴 상단의 ⇁을 클릭한 후 빠른 실행 도구 모음 사용자 지정 메뉴가 나타나면 [기타 명령(M)]을 선택합니다.

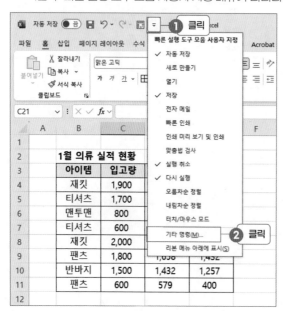

306 쉽게 배우는 요즘 실무 엑셀

02 화면에 Excel 옵션 창이 나타나면 [명령 선택(C)] 영역에서 [모든 명령]을 클릭하고 [피벗 테이블/피벗 차트 마법사]를 선택한 후 [추가(A)] 버튼을 클릭합니다. 목록을 확인한 후 [확인] 버튼을 클릭합니다.

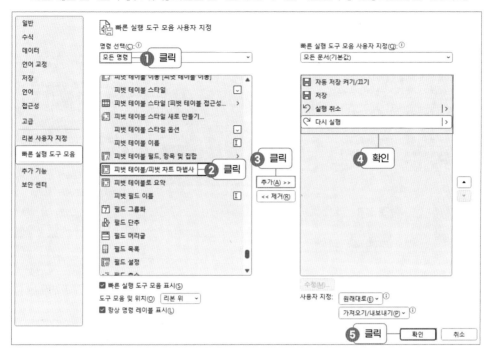

03 빠른 실행 도구 모음 줄에 [피벗 테이블/피벗 차트 마법사(📰)] 아이콘이 추가되었습니다. ▼을 클릭한 후 빠른 실행 도구 모음 사용자 지정 메뉴에서 [리본 메뉴 아래에 표시(S)]를 선택합니다.

04 빠른 실행 도구 모음 줄이 리본 메뉴 아래로 이동했습니다. [피벗 테이블/피벗 차트 마법사(📰)]를 클릭합니다.

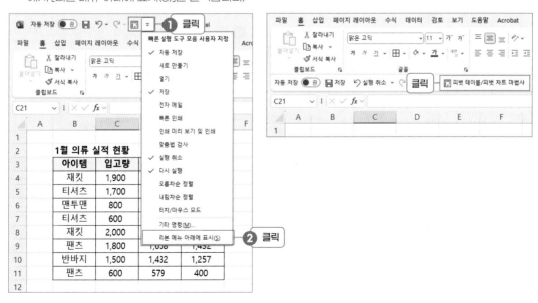

05 화면에 피벗 테이블/피벗 차트 마법사 창이 나타나면 1단계의 [분석할 데이터 위치]와 [원하는 보고서 데이터 종류]는 그림과 같이 지정한 후 [다음(N)] 버튼을 클릭합니다.

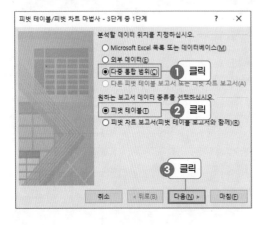

06 2A 단계에서 [하나의 페이지 필드 만들기(C)]를 선택하고 [다음(N)] 버튼을 클릭합니다.

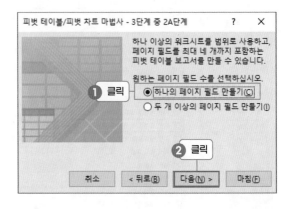

07 3단계의 [범위(R)] 입력란에 피벗 테이블에 반영할 1월의 RAW DATA 범위를 선택한 후 [추가(A)] 버튼을 클릭합니다. [모든 범위]에 선택한 범위가 추가되고 [다음] 버튼을 클릭합니다.

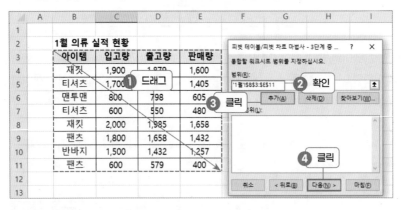

08 이어서 [범위] 입력란에 2월의 RAW DATA 범위를 선택한 후 [추가(A)] 버튼을 클릭합니다.

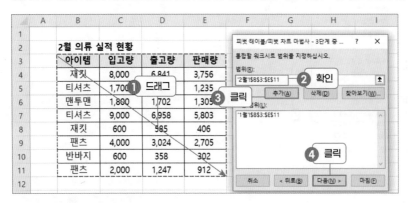

09 나머지 기간도 같은 방법으로 6월의 RAW DATA 범위까지 지정한 후 [다음(N)] 버튼을 클릭합니다.

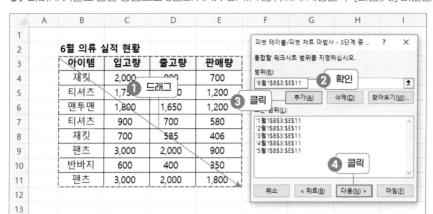

10 3단계의 [피벗 테이블 보고서 작성 위치]는 [새 워크시트(N)]를 선택하고 [마침(F)] 버튼을 클릭합니다.

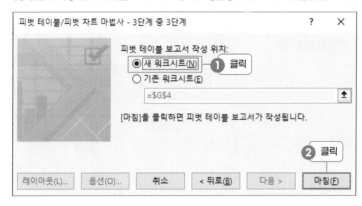

11 다중 시트의 실적 데이터가 하나의 워크시트에 통합되어 피벗 테이블로 집계됐습니다.

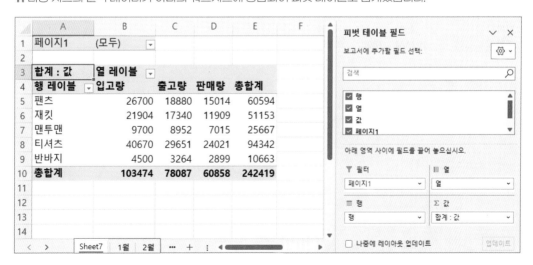

12 현재 피벗 테이블의 열의 총합계 데이터는 실적과 큰 의미가 없으므로 피벗 테이블을 선택한 후 [디자인] 탭 -
[레이아웃] - [총합계] - [행의 총합계만 설정]을 선택해 없애줍니다.

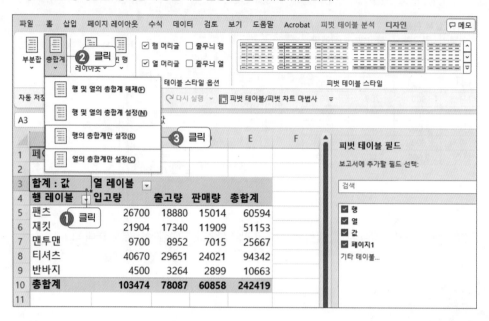

13 열의 총합계가 삭제되었습니다.

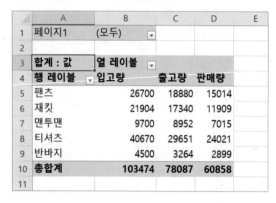

Epilogue

직장인에게 엑셀은
생존 도구다!

[Part 3. 보고서 작성] 편을 통해 실무에서 보고서 작성 시 필요한 엑셀의 다양한 기능에 대해 학습했습니다. 엑셀을 이용해 데이터를 출력하고 관리하는 역량도 중요하지만 내가 만든 자료를 상사가 한 번에 이해할 수 있는 보고서를 만드는 능력도 굉장히 중요합니다. 왜냐하면 연차가 쌓이고 직급이 올라갈수록 객관적인 수치를 근거로 자료를 정리해 보고하는 일이 많아지기 때문입니다.

필자는 실제로 직장 생활 동안 다른 동기보다 먼저 빠르게 진급하고 사내 최우수사원 표창까지 수상했습니다. 이렇게 될 수 있었던 데에는 엑셀 활용 역량이 7할은 차지했다고 자신 있게 말할 수 있습니다. 그만큼 엑셀이란 직장인에게 필수 생존 도구인 셈입니다.

[Part 1. 데이터 관리] 편은 회사에서 만든 자료를 바탕으로 실무자가 데이터 관리 시 필수적으로 알아야 하는 기능 위주의 내용이었다면,

[Part 2. 실무 함수 활용] 편은 함수를 사용해 방대한 RAW DATA에서 원하는 데이터를 목적에 맞게 직접 출력하고 관리하는 방법과 활용 방법의 내용이었고,

[Part 3. 보고서 작성] 편은 실적 현황 및 집계와 같은 데이터를 좀 더 생기 있고 돋보이게 해줄 시각화 기능에 대한 내용이었습니다.

앞에서 학습했던 셀 서식과 조건부 서식, 차트, 피벗의 활용 방법들을 잘 복습해 실무에서 지속적으로 응용한다면 빠른 시일 내로 상사에게 인정받는 일.잘.러로 거듭날 것입니다. 끝으로 이 책을 통해 여러분의 직장 생활을 멀리서 응원하며 늘 건승하길 기원합니다.

쉽게 배우는 요즘 실무 엑셀

초 판 발 행	2025년 02월 05일
발 행 인	박영일
책 임 편 집	이해욱
저 자	정호준
편 집 진 행	성지은
표 지 디 자 인	하연주
편 집 디 자 인	김지현
발 행 처	시대인
공 급 처	(주)시대고시기획
출 판 등 록	제 10-1521호
주 소	서울시 마포구 큰우물로 75 [도화동 538 성지 B/D] 9F
전 화	1600-3600
팩 스	02-701-8823
홈 페 이 지	www.edusd.co.kr

I S B N	979-11-383-8455-1 (13000)
정 가	20,000원